做好课堂管理的 26 个要点

Tools for Teaching

Third Edition

（美）弗雷德·琼斯（Fred Jones）　著

向梦龙　龚雄飞　译

重庆大学出版社

Authorized translation from English language edition, entitled TOOLS FOR
TEACHING, 3RD EDITION, by Fredric H. Jones, published by Fredric H.
Jones & Associates, Inc, Copyright ©Fredric H. Jones & Associates, Inc. All
rights reserved.
CHINESE SIMPLIFIED language edition published by CHONGQING
UNIVERSITY PRESS, Copyright © 2020.

版贸核渝字（2013）第 323 号

图书在版编目（CIP）数据

做好课堂管理的26个要点 /（美）弗雷德·琼斯
（Fred Jones）著；向梦龙，龚雄飞译. --重庆：重庆
大学出版社，2020.9

书名原文：Tools for Teaching : Third Edition

ISBN 978-7-5689-2402-3

Ⅰ.①弗… Ⅱ.①向…②龚… Ⅲ.①课堂教
学—教学管理 Ⅳ.①G424.21

中国版本图书馆CIP数据核字（2018）第157744号

ZUOHAO KETANG GUANLI DE 26 GE YAODIAN

做好课堂管理的26个要点

（美）弗雷德·琼斯（Fred Jones） 著

向梦龙 龚雄飞 译

策划编辑：陈 曦
责任编辑：陈 曦 版式设计：张 晗
责任校对：万清菊 责任印制：张 策

*

重庆大学出版社出版发行
出版人：饶帮华
社址：重庆市沙坪坝区大学城西路21号
邮编：401331
电话：（023）88617190 88617185（中小学）
传真：（023）88617186 88617166
网址：http://www.cqup.com.cn
邮箱：fxk@cqup.com.cn（营销中心）
全国新华书店经销
重庆市国丰印务有限责任公司印刷

*

开本：940mm×1360mm 1/32 印张：14 字数：390千
2020年9月 第1版 2020年9月第1次印刷
ISBN 978-7-5689- 2402-3 定价：59.00元

本书如有印刷、装订等质量问题，本社负责调换

致　谢

我对课堂的浓厚兴趣归功于我的妻子乔·琳内（Jo Lynne）。在我的整个研究生阶段，她一直是一名课堂老师，每天晚上她下班回到家时，我们都会进行一次一小时的"任务报告"——类似于宇航员从太空回来后进行的那种。在我们的任务报告中，我会重温当天的每一次难过和喜悦，到了感恩节，她的学生也成了我们家庭成员中的一分子。经过多年的任务报告后，我对课堂变得非常感兴趣。当我开始进行课堂管理研究时，乔·琳内成了我的合作伙伴，她从那时起就一直是我的搭档。

乔·琳内每天晚上会为了第二天做几个小时准备工作。本书的课堂管理方法在开发过程中考虑的一个关键因素，就是要理解敬业的老师工作有多辛苦，必须开发一个老师在自己时间和精力范围内所能承受的技术，才能获得成功。

我必须对我的家人表示巨大的感谢。我来自一个教师家庭，我一直认为成为一个老师需要专业能力也需要具备敬业和牺牲精神。此外，我父母既关爱又坚定的教育方式帮助我将儿童养育中的纪律管理视作一种养育的延伸。

我的儿子帕特里克（Patrick）是我准备这本书手稿时的帮手。我想要研讨班具有随性、非正式的特点。为了达到这个目标，我口述了这份手稿的大部分内容。帕特里克在我反复停止和开始的时候，录入一部分，然后我们会阅读它。帕特里克非常耐心和乐于助人。我记得一次在口述一个关于冗言的段落时，我们读了一遍后，我问帕特里克说："你觉得怎么样？"他说："爸爸，你不会想知道的。"我重读了一遍，然后撕掉了它。

我的儿子布莱恩（Brian）绘制了本书的所有动画和图片。当帕特里克和我开始写稿的时候，他正在旧金山艺术学院上课。布莱恩流淌着卡通的血液。当时的时机很完美，我对布莱恩说："让你的第一份工作是在我的新书里画卡通图片，你觉得怎么样？"这真的不是一次强买强卖。

我要感谢汉斯米勒（Hans Miller），他是我在加州大学洛杉矶分校（UCLA）的导师，他为我在行为管理学中的研究打下了基础。我还要感谢罗切斯特大学一批杰出的研究生——罗伯特·艾默斯（Robert Eimers）、威廉姆斯·弗里莫（Williams Fremouw）、安德鲁·伯卡（Andrew Burka）、理查德·考恩（Richard Cowen）、赫伯特·韦斯（Herbert Weis）和肯尼思·多克特（Kenneth Docteur）以及本科生史蒂文·卡普勒斯（Steve Carples）。他们确证了本书所包含的诸多程序的研究。

我还要感谢我的女儿安妮（Anne）做出的细心审阅工作。我特别感激弗吉尼娅·罗西（Virginia Rossi）、多萝西·德奇 - 埃尔布（Dorothy Derge-Elb）、温迪·肯特（Wendy Kent）和我的儿媳莫妮克·琼斯（Monique Jones），感谢你们在数月的修改过程中所做的辛苦工作。

目　录

第 1 章
向"天生的"教师学习

- 所有致力于改进教育的努力最后都要应用到改善班级里的活动中。课堂气氛能否活跃、学生能否学到东西都取决于教师的技能。
- 在一些好的班级里，教师和学生都期望早早地来到学校。本书的主题就是讨论如何建设这样的班级。
- 本书里的许多经验都直接来自一些有天赋的或者说"天生的"老师。因此，本书里讨论的一些班级建设和管理方法都是总结于一线的，非常实用。
- 天生的教师们并不是拼死拼活地工作。相反，他们懂得让学生自己去学习。
- 有效的管理可以节约教师的时间和精力。因而能为他们留出更多的时间，可以用于课堂内容的教学，同时也能让他们有更多的精力享受下班之后的家庭生活。

课堂上的成功

> 关注教师

这本书是写给教师的。我希望教师们能在一天结束的时候获得成就感；希望他们在下班之后还能有充足的精力享受生活；希望他们能享受教学工作。

我认识像这样的能够在班级和教学中充满活力的老师，我听到他们说过："我迫不及待地盼着开始学校的工作。"然而，这样的教师显然还只是少数。

多数教师在一天工作结束时感到筋疲力尽。差不多有 1/3 的教师在接手工作的第二年就放弃了教师工作。还有很多教师只是疲惫地坚持着。

教师们的压力大多来自调动学生参与教学活动。管理孩子们的行为绝不是一件容易的事情，做过父母的人都非常清楚这一点。而探讨如何管理一班孩子们正是本书的主旨。

> 关注校长

本书同时也是写给校长们的。我希望校长们能够专心做自己的本职工作，而不被班级中转介来的事务所打断。我希望他们在放学之后的会议是跟老师们一起开的，而不是跟因孩子问题而沮丧的家长们一起开的。

近期有大量的研究显示，教师质量是影响学生学习及成绩的最重要的校内因素。而教师质量同时又是影响管理人员时间分配的最重要校内因素，它影响到管理人员的时间是分配到对破坏教学的控制还是分配到对于教学的领导。

> 关注学生

这本书还是为学生而写的。学生要学到东西，就要能够享受学习，要有盼着早早进入教室的心情。

有些教师能很自然地创建这样的班级。他们能把学习变得像探险一样有趣，使所在的教室里充满了活力。

虽然学生们喜欢积极主动，但他们更喜欢互动。当学习变得充满生气与活力，能够调动他们所有的感官时，他们就能够享受学习。

而学习是否能充满生气与活力则取决于教师的技能。本书将描绘这些优秀教师们所具有的技能——怎样让教学变得有效的技能。

养育孩子

> 做父母不易

父母不只是简单地调整自己的日程和吃饭时间，整天围着孩子转，他们也是孩子们的老师。怎样让孩子去做你想要他们去做的事？怎样让他们在你第一次说的时候就去做？怎样让孩子立刻停止做你觉得他们不应该做的事？怎样教他们友好相处、尊重他人、与人合作？

每一个父母都知道养育孩子是世上最具挑战性的事情之一，它常常会耗尽你所有的智慧和精力，常常还要你带着无限的爱心与耐心，即使是在你筋疲力尽的时候。

你还能想到什么事情比做好父母更具挑战性吗？我能。

> 做老师更难

和班级管理相比，做父母的挑战就是小巫见大巫了。在班级里面，你遇到的不是你自己的孩子——不是一群也爱着你的孩子，不是已经被教会了分辨对错的孩子。

在班上，你遇到的是别人的孩子。这些"别人"交给你的一屋子各种各样的孩子，有的乖巧听话，有的极为调皮捣蛋。

有的父母教孩子"不就是不"，有的父母教孩子该做的事就要做好，但并不是所有的父母都如此。另外，有的父母根本就没有教过孩子整理床、收拾房间、摆桌子、叠衣服等。

其实并不是父母不想让自己的孩子变得能对自己负责，并有良好的行为举止。他们只是不知道如何让孩子成长成这样，他们缺乏必要的教育技能。

结果，这些父母在孩子的成长过程中常常犯一些"低级错误"。他们对孩子错误行为的处理前后不一致，他们对孩子抱怨唠叨而不是教育，他们告诉孩子要做某些事情却又不跟进督促直到事情完成。天长日久，这些孩子就学会了逃避做事，做事虎头蛇尾或者拖拖拉拉。

除了这些孩子之外，在开学的第一天，教室里常常还会出现另一些孩子——举着手要老师提供帮助的孩子、不停说话的孩子、打架的孩子、孤僻的孩子、有学习障碍的孩子、多动的孩子。你的一整天都将在设法面对这一堆孩子的不同需要中度过。

你不只是教他们课程内容，你还要教他们怎样变得"文明"。另外，还要教给他们责任感、友善和公平，同时你也要教会他们懂得成就是要通过自己的努力取得的。

实际上，你将要让学生们在一天中非常努力地去做一些事情，这些事情甚至超过了在家时他们的父母让他们一个月所做的事情。而且你还期望他们学会这些事情：

- 做得正确，

- 字写得清晰且容易辨认，

- 按时完成，

- 用良好的态度完成。

＞ 你需要极好的运气！

你怎样才能成功呢？像他们的父母一样"即兴发挥"？你在开玩笑吧？你需要一些认真的、高技巧的而且有效的班级管理技能。

然而很少有人带着对班级管理的深入理解进入课堂。所以我们真的是"即兴发挥"，因为我们几乎没有选择。教育行业的"在职培训"通常意味着教师被不管死活地直接扔到很深的泳池中。

在我们开始工作的前几年中，我们还能够接受这些繁杂冗长的日日夜夜，并把这样的状态看作是掌握这门新职业的代价。但并不一定都是这样子。有些老师就能够非常轻松地应对一屋子孩子。他们是怎么做的呢？

两个"天生的"老师

＞ 有问题了

那是在 1969 年，我被邀请到一所私立学校担任情感、行为和学习方面有障碍的学生的顾问。他们都是从洛杉矶学区退学的学生。我因此得到了一张免费票进入调皮的明星们组成的班级。

我第一次去那所学校就观察了四个班，上午两个，下午两个。上午的那两个班让我着实吃了一惊。

我走向那个班时，远远地就听见大喊大叫的声音。进去时，我看到座位空着，左边有个学生站在桌子上，还有九个学生蹲在衣橱上盯着我。

突然，又有五六个学生从衣橱里冲出来，拿着衣物抽打衣橱上面的学生。这时，一个在衣橱上的学生跳下来，和另一个学生在地板上扭打了起来。

在这样一幅画面中还有一位男老师在为了管理学生而使尽全身气力——胃部加速蠕动、牙关紧咬、血压上升——就像许多老师一样。他叉着手，咬牙切齿，严厉而又带点儿绝望地吼道：

"归组！各自回到自己的小组！"

这让我很是担忧。我是受过专业训练的临床心理学家，而且有好几年的和小组打交道的经验——小组的动态组织状况、组内沟通、小组的共同问题解决等。在这个情境下，我没有看到任何小组存在的迹象。

接着，那个老师说："我会一直等到你们所有人都坐好了！"

我不知道他会等多久，现在是 11 月。

那天上午我看到的另外一个班和这个班差不多一样糟糕。一个年轻的女老师在领着学生们进行讨论，但是所有人都同时在说话。你觉得谁的声音能压过所有这些学生？

"同学们！绝不允许你们这样吵闹！……同学们！……"

好不容易熬到上午结束了，我本想着赶快离开这个学校。但是，既然我答应了，就还是要坚持到下午。

> ### 在混乱中建立秩序

午饭后我观察了上午蹲在衣橱上的那些学生在另一个老师课堂上的表现。这个老师首先在门口热烈地和他们打招呼，然后学生们在自己的位置上坐下，接着在看到黑板上有数学作业后，他们就开始做起作业来。

当下课铃响的时候，只有少数人把头抬起来看了看，其他人仍然继续做着作业。大约过了十分钟，该上另一节课了，这个老师说：

"同学们，在你们离开座位之前，我先告诉你们接下来要做什么。首先，把你们的作业放在我的桌角上；然后，如果你们要削铅笔或者喝水，现在就去。一会儿你们回到座位上就把社会书拿出来。"

我那时就想：别，千万别让他们离开座位（不然就又乱了）！但是，学生们完全按照老师说的做了，并且仅仅用了 41 秒钟就全部回到座位坐好了。

接着老师让学生们做了一个小组讨论，在讨论的过程中学生们彼此尊重且并然有序。一节课下来学生们表现得训练有素。

如果不是下午看到另一个老师也同样让上午的那些调皮学生变得并然有序，我肯定会在这里写下午的第一位老师真幸运。我不知道下午的这两个老师为什么能达到这样的效果，不过我发现他俩有三个我永远也不会忘记的特点：

- 他们并没有使很大力气去维持纪律。实际上他们根本就没有花什么力气。
- 他们非常轻松。
- 他们对学生非常热情。

至少我从他们那里了解到班级管理并不一定是一件很有压力的事情，而纪律维持也并不一定要非常严厉或者非要一点儿也不幽默。

怎么可能这两个班在一个老师那儿难以掌控，而在另一个老师那儿却又并然有序？我想我得找出原因。

> ## 他们也不知道是怎么回事儿

我在接下来几天又来到这两个班，想找出其中的"奥妙"。结果我只发现这两位"天生的"老师一直非常轻松地进行着他们的工作。

星期四那天，在观察了他们四天之后，我和这两位"天生的"老师开了个座谈会。我跟他们说，我只想知道他们怎样把捣蛋的学生管得这么好。

这两位老师非常慷慨地抽出时间来和我座谈，并表示其实他们也非常想知道这个问题的答案。其中一个老师说："我根本就没有需要处理的纪律问题，但即使门关着我也可以听到隔壁班的吵闹声。"

结果是，尽管这两位天生的老师非常愿意帮忙，却没有帮上什么忙。我问他们："你们是怎么样让孩子们表现得这么好的？"

他俩都说："嗯，你必须要树立威信。"

"对！但你们怎么样树立威信呢？"

"在开学的第一天就能知道课堂是属于你还是属于他们。如果是属于他们那就只有老天能帮你啦。"

"那你们是怎么做到的呢？"

"嗯，这个和你的价值观有关。如果你很看重每个孩子的学习的话……"

我这时插话说："等等，假如我有很好的价值观，又对教学有很高的期望。我想知道我要做些什么。想象一下我是一个明天早上就要接管你们班的老师，面对同样的学生，我不想失去第一天这个宝贵的机会。我站在你们这一班学生前面，我该做什么？"

"喔，"他们说，"我看看……嗯……好……我只能告诉你这么多。你最好树立威信。"

那天我了解到关于"天生"的老师的很重要的一点。那就是，他们有很好的本能，但是，他们却说不清楚具体是怎么样做到的。为什么呢？

> **父母的影响**

我猜想这些天生的老师们是找不到语言描述自己课堂管理的技能，因为这些技能是他们在幼年的时候就学到的。最大的可能性就是，他们的父母也是天生的好老师。

因此，对于他们这些"天生"的老师们而言，有效的课堂管理就跟常识一样。"难道还有别的做法吗？"

管理的内在

> **浪费在课前预热和课间切换的时间**

我们从开始上课时说起。"总是需要点儿时间才能开始，"老师会说，"我们需要花几分钟让学生们都坐好。"

实际上，这句话是对的。在上课铃响之后很难不花个四五分钟让学生准备好。学生们在削铅笔时、准备课堂用具时，以及找小组时讲些小话也是正常的。

这时老师也可以查点一下名册，催一下那些慢吞吞的学生，或者回答一下学生比较紧急的问题。这显得也很正常。

太正常了，这就是问题。现在暂停一下你看到这些幼小的面孔时的喜悦，好好运用一下你的分析能力。

在 50 分钟的课时里，5 分钟占了师生接触时间的 1/10，也是一学期当中师生接触时间的 1/10。如果学校有 1000 万元的年度预算，其中 100 万元就花在了这些"预热"上了。然而在这里面出了什么有益的效果吗？学生有学到什么吗？

接下来我们来看看课间的切换——这个学习时间浪费的"黑洞"。通常的课间切换需要 5 分钟。如果学生们动作快的话，只要 30 秒。但他们没有动作快的动力，他们知道一旦准备好老师就会让他们开始干活儿。

所以，学生们就拖拖拉拉地做着切换准备。他们慢吞吞地削着铅笔，无精打采地打开书包，同时又和旁边的同学说笑。他们一边等着接水喝，一边和同学说着小话。然后再慢吞吞地回到座位上，一样一样地拿出上课用的书和文具，一副从容悠闲的样子。

上课时的过渡再加上课间的切换已经差不多用去 10 分钟的课堂时间了——整学期师生接触时间的 20%。然而在这些时间里学生什么也没学到。

> ## 浪费在课堂教学的时间

在课堂教学期间，很多学习时间就直接浪费了。这似乎不是一个像维持纪律那样引人注目的问题。然而，很多时间就是在不知不觉中溜走的。不过，课堂时间溜走的方式在中学和小学是不同的。

在高中，尽管有各种改革的努力，但主要的课堂教学形式还是讲授。课堂上还是老师主动，学生被动。

有些学生在做着笔记，但很多人没有做。他们昏昏欲睡，或者，如果坐在教室后面的话，他们就根本不管老师在讲什么，自己在那儿讲着小话或者发着短信。

在小学，学习时间的浪费发生在老师讲完之后。一旦老师让学生们自己练习，就有手开始在空中挥舞了。而且每天都是同样的那些学生。

当老师走到第一个举手的学生那儿去辅导时，整个教室就闹腾起来了。5 秒之内所有的学生都开始窃窃私语起来。10 秒之内讲话的声音就变大了。这时老师会回过头叫大家"停止讲话，做自己的练习"。而当老师又开始辅导某个学生时，班上讲小话的声音又和刚才一样大起来了。

当有人举手问问题时，这种状况就不断重复。"自己做练习"就变成了几乎可以不用干活、可以说小话的代名词。这样，课堂上实际有效的学习时间的比例就降到了 50% 以下了。

而随着合作学习的引入，又出现了新情况。学生被分到小组中参与讨论。结果是，也许你已经想象到了，许多学生就在那儿讲小话，最后只有那个学习比较好的学生替整个小组把作业完成了。

> 在"开小差"中浪费的时间

现在我们来看看课堂纪律。这是我们处理的棘手之处，对吧？嗯……不一定。

你当然能在失控的班上发现许多棘手的行为。但也可能出现的情况是，你坐在一个普通的班上观察好几周，也不会发现有一个学生被叫到办公室。谁愿意被叫到办公室呢？

在普通的班上纪律问题通常会以什么样的形式出现呢？看看你周围就知道了。

虽然大的纪律问题一般在普通班上很少出现，但小问题似乎一直不断。我在这儿说的这些小的纪律问题可能看似微不足道。但它们会积累起来。我把它们叫作"开小差"。

80% 的"开小差"只不过是和旁边的同学讲小话或者发短信——这些在我们的观察记录上都称之为与同学讲小话。这一点在我们观察小学班级和高中班级时是没有差别的，数学课堂、社会课堂和英语课堂也是没有差别的，甚至普通教育和特殊教育也是没有差别的。

从统计上讲，如果要确立班级纪律管理问题的话，"与同学讲小话"就是主要问题了。它在学生自己活动时浪费的学习时间中占 80%，特别是在课前预热和课间切换时。

根据我们的观察，50% 的"开小差"是离开座位。有些老师允许孩子们随意走动。我只数了第二个站在削笔机旁边的孩子，我甚至都没有算那些正在削铅笔的孩子。这里更多的是指那些上课 5 分钟后还在教室闲荡的人（我们把这样的孩子叫做"闲荡者"）。

在普通班上，与同学讲小话和离开座位这两种情况占所有开小差情况的比例达 95%。你或许认为剩下的 5% 会是要把学生叫到办公室去处理的大问题。错了！剩下的不过是更微不足道的，甚至都不值得记录的小事儿——比如传个纸条，画个漫画，把鞋带系到椅子脚上之类的。

> **规律出现了**

当你花上足够多的时间在教室后面观察时，你就会发现这其中是有规律的。老师们整体都极其投入地工作着。但学生们却没有如大家期望的那样努力。他们更愿意讲些小话。

他们并不是非常反叛或者调皮的学生。他们只不过是孩子而已，而孩子们喜欢和同伴玩儿。努力地去完成课堂练习并不是孩子们的天性。

老师们最具挑战性的工作之一就是让孩子们更努力学习，而不是和同伴们一起玩儿。这是有窍门的。这需要有很强的课堂管理技能。没有这样的技能，学习时间便会因为老师的无能而直接浪费。

我们都会经历的几个阶段

如果和旁边的同学讲小话是最常出现的纪律问题，那老师们接下来要问的问题肯定就是"我们应该怎么办呢？"。这个问题的答案通常是我们在开始从事教师职业时所不知道的。因此，我们需要在自己的摸索中去发现。在职业学习的过程中，我们都会经历相似的四个阶段。而这四个阶段也会消耗掉我们在第一年教学中的相当一部分精力。

> **第一阶段：毫无经验**

想象一下你第一天开始教师生涯。就像上面说的，你毫无经验。没经验的老师常常会这样假设，如果你热爱学生并且对他们好的话，他们也会对你好，这样便会一切顺利。这只是外行们的美梦而已。你如果告诉那些有经验的同事们这个想法，他们会对你报以苦笑。

不过，你十分清楚你不会做什么：我不会去找学生的麻烦，我讨厌这样做的老师。于是，你带着微笑和爱心开始了这场游戏。

当你开始辅导一个学生时，你发现教室另一边有两个学生在那儿讲话而不是写作业。你相信这会发生吗！不想找学生麻烦的新手老师们会在心里对自己说："等一下就好了，或许那两个学生接下来会开始写作业的。"

停！你已经给学生开了口子了。如果你不对那两个讲话的学生做点什么的话，其他的学生就会想：如果他们俩可以讲话，那我们也可以。

如果你继续辅导这个学生，班上讲话的声音会越来越大，这没什么奇怪的。很快就会有学生下位走动了。班上已经开始失控了。

最后你会想：我不得不做点儿什么了！我们把你的这种觉醒称为"你开始不那么幼稚了"。但是你会做什么呢？在你所有的职前培训中你有想到过这种情况吗？

> ## 第二阶段：做点儿什么

你开始行动了。你站起来，转过身去喊那两个讲话学生的名字。

"拉里，罗伯特。"

他们会回应你一个有点儿惊讶又全然无辜的表情，我把它称为"讨笑"。新手老师们会把这种"讨笑"错误地当成是悔改的表情。如果你能等到足够长的时间，你也许会发现在这四个阶段老师都是准同谋。

- **讨笑的表情**：他们给你一个悔过的天使一样的表情，好像在问你："谁，我？"

- **摆出看书的姿势**：他们打开书，然后回看着你，好像在问你："这回满足教育的要求了吧？"

- **摆出写字的姿势**：他们拿出铅笔并让笔和纸接触，同时看着你，就像是在说："看，我在写呢。"

- **装做学习的样子**：他们开始写字，同时又不停地抬头看你是不是还在注意他们。

如果你只是站在那儿的话，很明显你看起来就是在迁就他们。一旦你再转过身去，拉里和罗伯特又会开始讲话。你现在又会做什么呢？

> 第三阶段：唠叨、唠叨、唠叨

学生们能觉察到你什么时候开始失去耐心了。你转过身去，一脸严肃，把手放在臀部，头向前伸，皱起眉，深呼吸一下，然后对学生说："拉里！罗伯特！我非常讨厌看到你们俩在那儿讲小话。你们和其他同学有同样多的作业要做……"

或者你对一整班学生说："同学们，班上没有任何理由变得这么吵闹！我希望我抬头看见的是你们都在做练习！看到黑板上的作业了没？……"

或者你对那个下位走动的学生说："菲利普！你要去哪儿啊？我没允许你下位走来走去啊。快点儿归位……"

我刚才只是给出了三个普遍使用的"管理技巧"而已——唠叨、唠叨、唠叨！带着理想色彩的年轻人加上一屋子调皮的孩子，会出现麻烦是再自然不过的。

不过学生们很清楚如何应对。他们看似悔过了，开始写起作业来。你开始去辅导另一个学生。过了不到 5 秒，拉里和罗伯特就又开始讲话了。当发现他们一而再、再而三的时候，你发火了。够了！这便是第四阶段"发号施令"的开始。

> 第四阶段：发号施令

你慢慢站起来，摆正姿势，摆出一副忍无可忍的表情，喊着名字，走到拉里和罗伯特旁边。是时候彻底解决问题了。当然，当你在教室里走动的过程中，也让整班学生都停下了手中的作业，目光注视着你。你走到他们面前，开始了所有教育中最愚蠢的一次对话：

"拉里！罗伯特！我受不了一抬头就看见你们在这讲话。"

"好的。"

"我要你们在座位上好好写作业，懂吗？"

"好的。"

"我再过来时，我要看到你们已经做完　部分了。"

"好的。"

心里想着这就是正确的做法，你从那儿走开了，教室里所有的眼睛还是在跟着你移动。在厌恶地看了拉里和罗伯特最后一眼之后，你又开始辅导那个等着你的学生。你觉得拉里和罗伯特 15 秒之后会做什么？

不起作用

> 前功尽弃

当你再次抬头看到拉里和罗伯特在讲话时，你可能会意识到，你从开始到"发号施令"的所有这些做法都前功尽弃了。当然，学生们也知道这一点。

偶尔也会有沮丧的老师在这些都不奏效的时候把学生叫到办公室。不过叫到办公室的效果也不会好到哪儿去，特别是当你重复这样做的时候。因此，多数老师便选择了"节省气力"的方式来处理。最常见的两种方式就是：

- **省得跑过去，让他们吵去**：支持这种做法背后的逻辑就是，如果你跑过去制止也是无效的，还不如别跑过去，省点儿气力。
- **完全放弃**：当一个老师决定认输时，他们还常常会在教师休息室为自己找理由。我把这个叫做"警察演说"。你听过这类似的说法吗？

"我是来当老师的，又不是来当警察的。我不会整天都把我的精力浪费在处理一个接一个纪律问题上。当然，我会认真处理那些重要的问题。但我不会在讲课时每隔 30 秒就停下一次去处理那些……"

那些心怀好意的老师们经常会出现这两种反应，他们最后会接受他们无法应对的事实。他们花了巨大的精力来应对这些纪律问题。相比之下，在整个过程中，学生们却只需要笑一下，坐正，然后回到作业上而已。不幸的是，如果在纪律维持方面你需要比学生付出更多的话，最终肯定是你输。

> 一步步迈向失败

学生们知道你先于他们感到筋疲力竭。甚至有些学生会幸灾乐祸地看着发生的一切。如果你想用各个击破的方式来重整秩序的话，我需要在你计划时提醒你考虑以下基本的事实：1）学生们人数众多，而你只有一个人；2）你年纪要大一些，所以更容易疲惫；3）你每年都会面对那些没有经过调教的新学生。

和那些前辈老师们一样，你经历了上述四个阶段之后变得筋疲力竭。下面这几个阶段描述了从开始的有点沮丧到最终完全放弃的过程：

用尽办法——你会一直面临纪律问题。

无效——无论你多么努力，情况都不会好转。

无计可施——对那帮孩子你什么也做不了。

愤恨——最后变成孩子们也反对你。

找借口——你开始为自己找借口：

• 这个阶段的孩子就这样（就是中学老师们经常说的荷尔蒙的影响）。

• 他们的家庭让他们变成这样的。

• 电视和电子游戏让他们变成这样的。

• 我没什么大问题。

• 班上的吵闹对我其实并没有那么大的影响。

• 我的任务只是教，学不学是他们的事儿。

付出的成本

> 教师的压力

你整天绷紧着神经讲课，同时还要照顾到不同学生的不同需求。放学后又有家长会和学校的各种会。好不容易等到回家，你又要改作业又要备课。本来这一整天都绷紧着弦，晚上还要继续工作到很晚。最后你可能被耗尽了最后一丝气力。

大家都知道教学是件有压力的活儿。所以，应对压力是这项工作的一部分。

要想有效地应对压力的话，你需要积极面对，提前计划。你不可能让自己一整天都绷得很紧，然后想着一到家就放松下来。当然你也可以试试。常见的几种做法是：1）休息——如果你有孩子的话就只有自求多福了；2）锻炼——有孩子的话也只有自求多福了；3）喝上一两盅。

但是，当你到家时再去应对压力根本就不是有效的方法，只能算是控制损伤而已。因为损伤已经造成了。压力应对的底线其实很简单：你需要在教学时预防压力——每时每刻，每节课都去预防。你需要巧干活，而不是蛮干活。

> 流失的学习时间

观察了越来越多的常规课堂后，我们也越来越明显地发现，问题的症结在于缺乏课堂管理方面的准备。老师们在拼死拼活地工作。然而，尽管他们是如此地努力，课堂中的学习机会和时间还是源源不断地溜走了——课前、课中以及课间都存在这样的情况。在学习时间和机会溜走的同时，学生们的学习效果也就跟着溜走了。

那你该怎样防止学习时间的流逝？别指望这个问题有一个简单的答案。

刚上课那会儿让学生们尽快投入学习所用的方法，和经过课间休息让学生们回头投入学习的方法是完全不同的。而防止学生们课中分心的方法又不同于这两种情形下所用的技巧。预防这些情况的发生需要重新设计整个教学过程。

另外，预防学生分心和处理已经发生的分心也是很不相同的。对于已经发生的分心需要树立威信。这个问题如果处理得好，课堂进程就会像是什么事也没发生一样不受影响。如果处理得不好，就会造成一个棘手而又要费时费力处理的局面。

再就是怎么激励学生，这也不是一个简单的问题。通常有两种不同的激励效果要达成：一个是学习方面的，要让孩子们能认真努力地学习；另一个是行为方面的，要让孩子们在课间切换时迅速就位。两种激励需要同时进行。

> **即兴发挥**

在关于本书的一次研讨班上，几个年轻的老师曾问我："为什么我们在上大学时没有学这些方面内容？"年长一些的老师则问我："你二十年前在哪儿？"

我会问那些年轻的老师们："在你的教师职业培训的课程中有关于纪律管理或课堂管理方面的课程吗？"几十年以来，他们都说没有。近几年倒是有人说："有，不过主要是在讲理论。我们只学到了我们应该做什么，但没学到可以怎样做。"

"你有自己尝试摸索一些管理技巧吗？"我问。答案通常是"没有"。

在缺乏课堂管理培训的情况下，老师们不得不在进入课堂后自己去即兴发挥了。结果可想而知。

> **你可以这么做**

要想有效地管理课堂，你需要知道应对每一种情况的不同技巧和策略。光知道这些技巧还不够，你还需要能及时地用上，甚至是在有压力的情况下去用。希望还是有的。做到像"天生"的老师们那样并不是一件很神秘的事儿，只不过是个技巧问题而已。技巧是可以通过学习得来的，你也可以做到。

第 2 章
预防纪律问题的基本措施和方法

- 这一章是本书基本要点的概述。
- 本书关注的焦点是课堂管理的基本技巧，如何用巧干代替多干，以达到事半功倍的效果。
- 在教学实践方面本书将聚焦如何增强教学的互动性，同时增加学生学习的独立性，减少需要个别辅导的学生数量。
- 在学生激励方面本书将聚焦如何让学生学会主动地认真努力学习，如何在提高学习效果的同时又能让学生感到愉悦。
- 在纪律管理方面本书将聚焦：1）把合作与责任感变成学生的习惯，2）通过走动、接近、用树立威信的肢体语言等非对抗性的方式限制学生的不良行为／设置界限。

课堂管理剖析

> 不可分割的部分

我前面提到的那些"天生的"老师们具有天生的课堂管理的能力。但是，就如我在上一章也说到的，他们也很难说清楚自己是怎么做到的。如果我们要把老师都训练到也具有相同的能力，首先我们需要对课堂管理有一个深入的理解。

课堂管理指的是教师在课堂上对学生进行管理的各种技巧和步骤，包括训导、教授和调动学生。这三者是密不可分的，在其中任何一方面取得成效都需要照顾到其他两方面。由于时间是有限的，用在纪律方面的时间多了，教学时间自然就少了。如果要帮助老师们专注教学，就要帮助老师们尽可能地减少用在维持纪律上的时间。

> 预防为主

如果纪律管理总是在问题发生后做应对性的工作的话，那将会是非常劳神费力的。要想省时省力就必须以预防为主。然而预防要远比事发后应对更加复杂和微妙。预防要从问题的根源下手，而不只是消除已经发生的不良结果。预防需要在早期下手，而不是在问题发生之后。预防的效果对教学和调动学生都有着关键性的影响。

因此，从预防的角度看，纪律管理和课堂管理差不多是同义词了。在这本书里，这两个词是可以互换的，纪律管理将是我们讨论学生不良行为的核心内容。

天生的老师们所具有的技巧

> 和天生的老师们一起进行的头脑风暴

虽然他们不能详细地描述出他们是怎样做到的，但他们那些管理技巧还是可以存在于他们的言行之中的。我需要先把这些技巧找出来。

和以前一样，这些老师又留出了充裕的时间来和我一起探索他们所说的"树立威信"。他们坚定地认为你需要树立威信才能取得课堂上的成功。但这具体指的是什么呢？他们的回答也很含糊。

我每天放学后都和这些老师见面，然后进行头脑风暴和角色扮演。我设置一些可能出现的不良行为的例子，然后对他们说："在这种情况下你会怎么做？做给我看！"然后我就试着让他们以几种不同的方式来处理某个情境。最后，我们会一起商讨究竟哪个方式最有效。他们会这样说："噢，第二个好一点。当你转过身来对着我的时候，我能看出这种情况下你更严肃认真一些。"

> **破解肢体语言**

过了一段时间，我们越来越清晰地发现树立威信的核心部分是**肢体语言**。我们发现了一种新的交流方式，每个人都能理解。当慢慢对肢体语言所传递的信息有了更多的了解时，我们突然意识到学生们实际上是像读一本书一样在"读"老师。他们其实一直都知道哪些可以做哪些不能做，因为老师们一直在向他们传递这方面的信息。

肢体语言其实是一种无言的交流。这种交流是不可避免而又持续不断的。肢体语言传递着你的情绪、想法和决心。在出现课堂不良行为时，学生与你之间也进行着肢体语言上的交流，这种交流情形和打扑克很相似，别人能通过你的肢体语言看出你手中牌的好坏。

当那些和我一起进行探索的老师们发现了某个肢体语言所传递的信息时，他们有时也会把这个发现拿回家在自己的孩子身上进行试验。结果是他们经常第二天兴冲冲地告诉大家："这个在我家孩子身上也管用呢！"

> **理清课堂管理**

当我们解决完一个问题时，另一个问题又浮现了。当我们弄清楚了树立威信的肢体语言之后，我对那些一起探索的老师们说，"为什么孩子们在课堂上会出现这么多麻烦呢？如果我们减少麻烦的发生，我们就不需要这么频繁地用树立威信这种严肃的方式去面对学生。"

这就让我们不得不去分析上课过程中最容易出现问题的地方。我在课堂观察中发现，当老师们在教室里走动时，学生们很少出现讲话和开小差等分心的情况；而一旦老师停下来去辅导某个学生时，课堂就开始变得吵闹。显然，教师的走动和接近会减少课堂出乱。

什么会让教师停止走动呢？我首先发现了最明显的障碍——教室的陈设。多数教室的桌椅摆放会阻碍走动。我们尝试了不同的陈设方式，最后才发现了一个有效的陈设方式——让走道更紧凑地相连，使得教师能在几步之内走到任何一个学生旁边。

当我们找到了有效的走道设计时，另一个妨碍走动的障碍浮出了水面——教师辅导单个学生的时间。教师通常要辅导某个学生 3 到 5 分钟后才能转向下一个学生。而在这个时间里，讲话声迅速传遍了整个教室。

> **进入教学领域**

对于初入职者而言，我们需要减少老师辅导单个学生的时间长度。这就提出了一个有意思的问题：具体应该怎么样去帮助那些有疑惑的学生呢？让我感到很奇怪的是，那些老师告诉我，从来就没有人告诉他们该用什么方法。他们只是在即兴地做着逻辑上似乎是正确的事情——把学生不懂的地方重新讲一遍。

我们会在第 5 章和第 6 章详细介绍如何给予有疑问的学生以正确有效的反馈。在这里先简单地说一句，反馈要给予学生以简单明确的提示，告诉他们下一步该做什么。而有效的口头提示通常只要 20 到 40 秒。不过，我们发现这还没有达到足够好的效果。以这种方式去给有困惑的学生反馈时，还是会给班上留出 5 到 10 秒的窃窃私语的时间。如何又能在这么短的时间内给出正确的反馈呢？

这就需要老师事先准备好反馈。我只需要把解题步骤或者完成任务的步骤先写在黑板上或呈现在幻灯片上。我们把这个叫做"可视化教学方案"。教师在教学时就把这些内容演示给所有的学生。这就将给单个学生的反馈时间降低到了大约 5 秒钟。这样教师就只需要指出卡住的那关键一步，学生们就知道下一步该做什么了。事实上，当用这种方式把课讲得如此清晰透彻时，举手提问的学生也就减少了一半。

到这儿为止一切都还好。不过如何能把一节课教到学生们几乎都不需要纠正性的反馈呢？这里我们就到了教学的核心部分了——如何调动学生。

> 直面难题的全部

你也许已经发现了，当一个问题被解决掉时，另一个问题就又跳了出来。当越来越多的问题都找到了解决办法时，我才意识到我们只是在一点一点地解决一个难题的各个部分而已。当把这些部分都组合到一起时，我们才能看清课堂管理的全局。

不过，当把难题组合在一起时，我们又尝试了不同的办法。有些来自老师们的灵感，有些来自我自己的灵感，有些来自课堂管理方面的文献。但是，文献当中的大部分管理方法都不适合初入职者——麻烦而又费时费力，且效果有限。而且老师们还不愿意让我知道这些方法。他们会说，"我绝不会用这样的方法，我没时间做这些记录，我没精力去开一个奖品超市。"

要想真正帮助真实的课堂，所使用的方法必须要是：

• 简单易行的。

• 有效的。

• 省时省力的。

这些方法要让老师的工作变得更简单，而不是变得更复杂。

要找到这样的方法并不容易。当我和那些天生的老师们继续在放学后进行探索时，我发现他们并没有提供我希望的那么多答案。

我花了四五年的时间寻找可行的方法。之后我需要自己去创造来弥补那些缺失的部分。而缺失的其实很多。比如，如何能将一般学生训练到在课间切换时能马上就位进入学习状态，从而避免在课间切换时浪费时间？或者，如何以一种双赢的方式处理极端事件，从而减少把学生转介到办公室进行处理的情形？

我们终于开始着手处理问题的主干部分了。难题的各个主要部分最后似乎都汇聚到了一起。慢慢地我们也意识到我们已经发展出了一套课堂管理体系。

课堂管理体系

> 技能是关键

我们通过一步步解决问题慢慢发展出来的课堂管理体系有两个重要特征：

第一，每一个要素都要能高效地解决给定的问题。

第二，不干扰其他不相干的事情或方面。

在这两个原则指导下建立的管理体系会是一个紧凑节省的系统，里面只包含关键的基础性的技巧和步骤。本书介绍并探讨的教学的工具就是这样一个系统。它是由互相联系着的各个部分组成的，其中每个部分都有自身明确的侧重点，同时每个部分既要取得最好的成效又要依赖于其他部分的配合。

系统在教育领域中差不多是用烂了的一个词。为了清晰起见，我在这儿给它下个定义。系统有两个决定性的特点：

•整体是由相互联系在一起的部分组成的，就像难题的各个环节。

•整体大于各部分之和，各部分间有协同效应。

> 协同

协同指的是每一部分在其他各部分的配合下都能充分发挥各自的效用，使得整体的效用呈几何级数地增加。不过好的协同并不常见，它需要合适的技巧以合适的方式进行组合。然而，一旦实现了协同，一个小小的努力便会产生极大的效应。下面列出的一些管理目标便是使用本书讨论的教学工具、技巧所带来的附加效果，这些也同时是近几十年来教师发展领域中的流行词：

•学生参与度 •压力管理

•互动学习 •教学生精通

- 学生激励
- 后进生的进步
- 全方位教学
- 减少需要将学生转介到办公室的情况

- 学习时间
- 形成性评价
- 跨科目练习
- 增加教师队伍的稳定性

同时实现所有这些目标似乎不太现实——不过一旦你了解到那些天生的老师们一直以来都很自然地做到了你的这些想法可能就会不同了。这些老师并没有拼死拼活地去工作，他们只是用巧干代替了苦干而已。由于不了解"为什么能做到这样"和"怎么做到这样"的效果，他们的同事们总觉得他们这些人是少数的例外，因而就把高效的教学看得像是神话一般遥不可及。"我想这些东西应该是天生的。"仿佛有效教学就由基因决定的一样。

＞　技能和信息

要想了解这些教学的工具，首先需要知道技能与信息之间的差别。二者都是必要的，但却起着不同的作用。信息可以帮助你了解某个事物的本质、特点、起源和出现的背景等。而技能则是教会你如何去做某件事，以及做这件事时所需要保持的情绪状态、心理准备和需要做出的一连串的动作。

技能和信息的区别就像白天和黑夜一样分明。只读关于怎么样拉小提琴方面的书不会使你成为会拉小提琴的人。"知道是什么"和"知道怎么做"有着很大的不同，连小孩都知道。

当然，这两者都是需要的，只是它们可以帮助实现的方面不一样。阅读、讨论和写作可以帮助我们了解很多关于某个事物的信息。然而要想掌握如何做一件事，我们需要在有经验的人的指导下不断地练习、练习、再练习。

当面对课堂管理方面的挑战时，你需要持续不断地依赖于"做什么"和"如何做"这两方面的知识，而这种类型的知识就只能来自系统的练习。本书就是关于如何通过练习来获得这些技能的。

> ## 基础的东西是持久不变的

基本技能具有持久性。比如，打棒球、篮球和踢足球的那些基本技巧是持续不变的。另外，对于基础技能的训练也具有持久性。那些顶级教练们之所以仍然在用着几十年前开发出来的操练方法，就因为这些方法至今都是非常有效的。

不过信息是一直在更新的。教材可能用了两三年就要换新的了。但本书所介绍讨论的教学的工具——课堂管理的技能技巧，将会伴随你的整个教学生涯。很多我在座谈会上结识的老师们都说，他们在过完假期快开学那段时间都会把本书重读一遍。

> ## 纪律可以是积极的

我直到实地去课堂当中和教师们交流才知道"纪律也可以是积极的"这个观念。对我而言，这也是个非常激进的观念。传统的纪律观念非常简单——纪律就等于惩罚，只要罪罚相适就行。这个逻辑是很多学校制定纪律规章的核心内容，给学生一些不愉悦的后果以制止不良行为。

在 20 世纪 70 年代，当我开始关注课堂管理时，我就发现纪律可以是非对抗性的。当然，这需要一些改革：

- 试着通过重新设计教学过程来预防纪律问题的发生。
- 试着用非对抗性的方式（如树立威信）来限制已经发生的纪律问题。
- 试着让班上的学生变得更有责任心。
- 试着找到一种双赢的方式来处理严重的挑衅，避免把学生弄到办公室训导。

1987 年我出了自己的第一本书，书名是《积极的课堂纪律》。1999年我开始写这本书的续篇。而当做了一个简单的检索后，我发现近期出版的书中有 42 本标题中都包含"积极的"和"纪律"这两个词。所以我就把标题改成了现在的。

显然，将纪律管理变得积极对教育工作者而言是非常有吸引力的。但想到和做到是完全不同的两码事。要实现这个积极课堂纪律的目标需要革命性的创新。

课堂纪律的认知地图

下面是对本书所介绍的课堂管理体系的简要描述，大致上是按这些步骤被开发出来的顺序进行介绍的。这样能帮助读者们从大体上把握教学和激励是如何相互配合去预防纪律问题的发生的。这本书的主要线索如下。

＞　教学

在学生中走动：不管是教初中的数学课还是小学的识字阅读课，优秀的老师都倾向于经常在课堂上走动。他们这种艺术性的走动还被称作"通过走动进行的课堂管理"。老师长时间站在讲台上则常常导致教室后面的学生出现各种开小差情况。

但当你问那些上课时喜欢走动的老师们为什么会这么做时，他们常常会说："我只是想看看学生们都做得怎么样。"因此，在课堂上走动能让老师们在了解学生们的学习状况的同时，顺带地把纪律问题也避免了。

教室布置：要使教师能自如地在教室走动，需要重新布置课桌椅。最好是能让你以最少的步伐在学生之间任意走动。这样既让你更接近学生，又促进你对学生的辅导。

应对举手求助的学生：当你注意到课堂当中需要走动时，你同时要照顾到那些需要你停下来辅导的学生。老师宣布开始按照刚讲过的内容进行练习时，就会有求助的学生举起手在空中挥舞。简单地回顾下第 1 章中所描述的情形，老师走到一个学生面前看他在什么地方卡住了。学生说：

"我不懂这一步该怎么做。"于是老师就用课堂时间的一部分来辅导这个学生——通常需要几分钟。几秒钟之内,学生们就开始窃窃私语,教室里开始吵闹起来。很快就有学生开始下位活动。

然而,更为严重的后果是,老师在课堂上把好几分钟的精力都放在辅导某一个或几个求助的学生,这种做法实际上是在鼓励学生们向老师求助,而不是自己去思考。一个班通常会有五六个依赖于举手求助的学生。他们已经在长期的过程中形成了一种依赖习惯,一种习得性无助。这种管理上的失败引出了上面提到过的一个问题:应该如何给遇到问题的学生以合适的补救性反馈呢? 这种补救性的反馈可以分三步进行:

1. **表扬**:清晰简要地给学生描述在碰到有问题的这一步之前他做对了的那些步骤,为接着讲有问题的这一步做准备,同时也让他注意力集中起来。(这一步是选择性的,根据情况决定是否需要。)

2. **提示**:清楚地说明碰到问题的地方应该怎么做,以及接下来该怎么做。

3. **离开**:让学生自己开始做。

这三步 1)聚焦于正确的做法,而不是错误的做法,因而减少了学生的气馁情绪,2)只教给学生他所需要的内容,从而避免一下子给他过多的接受不了的东西(认知超载),3)通过立即让学生继续进行练习以免学生遗忘。

老师们可以在这些基本的步骤上有所发挥,表扬、提示、离开这三步通常可以把以往需要 4 分半钟的辅导降低到 30 秒。即使加上一些讨论,总时长通常也不会超过一分钟。

可视化教学方案:虽然表扬、提示、离开这三步已经比较简洁了,但是还不够。在你重新开始走动前,还是会留给班上 5 到 10 秒钟的窃窃私语的时间。即使只要 30 秒辅导一个学生,连续辅导三个也还是空出太长时间了。那如何才能进一步既给学生以清晰的辅导,同时又能缩短辅导时间呢?

差不多可以说只有一种可能性了——提前分模块准备好解题或完成任务的步骤，并以可视化的方式呈现出来。这种被称为可视化教学方案的备课方式其实很简单，但很清晰，而且学生在做练习时还可以回头来看这些过程步骤。在这种情况下，由于你可以直接指着学生遇到问题的关键步骤指点学生，补救性的反馈辅导常常就可以在 5 秒之内完成。同等重要的是，这种可视教学方案由于其清晰性，还可以加快学生的学习，减少学生的认知负担，以及减少驱使学生提问的学习焦虑感。这一点将在第 7 章中详细讨论。

说、看、做教学法：要最大限度地减少做练习时需要辅导的情况，最直接的方式就是在一开始就把课教好。有两种基本的模式来组织一节课。

第一种模式是：

输入，输入，输入，输入——输出

通常中学的课堂是这种模式。想象一下，课堂在 25 分钟的讲授之后再进行讨论。

第二种模式是：

输入，输出；输入，输出；输入，输出

这种模式通常用于训练以及技能发展。学生们从做中一步一步地学习，每一步都有监测和纠正。

说、看、做教学法不是一种特定的教学方法，它强调的是学习活动的主动性，是相对于被动学习而言的。在备课时，老师们需要经常问自己：我要让学生在这部分内容上做什么？教育工作者们早就在强调有效教学和有效纪律管理之间的重要联系。不过，是什么样的联系呢？是什么让一部分老师如此有效，而另外一些老师一直在挣扎呢？

这个联系就在于教学的过程——对于学生学习活动的组织上。成功的老师会持续不断地让学生在做中学。在这些老师的课堂上，学生们一直都没机会闲着。当学生们都忙于学习时，纪律问题自然就解决了。

足够多的结构化练习：结构化练习就是给学生一个清晰详细的小步骤练习指导，让他们一直都清楚该做什么，以此来减少最初习得阶段出现的错误。传统的方法总是让学生慢慢地从头到尾地学一个东西，再用不断地检查和反馈来调整教学过程。结构化练习的方式可以通过对步调和顺序的调控达到降低学生学习焦虑的目的，因为错误能够很快被发现和纠正。

结构化练习能通过持续不断的成就感调动学生学习，甚至让爱学习变成了孩子们的第二天性，这种现象被本杰明·布鲁姆称为"自动化的学习"。如果老师直接先讲完内容再进入练习，而没有进行这种结构化的练习的话，求助的手很快就在空中挥舞起来了。在这种情况下，练习时间就会被那些需要帮助的学生们消耗了。

> 纪律

课堂构建：当老师掌握了一个有效的教学模式后，就需要着手为学生们制订课堂行为规则、日常活动程序和步骤。然而，许多老师仅仅只是在班上宣布了一下这些班级规范，而没有教会学生去遵守规范。结果就造成了学生们懒散、浪费时间和开小差的情况，这些情况在课间切换时表现得尤其严重。

树立威信：成功的老师们常常只用一个眼神就能让一个正在开小差的孩子立马坐好学习。他们是怎么样做到的呢？我们最后发现了这其中的奥秘，实际上"树立威信"就是通过肢体语言平静而坚定地向学生传递一种"你要好好学习、我还会继续注意你"的信号。这种肢体语言告诉学生"不行"就是"不行"——只不过是用一种低调而又非对抗的方式而已。这和我们通常认为的管纪律时的情绪是截然不同的。

此外，一旦你和学生之间建立起了这种方式的相互理解，你可以把这种信号慢慢降低到只要一句话、一个眼神，最后则是只要你在那儿就足够了。这样只要有你在，其他形式上的惩罚通常就用不上了。当你走进教室时，纪律就好了。

　　树立威信标志着课堂纪律管理从基本的预防向替代性的预防转换。当然，如果需要，处罚措施还是可以用来巩固学生对于规则的遵守。但由于有了树立威信这种处理方式，那些对抗性的、耗时耗力的弥补性的处理方式就会大大减少。

　　责任感训练：让学生们停止做你觉得他们不应该做的事情只是纪律管理的一半而已。另一半是让他们开始做你期望他们做的事情。责任感的养成是本书重点介绍的一个技巧，即通过小组激励来训练全班都积极遵守纪律和执行日常课堂活动。这会大幅度减少课间切换的时间，从而为学习省出更多的时间。

　　减少不合作：在任何课堂总会有那么几个学生为了显示他们可以不配合而不配合。责任感的养成需要有相应的机制来制止这些不配合的学生做出相关行为。减少不合作就是这样的一种机制设定。这种机制能给予那些不配合的学生以一种强有力的动力去配合小组活动。它能产生一种双赢的效果，从而避免把学生叫去办公室。

　　启用备用方案：备用方案指的是学校的违纪处分规定。不同程度的不良行为通常需要不同的应对方式：挑衅性的行为及其他危险行为通常都需要启用备用的违纪处分规定；那些不太严重的、经常出现的冒犯在实际操作中常常只是会叫到办公室处理；而课堂上的开小差和讲小话则留给老师们即时处理了。

　　启用备用方案通常是非常麻烦的，至少需要老师和学校管理人员同时参与处理，还要做好记录。叫家长则更是需要大费周章。对于日常活动而言，尽量避免闹到教导处，这对每个人都是有利的。

　　这样，我们就更关注老师们如何在问题萌芽时就把它掐灭了。有时候老师在私下里的一个警告就可以解决问题，但这种警告是否有效，取决于老师之前是否在树立威信。

评估纪律管理的有效性：不管老师们是采取预防性的还是补救性的措施来应对学生不良行为，其成功的标准是一样的，那就是：

如果方法奏效，问题就会消失。

这个标准看似对老师们要求太高了，但他们需要做到这一点。要不然老师们就会长期面对这同样的几个学生同样的问题。这就是说，有效的纪律管理要让全班都训练有素，行为得当。只有在这种情况下，随着时间的推移，学生们的行为才会变得越来越好，老师们需要用于管纪律的时间和精力才会越来越少，从而能省出更多时间用于教学。

> ＞ 调动学生

为什么要我努力学习：在面对一个没有被调动起来的学生时，老师们首先必须要回答一个简单的问题：为什么要我努力学习？学生们需要为了某个不太遥远的东西而学习——一个他们想要的东西，一个他们认为值得为之努力的东西。这个"东西"被称为诱因。在课堂中，多数诱因是学生们想要的某些活动，学生们所偏好的活动。课堂诱因的秘诀是把学生们偏好的活动转变成学习活动。使用诱因活动调动学生的风险在于，学生们可能为了尽快地进行诱因活动而匆忙潦草地完成学习任务。如何能让学生们既努力又认真地去学习呢？

持续问责：要想让学生们努力而又认真地学习，一些制度性的元素需要就位。首先，你要能在他们学习或练习的过程中进行检查。这种方式的检查被称为持续问责。持续问责让老师们可以用掌握程度这一标准来衡量学生，从而能够保证学生们在正确地完成一定量的练习之后才能去进行他们所偏好的活动。如果做错了，就要重做一遍。此时，老师们可以用前面提到的表扬、提示、离开这三步来避免让学生感到沮丧。

从上面的描述可以看到，调动学生和教学的其他方面是相互联系的。它是课堂管理这个难题中最后的一个重要组成部分。对于新手教师来说，这需要把老师从辅导举手提问的学生那里解放出来，从而能够有机会去检查正在进行中的课堂练习。此外，调动学生还要求老师们在备课时把学生偏好的活动作为正式的一部分加进来。在培训中老师都学到了调动学生的黄金定律：

不学习者不得玩。

理解教学的工具

＞　没有万能的工具

随着你对本书的阅读，你对课堂管理的认知地图将会慢慢建立起来。同时，你也会慢慢意识到并没有一把"万能钥匙"或者"万能工具"可以用来建立高效有序的课堂。高效课堂的建立需要许多技巧和方法的配合，每一种技巧和方法都是针对某一个具体管理目标的。你对这些技巧方法掌握得越多，你的课堂效果就会越好。此外，也没有装有秘诀的"锦囊"可以供你在遇到问题时进行翻查，然后找到一个快速解决方案。每一个方法都是基于课堂管理的整个系统。

我们先用纪律管理作为例子来说明系统是怎么样运作的。我们刚刚已经介绍了纪律管理的四个方面：

1. 班级规范；

2. 设定边界 / 设置界限；

3. 责任感的养成；

4. 备用方案（违纪处分办法）。

鉴于系统中的每一个元素都是建立在前一个元素的基础之上的，你可以假定：

• 违纪处分办法是以责任感的养成为基础的。

- 责任感的养成是以设定边界为基础的。
- 边界的设定是以班级规范为基础的。

处理纪律问题总是要涉及如何解决问题。处理已经发生的纪律问题在原则上通常要选择最省时省力的补救方案。在这种情况下，请记住：

- 班级规范比设定边界要省时省力。
- 设定边界比责任感的养成要省时省力。
- 责任感的养成比启用违纪处分办法要省时省力。

很明显，使用前一步的方法比使用后面一步要少很多麻烦。比如，在开学的第一周，如果你还没有教会三年级的学生安安静静地通过大厅的话，你就需要为他们设定边界，让他们接下来再经过大厅时能不再发出噪声。你会发现，如果一个问题不及时处理的话，它就会升级到一个更难处理的水平上，这时再处理就困难多了。

"秘诀是什么？"

教师和教育管理者们在接受纪律管理方面的培训时，常常想了解到下面这些问题的答案：

"培训项目的关键点是什么？"

"让学生投入学习的秘诀是什么？"

"哪一件事是最重要的，是老师们必须时刻记在心里的？"

虽然有几十年的参与教师培训的经历，我对这样的问题还是持保留态度。因为我们面临的问题比大多数人认为的要复杂得多。而人们仍然在执着地寻求一个一劳永逸的答案。要对像课堂管理这样复杂的事物有个比较全面的认识是要花时间的。只有当你建立起了课堂管理方面的认知地图时，我们才能开始分类去讨论。

> **思维方式的转变**

思维方式的转变是指你用以分析问题并寻求解决办法的参照框架的变化。由于人们习惯了旧的思维方式，因而这种转变有时可能会比较困难。

本书所讲的教学的工具会涉及思维方式转变的一系列过程，不过这个过程会是一步一步的合理转变。

　　和这些思维方式转变紧密相连的是一系列会让你的日常班级管理变得轻松的实实在在的方法技巧。你也可能会发现这些方法有些是你自己在教学中已经摸索出来的。我一直记得有一位新老师在一次座谈会结束时对我说："琼斯先生，我觉得这只不过是一堆常识的累积而已！"这让我觉得很开心。我感到我已经能够把课堂管理的思维方式以及其他方法以一种可接受的方式呈现给老师们了，即使是新老师也觉得能够接受。

课堂管理概述

＞　课堂管理涉及方方面面

　　老师的班级管理技巧会影响到整个班的氛围，比如学习是件好玩的事儿还是份苦差事，学生们是乐意合作还是倾向于对抗，是彬彬有礼还是轻慢无礼，是可以独立学习还是举起手坐在那儿等着老师来辅导。

　　老师的班级管理技巧同时还关系到老师们的个人福祉，如老师所要承受的工作压力，是享受教学还是想到教学就心里紧绷一下，还有在一天结束时的疲劳程度。最后，这还关系到一个老师能在教师这个行业待多久。

＞　作为纪律推行者

　　在孩子们组成的课堂里，开小差和讲话是会自然发生的，而学习则通常不是。管理课堂就是要让孩子们放下他们自然的活动而投入到付出努力的学习活动。由于开小差是自然的常态，因而任何课堂都有变成问题课堂的可能。而这种可能是否会成为现实则取决于它是如何被管理的。于是老师们就必然扮演着"纪律推行者"的角色。

　　爱心和养护之心当然也是老师们需要具备的。不过爱心和养护之心的实现需要注意方式，不能让学生的坏毛病将它侵蚀了。我们都不想太严厉，也不想去找学生的麻烦。但很可能我们慢慢就变成这样了，甚至有时候还会发现从来没有想过的话竟然从自己嘴里说了出来。

> 光有爱心是不够的

每一位老师都希望有个积极向上的课堂氛围。然而，想让课堂变得积极是一回事，实际上让课堂变得积极是另一回事，这二者之间的差别就像白天和黑夜一样分明。要跨越这两者之间的裂缝需要老师们精通课堂管理的技巧。课堂中的经验非常明白地说明了光有爱没有相应的管理技能方法是极为苍白无力的。

前面已经提到过，那些没有经验的新老师们常常会以为，只要他们爱学生并且对学生好，一切就都会很顺利。这种甜蜜的美梦是外行话。要让一切顺利，老师们需要的是技能娴熟的专业人士——要精通自己的专业技能。

> 本书就是对教师专业技能的展示

本书所介绍的教学的工具就是向老师们展示教学相关的专业技能。可能有些老师根本就没想到过还会有这样详细而又紧凑的工具包。他们常常只有些对教学不太有头绪的认识。

不过，对班级教学更深入的认识还是来自老师们把这些技巧运用于实际的时候。只有老师们实际地把这些新的方式方法运用到自己的课堂并且取得成功时，他们才会真正相信这些方法；在此之前，老师们可能都只抱着试试看的态度。有时，一些参加了我的培训的老师会用一种非常兴奋的语气告诉我，他试着用我建议的方法，结果成功了。这时我就会非常高兴。

"琼斯先生！前两天，当我叫那个最调皮的学生回位学习时，他立马跟我顶嘴。我深呼吸一下，什么也没说，然后做出我们之前练习过的那个树立威信的肢体语言。当他意识到他的闹剧不能给他带来任何好处时，他就蔫了。很快他就停下来看着我。最后，他说，好吧，那我写作业去。就像是有什么魔法一样，这次我们完全避免了平时的争辩。"

发现这些技巧方法能起作用的同时也是对它们认识的深入，但更深入的是把它们综合起来灵活运用。

第 3 章
在学生中走动

- 直接影响学生们课堂开小差的一个基本因素就是老师和他们之间的物理距离的远近。
- 高效的老师们会经常在课堂中走动。他们知道"要么你走动，要么你被动"。
- 通过走动和空间上的接近，学生们想乱动的冲动就会持续被控制住。
- 由于这些老师们能在学生们做练习时不断走动，他们同时也就轻而易举地解决了纪律问题。
- 在学生中走动是为设置扰乱行为界限的完美伪装。因为在学生中走动使得老师能很快走到学生旁边，让那些想开小差的学生没机会开始，也就避免了在众人面前给他们难看。

空间上的接近

> 开小差是从哪儿开始的？

我猜你已经知道了应对课堂开小差的最基本的事实。毕竟你花了很多精力和时间来测算课堂上发生各种情况的可能性。看看下面这张图——

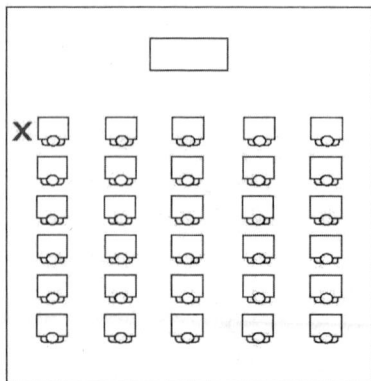

按照通常的教室摆设，讲台被放在了前面。标有"×"的是老师正在辅导某个问题的学生的位置。想象一下你就是那个老师。

现在请你指出开小差最可能从哪里出现。

> 其实你知道是怎么回事儿

你很可能已经指出来了——离教师最远的那个角落。其实，你很了解情况，也知道是怎么回事。当老师就站在你旁边时，你肯定能忍住，即使你没有在学习，你至少也会装作在学习。但是，当老师站在教室的另一边，离你很远时，情况就大不相同了。

影响开小差发生的可能性的最基本因素就是学生和老师间的空间距离的远近。老师离你越近，你开小差的可能性就越小；老师离你越远，你开小差的可能性就越大。

接近与走动

> 观察那些天生的老师

在你观察那些天生的老师们时，他们的很多做法你通常不会有意识地认为是"管理技巧"。相反，你可能只是看到学生们都在忙着学习。当他们学习时，老师在四处走动着，并且在用一种使人难以置信的方式指导学生的学习。

如果你去问一个毫无经验的观察者那个老师在做什么，你得到的答案会是"什么也没做"。观察者可能偶尔会看到那个老师低下头来指点某个学生，但常常看到的是老师只是在那儿"散步"而已。只有当你观察了许多不同的课堂，并且进行比较时，你才会发现高效的老师与低效的老师之间的差别，同时也会发现走动的重要性。

> 群体控制

当纪律问题已经出现时，管理就很难省时省力。当某个问题已经出现，你就必须停下来去处理它，否则就会给学生一个"放任"的印象。如果你停下来处理它，你肯定就要付出时间精力，肯定要暂停讲课。

很自然地，我们就会考虑如何用简单的方式避免问题发展到需要启用复杂纪律管理手段的情形。在一个有 30 人左右的课堂里，学生们已经构成了一个群体。最基本的管理方式就是群体控制。

虽然群体控制并不能让课堂变得完美，但它可以让最大多数的学生在大多数的时间去最大限度地完成他们该完成的任务。如果老师们能够轻而易举地用群体控制来管住大多数学生的话，他们就可以用省出来的主要精力来应对那剩下来的少数几个问题了。

> 在学生中走动

最基本的群体控制技巧就是"在学生中走动"。任何"在一群人中混生活的人"都了解在人群中走动的意义。歌手、喜剧演员、教师、牧师——他们都会在人群中走动。他们都懂得"要么走动，要么被动"。这些娱乐从业者同时还会用上动作、眼神交流以及自己的热情。如果他们发现某一处的人有些注意力分散了，他们就会走到那处去。比如，如果坐在某个桌子旁的人开始聊天，表演者就会走过去并且跟他们进行眼神交流。此后还会尽可能地把注意力放在这一桌人身上。如果他们对注意力转移了的这一桌人不加理睬的话，旁边那一桌人的注意力很可能也会接着就分散了，然后再旁边的一桌人也会……很快，就会有越来越多的人分散注意力了。

天生的老师会本能地在学生中走动。他们有着内在的要和学生"保持互动"的直觉。他们用和学生的身体接近作为管理工具。他们一直走动着。

心理距离

> 老师接近的区域

想象一下，教室里的每个学生的大脑就像是一台电脑在嗡嗡地运转着，都在想着一个简单的问题："老师在附近吗？"这些电脑一直在运转着，尽管可能他们自己都没意识到。他们一直在计算着老师离自己有多远，老师正面朝哪里，老师的注意力是不是在别的什么事情上。

接下来想象一下，老师在学生当中走动。以老师所在的位置为中心用同心圆辐射出去，划出三个和老师接近程度不同的区域。然后用交通灯的三种颜色标注出这三个区域：红、黄、蓝。

红色区域：这是一个以老师为中心、约 2.4 米为半径的一个圆形区域。用交通灯做比方，红色代表停。红色区域内的学生通常都不会轻举妄动。他们头脑中的电脑会对他们说："这时开小差是非常愚蠢的，你会马上被发现的。"通常极少会在这个区域内出问题。

黄色区域：红色区域外面就是黄色区域，就是沿着红色区域的边界向各个方向再向外延伸大约 1.8 米。黄色代表着要注意了。只要老师是面向他们的，在黄色区域内的学生会和红色区域内的学生表现一样。而一旦老师因辅导某个学生的时间有点长而稍微分散了注意力，特别当老师有事背向他们的时候，学生们大脑中的电脑就会告诉他们："老师注意力不在这儿啦。"于是就会有部分学生开始开小差了。

绿色区域：在黄色区域之外就是绿色区域了——绿色代表着畅行无阻。当绿色区域的学生抬头发现老师远在教室的另一边时，尤其是当老师在做着什么事时，他们头脑中的小电脑就开始兴奋起来，对他们说："为什么不？"然而，在绿色区域的学生不会马上就开始讲话或者做其他事。他们需要点儿时间来打量周围的情况。当发现老师的注意力不在这边时，他们就开始找人讲话或者做其他事了。

学生们在绿色区域待的时间越长，开小差发生的可能性就越大。想象一下，如果老师一直习惯于在前面讲台上讲课，那么坐在后排的学生的情形会是什么样的？那些学生岂不是一整学期都在绿色区域里面！哎呀，天啦！

> ### 打断扰乱行为

那些高效的老师们在不停走动的过程中，就不断地在变换着各色区域的范围。想象一下那些抬头发现自己在绿色区域的学生，在他们正准备要开点儿小差时，突然又发现老师朝他们这边看过来了，而且还常常朝这边走过来了，这样自然就收敛了。

"倒霉！"他们头脑中的电脑会说，"我讨厌这样的情况！呀，好吧，还是学习吧。"

当老师在学生中走动时，两三步就会让一个学生从绿色区域到黄色区域，或者从黄色区域到红色区域。就这样，老师通过走动不断地打断了学生们想要开小差的冲动。

当然，不管是老师还是学生，他们都不会有意去算计这些。这些是在无意识中进行的，在能觉察到的边缘上。

我问那些"天生的"老师为什么要不停地在学生当中走动，有一位老师说："看看学生们的表现啊。"另一位则说："如果你叫学生们去做某个练习，难道你不想知道他们做得怎么样吗？"他们表现得好像这是世界上最自然不过的事情了。但我问这个问题是想知道他们用走动来抑制开小差是有意识的还是出于本能的行为。我发现其实是本能的做法。

于是，我又去问学生："你们觉得做练习时老师在教室里走来走去的目的是什么？"他们回答说："这样我就可以在有问题时问老师了。"

只有当你同时观察到同一个班的学生在上另一个不习惯于走动的老师的课时，你才会真正意识到这些发现在无意识

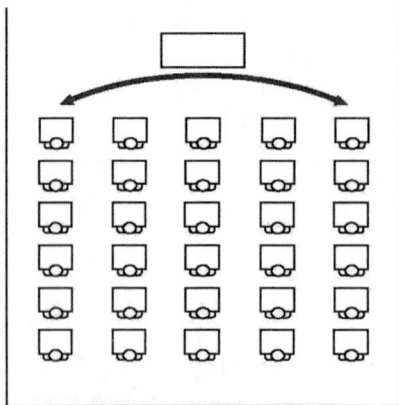

即使你一直站在教室前面，你也要走动

层面的小算计。在这样的课堂上，那些之前课堂表现很好的学生，当他们在绿色区域待了 5 分钟时，他们就开始成为"要么走动，要么被动"的活生生的证明。

在教室前面走动

＞　在近区和远区的走动

先假想你站在教室前面讲课。这时你就像拉斯维加斯的那些室内舞台表演者一样，你会一直走动，并且会有意识地用你的热情和眼神来与下面的人交流。眼神交流比身体接近作用的距离要远很多。因而当你有意要照顾到后排的学生时，你会用更多的眼神交流去关照那些位于绿色区域的学生，同时用身体接近来关照位于红色区域的学生。最好是能与后排的学生一一进行眼神交流，而不是整排扫视。与每个学生的眼神交流大概需要持续一秒钟。然后转到下一个学生，然后再下一个……

在与后排学生进行眼神交流的同时也需要偶尔快速地扫视一下位于红色和黄色区域的学生。这样你就能用眼神照顾到全班，同时又有重点地注意后排。

当你在前面讲课时，你也在走动。你走动的轨迹大致上是如图所示的一个弧形。这种常规的走动同时可以达到几个目的。第一，你持续不断地在走动，这样就没有任何一个学生长时间持续处于绿色区域当中。第二，由于大家的目光都在随着你动，因而你同时也在帮着不断改变学生的可视区域。如果你站着不动的话，就只是一个在说话的静态视觉目标，这样容易让学生出现走神的情况。最后，你还潜在地为那些想要开小差的学生设定了边界。

> 潜在地设定边界？

潜在地设定边界是处理开小差问题的一个重要观念。你想要让那些开小差的学生回到学习上，但同时又不想在其他同学面前给他们难看。你的这种常规性的走动就制造了一个极好的机会去警示那些学生，同时又不公开让他们尴尬。

三条走动的注意事项

- 不断地变换接近你的区域，这样就没有学生会长时间地落在绿色区域里面。
- 不断改变学生的可视区域，以便吸引他们的注意力。
- 利用走动潜在地应对开小差的学生。

比方说，你在上课时看到有两个后排学生在开着小差。这两个人突然就变成了班上的重点人物。当然你可以停下讲课叫他们回到学习上。不过这就如同舞台上的歌手在正唱着歌时突然停下来，对台下的观众说："我要等到大家都集中注意力了才继续唱下去。"你其实可以用一些策略来避免让学生丢面子。在不中断讲课的情况下，你可以转向那两个在小声讲话的学生，慢慢地走向他们。通常他们会注意到你已经瞄上他们了，因为开小差的学生通常会留一部分注意力放在老师身上。这时你就可以用眼神和他们进行交流。对着他们讲课，同时朝他们走近一两步。然后，停顿一下，再半转向其他学生继续讲课，就像什么也没发生一样。这就是常规性的走动、停顿、扫视模式。站在那些讲话学生的旁边，继续用这个模式对全班讲课。你也可以在他们旁边站的时间稍微长一些，那些学生们脸上很有可能就会出现会意的表情。

终止了他们的开小差后，你就可以慢慢走开像平常一样上课了。不过，再次扫视到那些不注意听讲的学生时，你和他们的眼神交流可以多保持半秒钟。这就是在提醒他们你还在注意他们。

同样地，这一切都发生在意识的边缘，常常难以清晰地觉察到。不过，当你开始意识到这些时，请记住这一切，包括在学生中走动，都是工作的一部分。想象一下，这时的你就像是澳大利亚的牧羊犬，需要不断地四处注意以防止有人溜号。

在学生中间走动

> 混在学生中间

虽然在教室前面也可以走动，但如果老师们能够走到学生中间，和他们更加亲近的话，效果会更好。即使是舞台表演者们也会走到观众中间，以获得和他们更加亲近的接触。我经常看到那些优秀的老师们走到学生们中间去解释概念，或是形象地比划，甚至用非常夸张的动作。这些常常引得学生们瞪大眼睛津津有味地注视着老师。如果需要在黑板上写板书，你可以利用解释板书内容时走到学生中间。

> 在学生们做课堂练习时

老师在全班学生中走动最常出现的情况是在学生们做课堂练习时。这时走动能让老师有机会指导学生。在这种情况下，老师们很难不走动。他们会说："你还有其他方式去了解学生做得怎么样吗？你要去检查他们的练习，特别是他们刚开始做的时候，不然，他们可能全都做错了，而你根本不知道。"这些老师在不断地了解学生学习的情况，并根据这些情况调整教学，同时又不费吹灰之力地解决了纪律问题。你可能会想，为什么有的老师们不走动。然而，确实有很多老师没有走动。

> 妨碍走动的因素

当像走动这么有用的行动没有发生时，一定是有它的原因的。一定是有些妨碍因素，这些因素通常有：

榜样的长期影响

我的初中、高中和大学老师都是只站在教室前面讲课的，你的老师们可能也和他们一样。当你开始以老师身份走进教室时，你可能不自觉地就受到了这些榜样们对你长期以来的影响。在无意识当中，你以前的这些经验就决定了你对上课的期望以及你上课时感到舒适的位置。要克服这一点需要有意识地努力。

投影仪

另外一个妨碍老师们走动的常见因素就是投影仪。很少有使用投影仪的老师走动到离它三步之外的距离的。就像是他们和投影仪屏幕被拴在了一起似的。他们可能会在讲解时走开一两步，但讲到下一个知识点时马上又走回到了屏幕旁边。有个简单的方法可以避免这一点，即可以让一个学生来帮你操作投影仪。把这当成是给那个学生的特权。并且可以每周换一个学生来做。

桌椅摆设方式

虽然投影仪可能成为一个妨碍走动的因素，但它还不是最主要的。最主要的妨碍因素是教室里桌椅的摆设方式。我们会在下一章讨论这个问题。

当老师们看到了走动的必要性时，接受这个方式一般都不会很困难。上面提到的这些妨碍因素常常不需要费很大的力气就可以解决。不过即使像重新摆放教室桌椅这样简单的事情，有个计划会让它变得更简单。

微妙的肢体语言

我们在介绍课堂走动的相关问题时，也慢慢了解到了一些关于肢体语言的信息。如果老师们需要处理已经发生的纪律问题，那肢体语言的使用就变得更为复杂。比如，在接下来的关于树立威信的章节中，我们会进一步介绍如何使用肢体语言来应对已经升级到顶嘴或者更严重的情况。

　　不过，本章涉及的一些简单的互动已经体现了肢体语言在纪律管理中的一个关键特点。肢体语言可以让老师们在保全学生面子的情况下有效地处理纪律问题。如果你保全他们，他们也会帮你节省一些精力。而如果你让他们难看，他们也会找机会报复。

第4章

教室的布置方式

- 在通常的教室布置中，桌椅的摆放方式是课堂走动的最大障碍。
- 保管员式的教室布置更容易进行清洁，但却给走动设置了障碍。
- 最好的教室布置方式要能够让教师在几步之内从任何一个学生走到另外一个学生。
- 教师可以通过撤掉讲台同时将学生的桌子前移的方式更加接近学生。
- 教师需要教室里的走道，不是窄小的那种，而是要比较宽敞的。
- 最有效的走动方式是内环式的。这种方式可以适用于许多不同的教学情境。

妨碍走动的因素

> 桌椅的牵绊

在弄清楚了走动和接近学生的重要性之后，接下来就是如何使走动变得简单易行的问题了。有需要移除的障碍吗？在常规的教室里看一圈，你就会发现有许多障碍。其中最大的障碍物便是教室里以常规摆设方式的桌椅。

> 监管式的教室布置方式

最常见的教室布置方式就是如左图所示的布置方式。现在，想一想"谁把教室布置成这个样子的？"

教师们可能会毫不犹豫地异口同

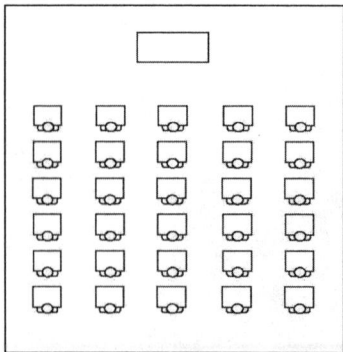

谁把教室布置成这个样子的？

声地回答说："教室管理员！"再想想，"这样摆设教室的桌椅对教室管理员有什么好处？"老师们都知道，容易保洁。而不幸的是，对于保洁而言最好的桌椅摆放方式却是对于课堂管理最坏的方式。

> ## 回到你开始的地方

设想这样一个情景，你站在下图中标有"×"的地方指导一个碰到问题的学生。你抬头看到教室的对角上有两个学生在讲话。你会做什么？如果你忽略他们，其他的学生便会对自己说："啊，太好啦！我也可以讲话了。"我把这个叫做"放任学生"。你需要做点儿什么。问题是，做什么呢？

前面我曾提到老师们通常的做法。在处理一些学生麻烦和警告讲话孩子之后，你绕过大半个教室走到讲话的学生面前费力地告诉他们要遵守纪律。还记得这种情况下容易出现的那个愚笨的对话吗："我讨厌抬头时看到你们在这儿讲话……"你站到他们身边时，他们似乎已经悔过自新了，然而，你觉得他们会在你离开后多久就又重新开始讲话？

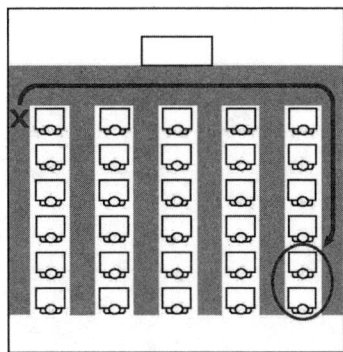

相较于应对一个小问题而言，绕大半个教室走一趟常常是件劳神费力的事儿。

也许很快你就懒得去管他们了，并且还找一些冠冕堂皇的托词说明不去管的原因。这至少省了你跑一趟，为你操劳的一天节省些气力。

> ## 按教学要求布置教室

想象一下坐在按上图布置的桌子旁边的孩子们。在通常的密集程度下，学生们的脚能够伸到前面同学的椅子下。这种布置方式给教室左右通行设置了五重障碍。你又怎么能在这种情况下在教室里走动呢？又怎么能不绕一大圈才走到开小差的学生旁边呢？在培训期间，老师们学到了下面这条规律：

如果你不按对自己有利的方式布置教室，

就会有其他人按对他们有利的方式布置，

而他们的布置不会对你有利。

对教室陈设的布置是教室结构中你需要负起责任的首要元素。你需要重新摆放桌椅来方便你在教室走动和接触学生。为达到这个目标，你要仔细分析和计算教室陈设所分割出来的空间、距离以及你在其中的移动。

教师的讲台

> ### 移走它

教室布置的第一步就是要把讲台从教室前面这个传统位置移开。移到哪儿去呢？多数老师就只是把它放到角落里以便于放东西。另一些老师可能会把它放到教室侧边或者后面，但这并不重要。

为什么要移走讲台？因为，它会让你和教室里每一个学生之间的距离都增加 8 英尺＊！我曾带着卷尺到教室量过。当讲台在教室前面时，黑板和第一排学生的距离大约是 13 英尺。现在，试着想象一下，你的一个同事坐着，你站在他前面和他谈话。你们之间是一个合适谈话的距离。这时你再看看你们俩膝盖之间的距离，这个距离通常是 3 英尺。接下来，再想象一下，你正在上课。在刚才你们的谈话距离中加入 2 英尺。这 2 英尺给了学生们适合看黑板和投影的视觉角度。你现在已经和第一排学生相距 5 英尺了。和有讲台的情况相比，你和每个学生的距离都拉近了 8 英尺。

> ### 8 英尺的代价

这 8 英尺很关键吗？如果用上一章中介绍的各种不同程度的接近区域

＊　1 英尺约为 0.3048 米。

来描述的话，这 8 英尺的差别就是红色区域和黄色区域之间的差别。要感受一下这个差别，你可以试着站在离一群同事 13 英尺远的位置，让他们扮演爱窃窃私语的学生们，并且问问他们，"如果我站在这儿，你们会开始讲小话儿吗？"然后，走到离他们 5 英尺远的位置。想象他们是同样一帮学生，问他们："现在呢？你们会讲话吗？你们能讲话吗？"你会发现，当你在 13 英尺远时，学生们能几乎没什么顾虑地开小差。但是当你在 5 英尺远时，他们开小差的念头会逐渐消失。你的影响力急剧增加仅仅是因为移走了一个讲台而已。

这个试验告诉我们距离对人产生的影响如此之深。在课堂上，这 8 英尺的差别往往就是纪律维持的预防和补救之间的差别。

> **走出自己的舒适区**

我需要事先提醒你的是，在你开始拉近和学生距离时，你可能会感到有些不适应。你可能需要几个小时来重新调整你在教室里的舒适区。不过你会很快享受到这种更近距离所带来的亲近以及对于课堂的掌控。

学生的课桌

> **分析空间的使用**

我会给你展示一些教室布置的例子。不要急于下结论说这些例子就是"正确"的。这些典型实例体现了教室布置的关键特征，因为它们与管理全班有关系。

教室布置使在教室走动变得容易。一旦你熟悉了它们，你就能用最适合你的方式重新布置你自己的教室。

在布置教室前，想象老师站在两个不同位置中的一个。第一个位置是在学生演讲或进行讨论时站在教室前面。第二个位置是指导练习阶段在学生当中走动监督他们的书面作业。良好的教室布置必须在两种情况下都能达到老师的目的。

> 压缩教室布置

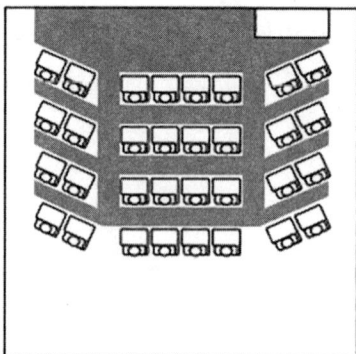

走道的空间是通过让学生往前挪并将他们
压至教室两边而创造出来的。

我们以图中的传统教室布置开始介绍。图中的老师站在教室前面，与学生分开并面对面。

对于初学者，你只需要两条从教室前面穿至教室后部的走道，不需要教学楼管理员常常布置的四五条走道。如此，你就可以让教室的布置更加紧凑，因为管理员原来设置的几条走道被课桌椅占据了。

将课桌的一排视作是从左到右排列，而不是如管理员布置的教室一样从前到后排列。现在第一排课桌有 8 名学生，而不是管理员可能会安排的 5 或 6 名学生。

此外，学生与你的距离会比你将讲台搬至角落之前更为接近。我们现在遵循的是两条让教室布置更为紧凑的策略。将学生往前挪以及将他们压至两边。

> 间隔课桌

现在，想象你自己正在第二排课桌的位置。首先，坐在第二排的椅子上，放松你的双腿（弯曲，不是伸直向前）。其次，用卷尺从你的脚趾头往前桌椅子的后椅腿量 18 英寸 *。这个距离可以为你提供足够的走道空间。

初看起来，第一排课桌到第二排课桌之间的距离似乎很大。在一个拥挤的教室里怎么能允许这么大的空间？宽阔的走道所需的额外空间来自我们通过让学生往前挪并将他们压至两边所节省出来的空间。

---

* 1 英寸约为 2.54 厘米。

> 创造走道

教室布置最重要的特点不在于课桌椅摆在哪里，而在于课桌椅的位置不动。教室布置的目的是创造走道，以易于在教室走动。我的意思不是指狭窄的小走道。我的意思是大马路。

我想让你能在这条大马路上踱步，不会踢到学生的脚，不会绊倒书包或者因为某个学生太高而被拦住。此外，我不想因为学生担心被踩到而让你影响到他们的课堂任务。

上图是一个有 32 名学生的班级，布置了四排从左到右排列的课桌，每一排有 8 名学生。现在我们可以管理全班了，因为很容易走动到每个学生身边。

典型教室布置

> 接近和监督

假设你自己正在指导全班学生练习，监督他们的书面作业。为了监督书面作业，你必须可以看到作业内容。那么离学生多远他们的作业仍在你的视线范围内？

正常视力的情况下，你可以读到坐在走道边上的学生的作业，以及他邻桌的作业。但再过去一个人的第三个学生你就无法读到他的作业了，因为字迹看起来太小。

正常的视力限制了你在管理全班时监督你左右两边各两名学生的能力。在布置教室决定课桌椅及走道的位置时，这个事实起了很重要的作用。

> 内环

能让你读到教室中每一名学生作业所需要行走的最短距离是多少？下面这张图描述了这段距离，我们称这种移动模式为内环。

当你沿着内环管理全班时，每一名学生都在走道的两座范围之内。此外，你和班上任一名学生都只差几步的距离。在你管理全班时，没有学生会在安全区待很长的时间。

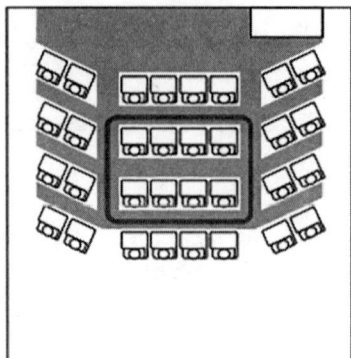

内环可以让你以最少的步数管理好全班。

想象你站在这样布置的教室的边缘。如果在这个位置上待得太久，你就会付出高昂的代价。内环可以避免让你游离在教室边缘，不会让你与远处的学生隔绝。内环以最小的动作实现最大程度的接近。

> ## 拥挤状况下的走动

如果你的学生人数超过了 32 名怎么办？多余的人数安置在哪里？

不要安排第五排课桌！这一排的中间部分通常都位于安全区。相反，将多出来的学生安排在那两条从前到后的走道的两头。当你沿着内环走动时，这些位置是离你最近的地方。

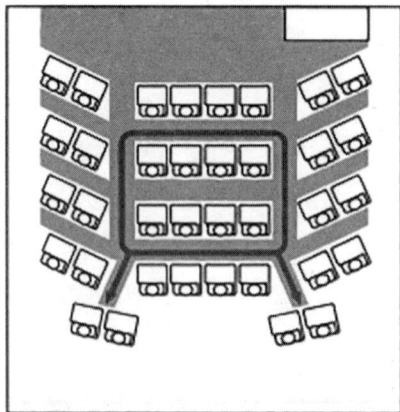

对于拥挤状况，你可能需要用到带耳式内环。

当然，你需要往内环外走一两步，去看看这些学生做的如何。这会产生如图所示的复杂走动模式。我们称其为带耳式内环。

"耳朵"的位置取决于你教室的特点。你会发现有一只这样的耳朵没问题，两只耳朵也还行。但是，如果你有三只这样的耳朵，整个理念就会开始崩溃，因为你在耳朵里花的功人会和在内坏里一样多。

> 协作式学习

对于前一页的教室布置来说，每一排课桌的每个部分都是按偶数布置的。这有助于成对的互动式教学。这种布置还非常的灵活。你可以通过以下安排来创造 4 人的学习小组：

"请第一排和第三排的同学将课桌转过去，这样我们就可以进入我们的互动式学习小组。"

每一对学习伙伴与其后面的那一对学习伙伴可以组成四人小组或者"学习方队"。

> 马车轮

下图展示的教室布置方式看起来与前面介绍的布置非常不同。但是它实际上没有看起来的那样不同。当你开始管理全班时，你很快就能找到自己的带耳式内环。我将这种教室布置称作"马车轮"。

当你的教室里有可以坐 4 到 6 人的大课桌时，"马车轮"最有用。如果你将这张大课桌与你的身体垂直放置，那学生就能很容易转向你。那么，他们用同一个动作就能回到自己的功课中。

正如你所见，马车轮布置方式将学生分布在你的左右，同时教室的布置层次还相当浅。因此，马车轮特别适用于宽敞但不是很深的教室，例如活动教室。但是，为了尽量减少安全区，永远要将教室前部安排在较长的墙壁处。

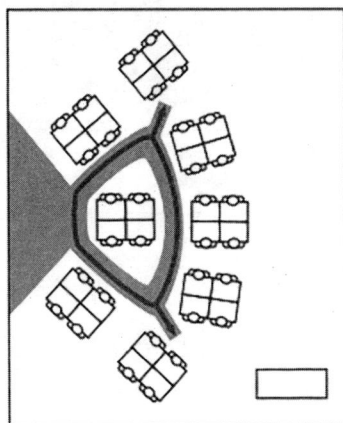

带耳式内环适用于各种各样的课桌椅配置。

> 让它为你工作

在获得理想结果前，你可能要布置好几次。布置的目标是高效。最佳的教室布置可以让你只用最少的步数就能从任一个学生走到其他任一学生处。

多年来我重新布置过很多教室，最高效的教室布置倾向于符合两种基本模式。第一种模式是直线式或"方格式"。第二种是曲线式或"马车轮式"。但是这两种基本模式只能作为起始点。它们没有考虑你的教室大小、你拥有的课桌椅类型、嵌入式家具的位置或者供小组学习用的大课桌的位置。

多多尝试，直到教室的布置达到你的目的。但是你的重点是检查学生的实时课堂作业，并以最少的步数走遍整个教室。在布置完课桌椅后，走遍整个教室，并算下你的步数。

> 中心小岛的问题

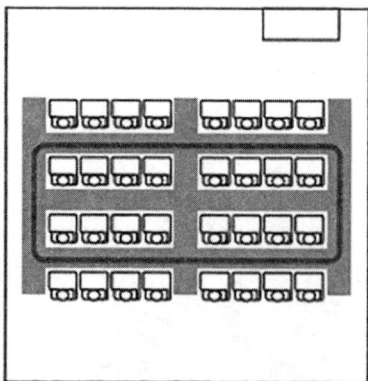

小心！中心小岛会制造一个外环，并增加你 60% 的走动距离。

这个环的一半都在外边。

左图这种情况并不罕见，有老师会拿着这张图跟我说："我想我的教室布置接近于你正在描述的那种。我有一个中心小岛，可以让我很容易走遍整个教室。"

小心中心小岛！如果你设想自己在指导练习阶段监督书面作业，就会暴露出这种教室布置方式的缺点。为了读到学生的作业，你必须走动的距离要比内环多 60%。此外，

教室布置方式的变化形式

　　除了"方格式"和"马车轮式"，有一些教室布置的模式也十分有效。你必须多多尝试才能找到最适合你的方式。所有良好的教室布置方式的通用要素是它们要能让老师易于走动和接近学生。下面是一些例子。

＞　"双 E 式"

　　这种布置方式很适合大课桌。它被称为"双 E 式"，因为这种方式很像两个背靠背的大写字母 E。老师可以很容易蹚过两个 E 之间的中央区域，同时有助于进行小组讨论或监督，像实验桌这样的工作台。

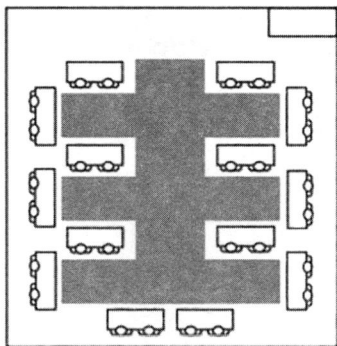

"双 E 式"适合双人课桌

＞　计算机实验室

　　另一种很多老师会使用的教室布置方式是"马蹄形"或"U 形"。它适用于大多数的特殊教育教室以及资源教室特有的学习小组。

　　但是，在正常规模的班级里，当老师在教室一边监督学生时，"U 形"太大了，以至于他们与教室另一边的学生隔开了。然而，如果学生是在工作台学习，这种设计就派得上用场。右图显示的是一个计算机实验室，里面有额外的工作台，布置在"U 形"的内部。使用这种布置方式，老师可以以最短的步行距离监督学生的功课。

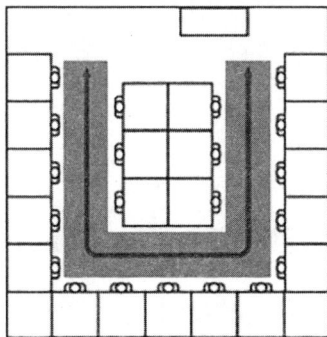

"U 形"布置适用于计算机实验室

> 器乐和合唱课

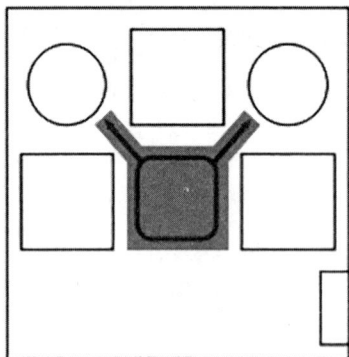

"U 形"布置的一个变化形式有助于在器乐和合唱排练时的监督

器乐和合唱课老师经常会咨询能帮助他们排练的好点子。他们感觉自己离后排的学生太远，后排是大多数"游手好闲"发生的地方。

这些老师在排练时一般会使用与表演时相同的布置方式。但是，这种布置极不适合排练，排练过程中当你管理全班时你会想要清楚地听到各个分部的表现。

上图展示的一种实用解决方案，将乐团的分部安排在开阔广场的三条边。声乐老师通常第一次就会报告说他们能清晰听到低音和高音部，而乐队老师喜欢铜管乐器组和木管乐器组的分隔。通往打击乐器组和节律乐器组(圆圈)的走道有助于教学，同时使老师更易于对制造噪声行为设置界限。

> 降低管理成本

与其去想教室布置是对还是错，还不如将其视为降低管理成本的机会。记住，你的目标是以最少的步数从任一学生走到其他任一学生处。多多尝试教室布置，直到你能找到最适合自己的方式为止。

学习小组教学的走动

> 小学教室

在培训时，老师们问，"当你坐在课桌上面对一个学习小组时，该怎么处理教室布置？"答案一如往常："什么都不用做。"

教室布置的目的是有助于走动和接近。如果你已经无须走动就能接近学生，你就无须更进一步。

同样的逻辑适用于正坐着听跟前的学生朗读的小学老师。要管理小型扰乱行为，老师通常可以直接停下来，转向扰乱者，并等待他们变安静为止。

> 阅读小组

阅读小组老师通常会与学生们坐成一圈，同时让每名学生轮流大声朗读。这种久经考验的教学形式有两个缺点：

- **低课堂学习时间**：如果阅读小组中有 8 名学生，其中只有 1 名学生在朗读，而其他 7 名学生处于被动状态。我们怎么才能在无须牺牲老师监督的情况下增加主动参与阅读的学生比例？

- **表现焦虑**：一些学生在必须大声朗读时会紧张不已。他们由于焦虑讲不出话，这使得其他学生偷笑起来。而偷笑会让朗读学生讲不出话的程度变得更加严重。

缓解这些问题的一个办法是让这些学生结成成对的学习伙伴，让一名学生读，另一名学生听。另一个办法是让所有学生自己"默读"。

对于这两种解决办法，老师可以通过在小组外围走动来进行监督，同时可以倾身聆听每名学生的朗读情况。老师可以像以前一样一次听一名学生。

起身后，老师接下来可以不时到那些不在阅读圈中的学生里巡视。当老师以这种方式进行小组学习教学的走动时，开小差行为和课堂学习时间都会在正常的界限之内。

> 老师坐着的学习小组

小组学习教学时并不总是可以走动。有时候老师必须坐着不动，以专心指导。老师一旦坐下，对小组学习教学的管理就会撞墙。

几秒钟之内，"和邻桌说话"的行为翻了三倍，课堂学习时间减少了超过一半。传统上，教育者接受这种高发的开小差行为，将其作为专心指导学习小组不可避免要付出的代价。但是，可以说这种方式的成本超过了收益。

老师为了专心指导学习小组放弃管理全班怎么样才能不付出这样高的导致频繁开小差行为的代价？这需要全新的技术，完全超出了管理全班的水平。这种技术将在后续被称为"责任感训练"的部分详述。

人的问题

> 老师的惰性

多年来，我一再看到有经验的老师拒绝改变他们的教室布置。我认为这种惰性并不令人惊讶。我们都拒绝改变自己熟悉的东西，特别是当这种改变干扰了我们的"舒适区"时。

这种拒绝很强大，如果你培训你的同事，你可能想要拉起"搬家队"，依次进入每一名参与老师的教室，并说，"你想将这些课桌椅放在哪里？"

你的同事通常会好笑地看着你，好像很惊讶他们自己必须真的做出改变一样。不过，愣了一会后，他们通常会说，"从我的讲台开始吧。"

没有你的"搬家队"，超过三分之一的受训者都不会重新布置课桌椅。这是致命的忽视行为。没有恰当的教室布置，管理全班就会变得极为困难。更进一步，没有管理全班，很多后续章节将要讲述的高效课堂管理技术就不可能得到实施。

> 管理员的合作

想要重新布置教室的老师如果不与管理员谈一谈，就是在自找麻烦。我知道有些老师在星期一重新布置好课桌椅，星期二却发现一切回归原位。

首先，本章描述的教室布置比按传统方式布置的教室更难清理。但是，或许更为重要的是，没人喜欢自己的世界未经询问就被改变。

　　如果你想要管理员付出额外努力帮你创造最佳的教室布置，将他们当作同事对待。共同计划老师与管理员的会议，共享改变布置的根本原因，并讨论实施细节。将管理员作为专业人士对待，可能他们会像专业人士一样回应。

第 5 章
戒除举手求助行为

- 指导练习阶段是上课开始变得困难的时候，老师们会看到到处有学生挥舞着手臂，而且每天都是同一批学生。
- 老师在辅导举手求助者时，教室开始吵闹，很快老师不得不停下来训斥学生。
- 如果老师每次单独辅导学生时都失去对班级的控制，那么任何纪律管理措施都没法奏效。
- 此外，如果老师总在花时间和精力强化那些举手求助行为，学生也不会变成独立的学习者。
- 我们如何才能在不强化求助行为的情况下帮助困惑的学生？只有回答好这个问题我们才能在指导练习阶段将举手求助行为转变成独立学习行为。

典型的课堂，典型的一天

＞ 尽情舞蹈

多年来我观察到各学科各年级的老师都在总结一些妨碍教学的东西。比如，日复一日的，几乎每个课堂都可以看到一种使老师发狂的模式。

在课堂最开始老师讲授新鲜内容时，学生会高度投入而非调皮捣蛋。他们似乎享受着老师的工作。我们把一堂课的这个部分叫作"尽情舞蹈"吧。

尽管老师们通常认为一天上五节课非常累人，但这和接下来要发生的事比起来要容易多了。指导练习一开始，也就是老师试图让学生开始做作业的时候，上课开始变得艰难。

＞　指导练习

想象一节数学课。你还记得从授课转入指导练习阶段老师嘴巴里面蹦出来的话吗？

"同学们，如果没有问题，请你们翻开课本到第 67 页，你们可以看到，这一页的题目正是我们一直在学的。在下课铃响前还有 20 分钟。现在大家做 1 到 6 题，我会过来看看你们做得怎么样。

如果你们做不出来，看看黑板上面的例题，研究一下步骤然后自己做一遍。如果还有问题，可以举手，我会来帮忙。"

这些话几乎刚一出口就有手挥舞起来了。我经常问老师："每天都是同一批学生在举手吗？"他们转了转眼睛。

老师走到第一个举手者跟前，问道："你哪里不会做？"

学生说："这里我不知道怎么做。"

老师说："哪一部分你不明白？"

学生回答："全不会。"

我估计你已认出了这个学生，而且这样的学生在你班上不止一个。

此时，老师开始进行单独辅导，帮助学生一步一步地重温课堂内容。当老师辅导的时候，教室开始变得吵闹。

＞　叨叨不绝

前五秒钟只是窃窃私语。十秒后，整个教室都在说话。十五秒后，你可以听到大吵大笑的声音了，而且一两个学生开始离开自己的座位。

随着声音越来越吵，老师不得不重整课堂。这些话听起来太熟悉了，"同学们！太多人说话了！你们都有作业要做，任务都写在黑板上。我一次只能帮一个，如果你们觉得第一道题太难，那就先做第二题。"

然后老师继续辅导。教室又开始吵起来。老师带着怒气再次整顿课堂。

"好吧同学们，我第二次跟你们说了啊，我希望看到你们在做作业而不是闲荡。罗伯特，请回到自己的位置。"

然后老师继续辅导。教室又开始吵起来。

"同学们！绝对没有任何借口再吵了。我不想抬起头看到……"唠叨声不绝于耳。

德克萨斯的一位老师苦笑着告诉我："琼斯博士，我不称之唠叨，我叫它咆哮。"当你走过学校走廊的时候，你会听到老师们的各种咆哮。

没什么工作比管理一教室孩子更能完美地将唠叨声从一名理想主义青年口中逼出来了。没有人想要唠叨，当然，有的时候会……

> 即时重放

当老师辅导完第一个学生时，他们抬起头看到有人在挥手。于是他们到了第二个举手者面前，说："很抱歉要你等着，我来看看你有什么问题。"

学生说："我不知道这里怎么做……"

然后，老师辅导第二个学生。等到老师结束的时候，教室远处的举手者已经等了超过十分钟了！你以为他们在等的时候会干嘛？当对学生单独辅导而没有顾及大众的时候，老师等于在宣布捣蛋赛季开始。

等指导性练习结束时，老师已经厌倦为那些无助的举手者反复辅导同样的课堂内容了。雪上加霜的是，晚上老师还得批改作业，因为，在指导练习阶段，他们太忙于辅导举手的学生而顾不上其他学生的作业。

模 式

以上描述的画面是教育过程当中最常见的师生互动模式。请问问你自己：

每一天都是这同一批学生吗？

每个老师都会给出他们的名字。

一次典型的课堂里有多少个这样的学生？

全美平均值为 5 或 6。

辅导会花多少时间？

辅导学生通常会花费 3 到 7 分钟（平均值：4.23 分钟；标准差：1.27 分钟）。老师很难在 3 分钟内结束一次辅导，因为半数时间要花在检验学生是否理解内容上面。

幼儿园实验室

我们来用幼儿园作实验室来理解这些课堂慢性依赖者和寻求帮助者的发展过程。拿幼儿园作实验室能更好地看清这些模式，因为小孩子们还没有变成"老油条"。就算你在教高中也不要急着跳过本节。毕竟本性难移。

＞　一千米外你就能发现他们

幼儿园老师有 70% 的把握在开学第一天就能预测出哪些学生会在一年级数学课和阅读课上"脱颖而出"。在上完两周课后他们有 80% 的把握。他们是怎么知道的呢？

或许因为这些学生的行为太明显了。有经验的老师通常一进教室就能发现他们。或者你只要低头看看谁正在抱住你的大腿失控地大哭就行了。老师们认为这些学生"不成熟"。他们经常使用的术语是"幼稚者"。

这些各年级都存在的引人注目的不成熟行为有哪些特征呢？

• 他们黏人，想要被时刻关注。

• 他们听不进去口头授课。

• 除非你站在边上帮他们，不然他们不会做任何自己应该做的事情。

＞　幼童行为

幼儿园老师之所以一眼就能认出这些幼稚者，是因为他们表现出了一定程度的典型社交幼稚行为。当然幼童仍处于社交情感发育的自然阶段，如此黏人是可以理解的。

这种黏人劲对一个三岁孩子正常，对于五岁孩子来说就不正常了。我们的"幼稚者"这么引人注目，是因为他们的社交情感发育相对他们的身体发育程度慢了一拍。

此外，他们还没有被教化。想想你自己的孩子三岁的时候，他们的社交行为是不是还有点原始？问问自己：

- 他们会分享吗？是的，当然！
- 他们会轮流等待吗？做梦！
- 如果他们达不到目的会怎么做？他们哭、打、咬、发脾气，或者用玩具捶小伙伴的头。

这样的孩子会如何回应课堂上的社交需求？他们当然会控制不住冲动，他们会有分享和轮流排队的困难，而且他们很容易哭、退缩或者感到受伤。所以他们可能会需要你全部的注意。

课堂社会学

为了理解这种不成熟行为，去了解这种课堂求助行为背后的社会学事实是有帮助的。

> **每个人都想要你的关注**

你的爱、关心和注意是课堂上最有力的强化刺激因素。

> **一些学生需要的更多**

每个人都想要你的关注，不成熟的学生需要的更多。他们是你的黏人虫。

> **老师永远都不够用**

每个教室都会有一定数量的黏人虫，但老师只有一个。

> **对老师的竞争**

老师短缺的事实造成了黏人虫之间的相互竞争——竞争老师。

> **竞争顺位**

对占有老师的竞争形成了竞争顺位。强硬的黏人虫会无所不为地占据你的时间和注意力。只有那些最狠的才是常胜者。

课堂角色列表

> **爱哭的孩子有奶吃**

把你自己当成幼儿园的老师，想象一下幼童的黏人劲。问问你自己：

• 他们愿意分享你的时间吗？

• 他们愿意轮流与你相处吗？

• 如果得不到你的注意他们会做什么？

最后一个问题的答案是：无所不为。他们的目的是获得你全部的注意力，为了这个目的，他们会变得"不成熟"。

> **年复一年同样的角色**

新人老师会对他们班上学生的各种各样的古怪角色搭配感到惊奇。但是资深的老师知道，一年又一年，学生的角色是不会变的。

教室也是一个社会系统。社会系统和生态系统很相似，各个生态位生存着各类善于争夺有限资源的生物。

学生的角色不会改变，原因在于生态系统的生态位不会改变。大部分生态位被那些想要获得老师注意的学生占据着。你认出这些特征了吗？

- **黏人虫**：独占老师的最直接方法是什么？当然是抓紧他们！
- **听不进课的学生**：你怎么处理那些"恍惚走神"的学生？你会花额外的时间去启发他们吗？
- **离开座位的学生**：问问你的中学老师同行们："他们在初中还会这样做吗？"

> 避免被嘲笑

当这些"黏人虫"长大一点，他们最终会发觉自己在为幼稚行为付出高昂的代价。他们的同龄人会厌倦他们的可笑行为，会排斥并且骂他们。

因此，当一、二年级这些学生的社交智商提高一点后，他们开始调整自己的行为。他们至少会学着看起来不那么孩子气。

不想被当作幼稚者的高年级不成熟学生如何才能尽量独占老师的注意？他们会改变自己的策略。

> 无助的举手者

幸运的是，对于这些学生来说，有一种既能独占老师注意又可以避免看起来孩子气的完美办法，那就是举手求助。

除了能避免被同学鄙视之外，举手求助还能博得老师的同情。这是完美的诡计。这些学生看起来正渴求着知识，实际上什么都没做。

> 举手很难

既然举手求助者遍布教室，那么就有一些人正好会在老师单独辅导位置的相反一边，如前面所提到的，这些学生在老师来到自己身边之前，不得不等上十来分钟。

对于这些教室远端的举手求助学生来说，艰难的情况出现了。怎么样才能连续举手十来分钟？他们面临着持久战！

不要担心。这些学生正在迎接挑战。

四种基本位置

举手者累了的时候，他们的举手姿势会逐渐变成这四种姿势：

1. **开始姿势**：举手求助者开始的时候手举得笔直。我们将之称为开始姿势。问题是这种姿势下血会从手臂流回去。学生会感觉手麻，紧接着整个手臂开始感到刺痛。

2. **"下半旗"**：某次在等待的时候，举手求助者发现了同学的一个完美解决方案。不适感可以通过放低手臂寻求支撑得到缓解。这是举手的第二个姿势，下半旗。

3. **"断翅"**：尽管有改善，半旗仍然需要学生长时间举着手臂。将手臂转四分之一圈就轻松多了。这是举手的第三个姿势，"断翅"。

4. **"冷却"**：有些学生可以一直维持着"断翅"，其他人就不行了。当老师最后终于来到身边的时候，这些学生已经"冷却"了。

帮助举手求助者

> **"这里我不知道怎么做"**

在辅导举手求助学生的时候，老师一般会问："你哪里需要帮助？"
学生回应道："我不知道这里怎么做。"
老师说："哪一部分你不明白？"
学生回答："全不会。"

> 无知

表现得无知是一种高明的技巧。如果学生这么回答，"我不明白第五个步骤该怎么做。"老师会在 30 秒内解释完第五步离开。

对于举手求助者而言，求助时如此具体是一种策略失误。他们知道得越多，老师离开得越快。为了独占老师，最好变得无知。

举手求助者有什么必要认真听讲？如果认真听了，他们就不得不假装无知。如果"走神"，反而可以轻松得到同样的对待。

习得性无助

> "敌人就是我们自己"

指导练习阶段你付出的注意力和几分钟时间对于求助行为是强大的刺激因子。每天对这同一批学生的反复帮助，使我们无意中创造了一种最广泛的学习障碍——习得性无助。

没有哪种学习障碍在有着高达每班 5 ~ 6 人的发生率。如果我们每日强化这种幼稚行为，学生们永远不会成长。

> 尝试解决问题

为了对付无助和消极行为，过去四十年我们所做的几乎所有努力仅仅是更加恶化了这一情况。这些治疗包括：

• 努力

认真的老师在遇到问题的时候，第一反应通常是更加努力。例如，如果我更努力一点，那么在指导练习的时候就能帮助八个学生，这会比一般只能帮助五个学生好一点吧。你有多少个这种慢性求助者？

• 老师的帮助

你认为在一节课增加一点未经训练的指导会带来最大的副产品是什么？

我们把求助学生的数目增加了一倍。当然，我不是反对指导，但是指导应该是经过训练的指导。

• 特殊教育

特殊教育能挽救常规教育吗？例如，设想你有五个发育迟缓的四年级学生，五个都是确诊，而且其中两个被批准接受特殊教育，还会有多少个求助者？

记住，教室里面存在着竞争顺位，永远不会有足够多的老师来应付这个情况。如果有五个专为慢性求助者准备的位置，而其中两个位置空缺了，竞争顺位的第六号和七号会马上扑上来占据空位。

创造独立性

＞　帮助是技巧性的

如何帮助才能使学生不会变得更加无助？这需要技巧。

你在师范课程里面找不到这个答案。然而前面提到过，指导练习阶段辅导举手求助者是令大部分老师头痛的原因。

- **纪律：** 如果学生知道老师在接下来五分钟内都会在教室另一边辅导别人，他们凭什么不在安全地带叽叽喳喳？
- **授课：** 如果学生不认真听讲也能得到辅导，那凭什么要在上课时集中精神听讲然后再假装不懂去吸引老师注意？
- **动力：** 如果学生通过"假装无助"就可以得到老师的帮助，他们为什么还要自己做作业？

＞　完整的戒断计划

幼儿园的幼稚者一眼就看得出来。如果他们的依赖性得不到解决，就会变成长期行为。到五年级的时候，他们就把这种习得性无助行为持续了五年。

仅做一些轻微调整，你没办法矫正这些慢性行为模式。举手求助者喜欢被照顾的感觉，不经过一番斗争他们是不会放弃的。

为了戒断这些行为，我们必须从头开始重新设计培养独立学习的授课过程。此外，我们的戒断计划必须无懈可击。如果逃避戒断计划有六条路，我们堵上了五条，这些幼稚者就会在第六条路上继续表现得无助。

下一章我们将开始制订戒断计划。我们将从最核心的问题开始：如何去帮助一名不知所措的学生？

第 6 章

表扬、提示和离开：口头方式

- 如何帮助一名困惑的学生？一般我们先要弄清楚他们不明白什么，然后再告诉他们怎么办。
- 这一过程需要几分钟。在这段时间我们不仅会加强无助行为，而且也会产生认知超载问题。
- 考虑到听觉记忆的限制，纠错反馈应该简短，必须要能回答这个问题：接下来我做什么？
- 因为我们的眼睛能立即发现视野中不"属于"那里的东西，所以我们天性容易聚焦到错误上面。
- 以聚焦错误开始的纠错反馈使学生变得具有防卫性。此外，错误很少能提供什么有用的信息。
- 我们将用三个步骤来组织纠错反馈过程：表扬、提示和离开。

认知超载

> 常规

如何帮助一名困惑的学生？全人类都以同一种方式来给予纠错反馈。我们可以认为这是"人性"或者"常规"。

想象一下帮助一名对数学有疑问的学生的场景。我们检查通篇作业来寻找困难所在。我们去解释他不理解的内容。我们用一个例题来指导他，确认他的理解程度，并且带着期望告诉他接下来的问题和这个很相似。

这种辅导互动过程要花去几分钟。如果我们拓展这个问题，还会多花一两分钟。就像前面提到的一样，这种方式的辅导会在管理上产生大问题。对于新手来说，这样的老师会：

- 强化无助行为

- 丧失对班级的掌控

然而，如果考虑学生的学习能力，这种辅导方式的纠错反馈还会产生另一个严重得多的问题，就是认知超载。

认知超载发生在我们试图一次性将太多"东西"塞入学生脑中的时候。认知超载是本章的主题。

> 一只耳朵进另一只耳朵出

帮助学生的常规性策略可以简述为：

弄清楚他们不明白什么，然后再告诉他们怎么办。

不幸的是，这一策略没有考虑大脑的运作方式。要想用合适的观念来看纠错反馈，我们需要把注意力放到长时记忆上，特别是听觉方式的长时记忆。

长话短说，我们听觉的长时记忆特别有限。问问自己下面这些问题：

- 在被介绍给某个人时，你是否在对话结束之前就已经忘了对方的名字？

- 你是否曾在取车时忘了刚刚获取的方位指示？

- 你是否曾在刚找到一张纸准备记录的时候就忘了那个电话号码？

这些普遍经历使大部分人都相信自己存在某种记忆问题。实际上我们确实有，但是全人类都有这种问题。长时性视觉记忆也许很好，长时性动觉记忆也许很好，但长时性听觉记忆会让你迷茫。

当然，我们已经知道这个好几千年了。不是有句俗语这么说吗，"一只耳朵进，另一只耳朵出"。

> 利用短时记忆

我们在一天当中听到的大部分东西都会从一只耳朵进另一只耳朵出。它持续的时间足够维持谈话，但它很快就会消失。我们所听到的事物只有很少一部分会存储在长时记忆里，我们必须为此付出代价。我们来看看这个代价。

短时记忆是免费的，而且它能够被完全回忆起。唯一的问题是，它持续的时间不会很长，但是至少不用我们费多少力气。它就是认知的副产品。

另一方面，长时记忆就要求付出很大努力了，特别是我们在学校学习的那些知识。还记得我们在大学时为了考试学习的东西吗？记得为了期中考试温习的同一个学习材料吗？记得为了期末考又要再次死记硬背它吗？如果我们在一个月完全不学习后去参加期末考，我们就会不及格。

当你在纠错反馈中指导学生的时候，你指望能产生多少长时记忆？答案很简单，一点都不会有。你没有时间制造长时记忆。你必须利用短时记忆，因为这是你仅有的。

既然几句话就会造成认知超载，我们便可以通过每次只教教学任务的那一步来安全地进行教学。但是它不会持续多久，所以在学生忘掉你刚教的内容之前赶紧让学生练习吧。

这听起来合乎情理，但是教师们通常的行为方式并非如此。

> 教"全部内容"

让我们回到帮助学生解决数学题的场景。假设这个数学题有 11 步。学生困在了第 7 步。我们通常如何着手帮助这个学生？

正确步骤　　　　错误

$$1\ 2\ 3\ 4\ 5\ 6\ \boxed{7}\ 8\ 9\ 10\ 11$$

首先，我们会通过教第 7 步来帮助学生。如果学生明白了，我们一般会欣喜地继续第 8 步。而且如果学生继续说"懂了"，在离开前我们通常会带着学生走完剩下的步骤。总之，我们要确认不用回头再来一次。

我们带着学生走完剩下的计算过程对他的长时记忆提出了什么要求？在这一帮助互动中，我们要求学生在几分钟内编码、储存、解码并运行刚学习的 5 个步骤。

那么这个学生把它"理顺"的几率有多大？考虑到我们一次只能学习一步，因此概率并不大。一直把任务教完（在这个例子中指 8 ~ 11 步）意味着会将认知超载提高差不多 500%。

> "被欺骗"

对学生"理顺"能力这样明显的高估，老师怎么会日复一日地视而不见？最好的解释是我们被欺骗了，被短时记忆和长时记忆的混乱所欺骗了。

短时记忆快速简单，长时记忆需要艰苦努力来建立。而这两种记忆感觉起来一样，你要么记得要么不记得。但是作为老师，知道哪一种在起作用很重要。

让我们回到与数学课学生典型的辅导互动行为中。假设你像前面所描述的一样告诉了学生如何做这个题目的所有步骤。因为你一次只教一步，学生"懂了"。你感觉良好，学生也感觉良好。你觉得可以离开了，而学生也准备做下一个问题。每个人都感觉到"结束了"。但是这种结束是基于短时记忆的。

认知超载问题只会在遗忘的时候才会清楚地显示出来。你离开后，学生做下一个题目可以成功复制到前 6 步。当学生到了第 7 步时——新学习的知识已经过去两分钟了。

现在，这个学生想要提取长时记忆。但是我们并没有建立长时记忆。所以学生会发现解决这个数学题的诸多细节已经忘记了，再次被困住！

这个数学课上的学生该如何解释这种困惑？班上其他学生好像都会做这个，而且他们也没有要求额外的帮助。最显而易见的解释是：我肯定是太蠢了。

简化纠错反馈

＞　一步一个脚印

我们必须对传统纠错反馈方式进行一次彻底的手术。我们要还它本来的面目。我们必须将纠错反馈的持续时间与大脑真正能记忆和理顺的能力匹配起来。

大脑的自然极限可以用一句谚语描述：学习要一步一个脚印。这是因为你需要足够长的"理顺"时间来践行关于学习的第二个谚语：从做中学。

＞　简单的鼓励

不要用什么神奇的指导模式来实践纠错反馈。而且别用复杂的对话，尽量简短。

当扔掉多余的包袱后，纠错反馈可以简化到对一个简单问题的简单回答："接下来我做什么？"

在学习理论中对这个问题的回答叫做提示。纠错反馈的核心是有效的提示。

我们的阿喀琉斯之踵是冗言。我们喜欢解释，唠唠叨叨，而如果这孩子没明白，我们会唠叨得更多，我们似乎以为这学生有无限的记忆能力。不要再唠叨了，相反，我们要把话说到点子上。

正确步骤　　　　提示

1 2 3 4 5 6 7 8 9 10 11

之后再教

记住：

• 简单、清楚、简短才能记住。

• 教学最难的就是把学生提升到你想要他们达到的地步——一步一个

脚印地进步。

- 为了进步，所有学生都需要知道下一步干什么。

清楚、简短、离开。

纠错反馈的反面

> **人性的生物学基础**

当每个人都用同一种方式做同一件事情的时候，我们应对的是一种具有坚实生物学基础的行为。没有任何训练能产生这种同一性。我们把这种共同特征叫作"人性"。

我们的纠错反馈方式就是这样一种行为。我们问："你困在了哪里？"然后，我们想要帮忙。

为了精确地定位纠错反馈的生物学基础，看看下面这张图片。图中什么吸引了你的眼睛？那只小动物？

当我们扫视一张图画时，任何破坏这张图画的东西都会俘获我们的眼睛。我们的大脑会停顿下来并问："那东西在那里干什么？"

> **眼睛会发现错误**

当你看到一份有对有错的作业时，哪一部分会吸引你的眼睛——对的还是错的？在培训时，每个人都回答："错的那一部分。"

我向你保证，这种行为与性格特点（比如负面主义和爱挑错的个性）无关。相反，在视野中发现"不属于那里的东西"与生存本能有关。视野里不属于那里的东西在我们眼里也许会被无限放大。

因此，我们将熟悉的东西过滤掉，并把注意力集中到突兀的东西上面。这种行为是自发的。

所以，当对一份学校作业比如数学题进行纠错反馈时，我们会跳过正确的部分——符合我们期望的部分——并停在错误的地方。发现了错误，我们现在可以进行纠错反馈了。

＞　我们的情感反应

当看到惊奇或者令人不安的东西时，我们会产生情感反应——斗 - 逃反射。这种反应的教室版本与生死攸关时相比要温和一点，但这两者的生理学基础是一样的——肌肉的紧张和肾上腺素的分泌。

斗 - 逃反射的温和版本叫作恼怒。你是否曾在学生的作业中看到了你课堂的失败，并感觉到情绪的低落？

典型的开场白

所见即所言。如果你看到了学生的错误并开始讲解，那么你会谈论这个错误。

这种时候从老师嘴里蹦出的话，是我们在一生中都反复听过的语言模式。它们太常见了，我们都不需要停下来去分析。我将把这些话语称为“典型开场白”。

我会列出五种最常见的开场白。但是它们听起来不会多重要——仅仅是生活的背景噪声。

为了让你提起精神听，我要你想象一下你跟不上我的课，你的自尊心为零，你很脆弱。

这样的孩子是真正会听到这些开场白的孩子，坚强的学生不会当一回事。为了让你进一步听懂这些开场白暗示的信息，我会改述一下。

问他们——问学生哪里有困难。

"好吧，比利，让我看看你哪里有困难。"

这听起来很不像带有伤害的信息。它听起来甚至是在帮助你。看到这些开场白有多隐蔽没有？现在让我们改述一下：

"好吧，比利，这次你是怎么搞砸的？"

我们在试图帮助的时候把注意力放在错误上，会触发比利本已摇摇欲坠的自尊心中最为令人恐惧的一面——认为他肯定是太蠢。如果我们想用这样的方法建立学习过程，那么只能祝你好运！

告诉他们——有时没必要问学生哪里有困难，因为他们似乎迷失了。在这种情况下，我们通常会直入主题。

"好吧，比利，我们来看看第一题这里。你还记得，昨天我们学了分母相同分数的加法。今天我们学的是分母不同的加法。我们要找到一个公分母。你还记得我们怎么做的吗？看看黑板上的例题。"

改述一下看看比利会怎么理解这段话。

"好吧，比利，让我们看看你今天应该学到的第一个东西——找到公分母。你还记得怎么做吗？显然不能。所以，张大眼睛看看我在你面前黑板上写得一清二楚的例题。"

"是的……但是……"称赞——我们表扬一下会不会更好？不幸的是，当你以纠错开始，表扬也拯救不了你。你给出的是被称之为"是的……但是"的称赞，这是一种失败信息替代形式。"是的……但是"称赞形式总是一致的——先是好消息，然后是坏消息。

"你起了一个好头。比利。你找到了最小的公分母。你检查并把它代入了方程。干得好！现在，我们看看分子。你还记得我说过的'变换分子'吗？看看第 5 步。"

你想听听比利的感受吗？

"好吧，比利，你第一部分做对了。我们前天和昨天都花了一整天学这个。现在，我想要你看看'分子的变换'。这是我今天想教给你的步骤。你还记得这一点吗？"

当别人注意我们的短处时，我们很难不把这些话语理解为批评。现在你是接受方了。

例如，你曾接受过拜访你教室的督学的反馈意见吗？通常会以一个"好消息"开始。

"今天，我在你班上，我想分享一下我看到的真正优点……"

你知道下面要来的是什么部分，是吗？我们可以说它是"需要提高"或者"潜在增长"的部分。我们为什么不干脆说它是"我特别不喜欢的东西"？

"叹气和抱怨"——失败者的叹息和抱怨。

当我们处于斗－逃反射时，即使是恼怒的温和版本，肌肉也会紧张，其中之一是横膈肌。我们沉重地呼吸。然后，在调整呼吸后，我们说话了。

叹气，深呼吸，然后缓慢地呼出气，你说道：

（叹气）"好吧，我们来看看这里……"

或者简单的，

"唔……"

老师看起来像在仰天长啸："为什么是我，上帝？"

讽刺——有时候，反复恼怒的结果是（特别是整天对着同一些学生）：撕掉文明的虚饰，沮丧形于言表，我们"想开了"。

所有的讽刺都可以改述为，"我不明白你怎么会这么蠢！"

让我们看看这些不断增强的恼怒行为对应的一些常见例子，并想象比利对此会有什么感受。

好吧，比利，让我们再次复习一下这个。

比利，我们刚刚在黑板上复习了这个。

比利，我不明白你为什么对这个还有困难。

比利，这次我想你注意一点。

比利！你十分钟前干嘛去了？

> 让人变得有防卫性的批评

坦白地说，你用哪种开场白无关紧要。它们都是在用学生的无能打学生的脸，以此开始纠错反馈过程。如果学生的学习态度变得不那么热情，你会感到奇怪吗？

问你一个关于纠错反馈的问题，这也许能贴近主题。你有没有试过给你的爱人进行纠错反馈？你有没有注意到，不管你如何修饰，他们都会很容易变得有防卫性？

"亲爱的，你知道这是为你好……"

"亲爱的，如果我不爱你就不会告诉你这个……"

这些话一从你的嘴巴说出就开始令人愤怒。纠错反馈真的是一种需要技巧的活儿。

> 脆弱的学生得到的负面信息最多

你认为谁最经常接受纠错反馈，班级排名的前三分之一还是后三分之一？你认为谁的自尊心最低，班级排名的前三分之一还是后三分之一？

最不自信的学生接受的纠错反馈量是班级排名前三分之一学生的十倍。此外，他们对负面信息更加敏感，而坚强一点的学生通常能从容应对。

学生们在开始接受公共教育时就已经在家里形成了很多关于自身的信念。但是，自我定义中有很重要的一面是必须从学校习得的。我要么能聪明地应对学校作业，要么就是很蠢。以随意、常规的方式进行纠错反馈，会分化任何学业困难学生的自我认定观念。

> 对错误的新看法

当你的眼睛盯着学生作业的缺点时，考虑一下这个事实：搞砸任何事情都有一白力种方式，但每一种都无法让他们长记性。

如果你不想要他们记住，也不想要他们重复，为什么要浪费你辅导学生的宝贵时间？它不仅让你的学生变得有防卫性，还会用无用的信息塞满他们的短时记忆。

纠错反馈的细节

一步一个脚印的教学听起来很简单，但是就像体育比赛中常说的一样，比赛有不同的层次。挥动球棒看起来很简单，自己做就会受挫。然后你会知道一个好的击球教练能在这个挥棒动作里看到多少细节。

所以，让我们放慢速度，看看纠错反馈的细节。这从认知上和感情上都发生了很多变化。

> 你身体的反应

当你看到一份作业有对有错的时候，无论你想不想，你都会首先发现错的部分。你也会发生斗 - 逃反射，表现程度从难以觉察到真正恼怒。问题是，你会怎么处理它？

首先，放松地呼吸一下。在放松呼吸时，你还没准备好采取行动。你会有点生气，这时候注意力还放在错误上面。放松呼吸会让你平静，给斗 - 逃反射争取一点缓和的时间。

其次，再次放松地呼吸一下。在第二次放松呼吸时，换个新视角看看这个作业。用新的视角检视一下学生的作业，并问自己："到目前为止，学生做对了什么？"

再次，基于这一点，问你自己："我想要学生下一步做什么？"

> 你的口头反应

纠错反馈的核心是为解决这个问题所做的提示：我下一步做什么？但

是，在做这个提示的时候，你应该考虑一些其他元素。

表扬——"表扬"这个标签应该单纯地作为一种聚焦在学生做对了而不是做错了的地方的提示。表扬不是无诚意的"好话"，应该用简单、肯定的语言来描述学生一两个方面的表现。它的目的是：

（1）把学生的注意力聚焦在他已完成的作业里与接下来的提示相关的部分。

（2）复查一下学生做对了的地方，这样使它在你开始提示的第一时间就出现在学生的意识中。

我们再看看那个出现错误的数学题示意图。如果要选一个步骤复查来作为指导第 7 步的过渡，哪一步最有用？在培训时，老师们都不约而同的回答："第 6 步。"

正确步骤　　　　　错误

1 2 3 4 5 6 | 7 | 8 9 10 11

了解了听觉记忆的知识后，从第 1 步复查到第 6 步有用吗？培训学员回答："没用！"

表扬在你第一次辅导学生的时候最有用。但是第二次帮助他的时候，表扬通常就多余了，因为他或她已经集中注意力了。既然表扬会与提示来竞争短时记忆，那就别浪费时间了，直接进行提示吧。说的越少越好。

提示——要增加提示的明确性，可以利用所有的学习方式。用视觉和物理的方式进行提示是下面章节的主题。

现在，我们还是把重点放在提示过程开始时要说些什么。当你从表扬过渡到提示时，注意下面这些词语：

• 但是

• 然而

• 而不是

当你吐出这些词的时候你会看到学生的脸马上垮了下来。助人的意图马上就变成了"是的……但是……"赞语。现在学生开始等待另一只鞋掉下来了。

用下面这个句子来开始提示过程，你可以安全地完成这个过渡：

"下面要做的是……"

离开——给了学生一个提示后，在你离开前检查他是否真的理解合乎逻辑。如果你的直觉告诉你这是一件明智的事情，那么，务必做这件事情。

但是，我还是要提无助举手者，他们总是利用纠错反馈来获取注意，而不是进行学习。对于黏人者，你要另辟蹊径。在你看到这些学生执行提示前就离开吧。

你的直觉会让你检查学生是否理解，但是，对于无助举手者，这通常是个坏主意。离开，因为如果你留下来，你会：

（1）暗示你认为他们也许需要更多帮助

（2）使你自己成为了他们是否寻求帮助的强化刺激因素

给一个无助举手者提供机会，你知道结果会是永无止境。离开，因为你别无选择。

你担心学生学不会，要给予有效提示，而不是留下来检查理解程度。下面的章节会介绍视觉和身体的辅导方式，以提供更多的有效辅导方法。

提示方式的变化

表扬、提示和离开是给予纠错反馈的简单、通用模式。最好从一开始就使用这种简单方式，以免你回到原来的唠叨状态。一旦你适应了这种变化，你会发现下面的技巧也有用。

＞　问问题

你应该问过学生问题吧？作简单提示的时候不会给对话留太多空间。

有时候问问题有用，有时候则不然。

千万不要以问题来开始纠错反馈。这是老师在"启动"帮助学生时用的最普遍的方式之一。

但是，在用提问方式开始纠错反馈时，要考虑一些潜在的问题。

时间损耗——对话会花掉至少一分钟时间。这期间你不会管其他人。可以预测的结果是没人做作业，大家都在吵闹。

唠叨——保证你讲三分钟的最好办法是准备只讲一分钟。而且，唠叨会产生认知超载。

使学生陷入失败——文献中有很多老练的提问策略，但我很少见到课堂上用到。相反，我经常观察到一系列的引导性提问发生在课堂。

老师们通常把这个叫作"苏格拉底式方法"。但是，大部分时候，引导性提问什么都引导不了。老师就是在钓鱼执法。当学生不能把握老师的意图时，学生觉得自己更蠢了。

无助举手者——尽管与一些好奇的学生进行对话可以得到丰硕的成果，但是对于无助举手者来说这是一个索求注意力的绝佳机会。他们会欢快地利用这个机会。

提问的另一个用途是在提示后检查理解程度。因为你刚提供了信息，所以学生可以马上回答这个问题。

> 实施讨论

组织小组讨论的技巧是"表扬、提示和离开"的延伸。这些技巧能够使老师在指导讨论时，创造一定的安全氛围来鼓励安静的学生开口。

如果学生的发言不怎么样——有点偏离主题或者有点错误。正常情况下我们会把注意力放在错误上面。但是，如果我们把注意力转向学生的短处，我们就没法让这个学生在未来的场合中更多地参与进来。换一种方式，使用下面的句子：

1. **选择性加强**——选择最好的，无视其他。

2. **关键事件**——这个学生的发言会引向何处？你要选择。通过重点指出某个特定的关键点，你可以指导讨论过程而不用整个接管。

3. **开放式的提示**——以一个开放性问题来把关键之处点给全班。如果你想让那个回答平庸的学生参与到想法的形成过程中来，你可以把关键点给他或她。

4. **等待时间**——给出提示后让子弹飞一会。如果你马上开口讲，就会打击学生参与的积极性。

> **分辨训练**

老师能指出学生的错误吗？有时可以。

在一开始就指出错误通常得不偿失。除了浪费时间并制造不信任外，它还会通过重复来加强错误。

如果错误已经以信息误传或者坏习惯的形式给学生留下深刻的印象，形势则会逆转。这种情况下，我们必须接触分辨训练。

分辨训练重点放在分辨正确与不正确的表现上，作为用新知识代替旧知识的开胃菜。为了对比关键的特征，我们必须使学生同时注意这两者。

运动教练一直都在干这活，因为他们一看到运动员哪点做错了就会触发他们的纠错反馈。本章是为了帮助我们分辨实施纠错反馈的正确方式与广泛存在的下面两个习惯：1）在指导练习阶段辅导举手的学生，2）关注错误的纠错反馈。

分辨训练要将错误提到意识层面，冒着触发学生的情感反应的风险进行。如果熟练地掌握这个技巧，它可以打开知识的大门。但是，如果它完成得很差并且唤起了学生的不信任感，这扇大门就会关上。

无痛的提示

> 启动性和终结性要求

作为终结纠错反馈的方法，就把提示看作是一种行为要求吧。有两种基本要求形式：启动性要求和终结性要求。

> 启动性要求

启动性要求是指要一个人：

- 做某件事

- 更多地做某件事

启动性要求在感情上比较安全，因为它没有附带任何的评价暗示。你能要求任何人做任何事，比如做一个侧手翻或者像鸭子一样嘎嘎叫，并且它不会暗示这个人之前做的是错的。

> 终结性要求

终结性要求是指要一个人：

- 不要做某事

- 少做某事

终结性要求在感情上比较危险，因为它总会附带一种评价暗示。

"当棒球高于头顶的时候，不要去击打它！"

"我告诉你多少次不要把衣服放在地板上了？"

"不要开得这么快！"

终结性要求是符合天性的。它们是斗 - 逃反射的语言部分。我们看到一个问题，就会产生下意识的反应。因为这种模式是天生而不是习得的，它不会被遗忘掉。但是它是一种很差的提示，因为它使人产生不信任感，却没有告诉他或她怎么做。

启动性要求则是反人性的。它们代表一种习得性模式，需要很多练习。因为这种模式是习得的，它很容易被遗忘掉。只要我们还活着，就会很容易退回到聚焦错误并作出终结性要求的行为，特别是当我们疲劳或者不安的时候。

> **塑造**

塑造是学习理论里面关于基本教学指导过程的概念。塑造指为完成任务而做的提示和强化。

纠错反馈就是一个例子，它是塑造过程中的一个步骤。指导过程总会回到同一个基本问题：接下来我怎么做？

第 7 章
可视化教学计划：视觉形式

- 一次有效的语言提示要花费老师 30 秒钟时间。
- 不幸的是，教室吵闹起来只要 10 秒钟。
- 我们必须将纠错反馈的时间减少到 10 秒钟以内，并且我们必须减少制造认知超载的冗长言语。
- 如果语言使我们陷入麻烦，那么就要避免唠唠叨叨。要知道，一图胜千言。
- 为了戒除求助举手行为，我们必须用视觉提示代替语言提示，在减少互动时间的同时表达得更明确。
- 可视化教学方案是视觉形式的教学计划。它是一系列的视觉提示，是指导学生正确执行的清晰计划。

纠错反馈的问题

> 增加效率

我们的目标是把无助举手者培养成独立学习者，这样你在指导练习阶段就能从嘈杂的班级里面脱身而出。如果你一心想着辅导无助举手者而不是整顿吵闹的班级，游手好闲的行为就会蔓延，无助行为会被强化，而其余同学也得不到任何监督。

为了达成这个目标，我们必须戒除掉无助举手者的慢性无助模式、依赖性和消极性。第一步是减少帮助互动的时间。

表扬、提示和离开——或者更普遍一点，只是提示和离开——可以有效地减少互动时间。我们简单又清楚地回答了"接下来我怎么做？"这个问题，然后在学生忘掉提示前让他或她赶紧做题。我们一下子解决了认知超载、遗忘和强化习得性无助行为的全部问题。干得漂亮！

> **功亏一篑**

多年来训练老师进行各个科目的表扬、提示和离开练习，使我清楚了解到，在你效率高的时候需要多长时间来帮助一名困惑的学生。平均值是30秒钟，浮动范围大概在 15 ~ 45 秒。而如果学生多问了个问题，你会不知不觉花掉一分钟时间。然而，我们将纠错反馈的时间从平均四分半钟减少到平均半分钟——减少了89%。

不幸的是，这是一个典型的"功亏一篑"的例子。"表扬、提示和离开"需要花30秒时间，但是你在10秒钟内就会失去对班级的控制！"表扬、提示和离开"的时间还是长了两倍。

但是这仅仅是"表扬、提示和离开"诸多问题中的第一个，这些问题迫使我们进一步发展了教学方法论。冗言问题比我想象的更顽固。

退回到冗言

在训练"表扬、提示和离开"时，我会花半天以上时间做"提示练习"。受训者会使用数学、科学、语言艺术和社会研究的例子来进行有效提示的练习。老师们会在冗言上挣扎，但是最终几乎每个人都会学到用一两个句子来提示。

不幸的是，当我有机会在一两个月后拜访他们的教室时，我发现他们中的半数又开倒车回到了唠唠叨叨。为什么？我们曾练习得那么刻苦！

> **习惯强度**

其中一个问题是习惯强度。一言以蔽之，一个你重复了一万次的行为会比你重复了一百次的行为具有更大的习惯强度。旧习惯就像一个深沟。

在训练中，我们试图用三四个小时培养的习惯替换掉三四十年培养的说话习惯。基于习惯强度理论，你认为哪一种说话方式会在接下来几个月里胜出?

然而，尽管习惯强度产生了严重的问题，但最大的问题还不是老师，而在学生那里。无助举手者总是在诱使老师逗留得更久来辅导他们。

> **撒泼打滚的断奶者**

每个教室几乎都有一大把"断奶者"——我们试图戒除他们的习得性无助。这些学生有一些行之有效的把戏，在你没到他们跟前时，他们什么都不会做，他们就等着你帮他们做作业。

他们不会轻易放弃这种娇生惯养的生活方式——当然更不会为了成为独立学习者这么努力。这可以理解！

结果，当你给他们断奶的时候，断奶者会回击。我见过断奶者为了不让老师离开而使用一些非常原始的手段——比如抓住他们喊："等等！"但是，大部分时候，断奶者用的是更老练的语言技巧。

当断奶者回击的时候，他们的原始手段是撒泼打滚。打滚的断奶者经常重复的话是，"是的，但是……"

- "是的，但是我不明白下一部分应该怎么做。"
- "是的，但是你在黑板上不是这么说的。"
- "是的，但是你没有解释过这个。"
- "是的，但是我还是不理解。"
- "是的，但是只要能把你永远留在这里，我会一直装无助。"

> **负责的老师会犹豫**

受训者会重回冗言习惯的终极原因是，作为负责的老师，他们担心学生会陷入缓慢的挣扎当中。对于一个有此担心的老师而言，简单的语言提示似乎太冷酷和短促了。

看这些老师试着离开打滚的断奶学生，你会像在看喜剧一样。他们给了提示，然后他们犹豫地看着学生。他们直起身来准备离开时又回头看了学生第二次。

他们的肢体语言在说："我怎么能确保你不需要更多帮助，我就是不知道。要知道，我真没有在你身上花多少时间。"

这种犹豫是对撒泼打滚的公开邀请信。没有哪个称职的断奶者会忽略这么露骨的提示。一旦他们念叨着"是的，但是"，继续走开就似乎太冷血了。但是，依赖从来都是相互的。

超越语言形式

> 戒除什么？

在观察到受训者的退步后，我暂时得出不甚明确的结论。然后，有一天当我观察一名正在辅导无助举手者数学作业的老师时，我看到这位老师指着黑板说："……然后做第四步，就像我在黑板上的例题一样。"

看着黑板，我突然醍醐灌顶！我所见到的东西如右图所示。它是老师在黑板上写的例题。我立刻认识到，它看起来像是很多年前我的五年级老师写在黑板上的那个例题。

课堂上隐藏了步骤的概要图

虽然我看多了这种黑板上的例题，但是我从来没有好好想过。因为这是你的标准视觉辅助——没什么大不了。

但是，当那个老师说"……然后做第四步，就像我在黑板上的例题一样"时，我像学生一样看着黑板。那一刻我醍醐灌顶。

我看不到第四步。它被隐藏了。看不出这个计算过程是如何一步一步进行的。

> 打开撒泼打滚 / 耍赖的大门

想象你自己就是一名试图独占老师的无助举手学生。典型的"黑板上的例题"提示语会给你一个绝佳的借口，你可以举手说道："我不知道这里做什么。"

当我看着老师们用传统方式构建着黑板上的例题时，我想起了旧时代西部电影里的标准场景。民防团穿越崎岖的荒原追赶着亡命之徒。其中一个歹徒下马弄散一片艾灌丛来掩盖他们的马匹在岩石上留下的痕迹，这样民防团就跟踪不了。

在我们的概要图里，我们也在掩盖学生可以跟踪的痕迹。他们记忆中能留下的只有你的口头内容。这给每个无助举手者开了耍赖的绿灯。

图形的新视角

> 概要图

我将这种传统的"黑板上的例题"称作概要图，因为它综合了计算过程的所有步骤。老师们通常是在经历整个计算过程的时候逐步画出概要图的。

这个图虽然能成为一种好的视觉辅助手段，但它省略了大部分直观信息。学生干瞪眼地看着一张单独的显示题目完成后样子的图片，却没有详细步骤可以参考。

对于优生来说，没什么大不了，但是对于差一点的学生来说这是灾难性的。其中一些人会寻求帮助而另一些人会沉默地失败。

> 做一架模型飞机

为了换个新角度来看这种视觉形式的教学方法，我们暂时跳出课堂。想象你在为一个十岁小孩买生日礼物。当你经过一个礼品店时，你注意到橱窗里有一架模型飞机，于是你决定买一架。

你在盒子上看到了一名专业人士正在做模型的图片，模型很完美，没有瑕疵，没有翘起的贴花或者溢出的胶水。你在黑板上的例题就像盒子上的这幅图。

但是，当你把这个模型送给一个小孩时，他或她很快打开盒子看看里面有什么。最上面是组装飞机的说明书，孩子们需要这张说明书，因为他们以前从来没有做过这种东西。

＞　说明书

说明书的目的是完全清楚地指导以前从来没有完成过这个任务的人。它需要按照哪些格式编写？

- 一步一步来

- 每一步的图片

- 尽量不依靠语言

瑞典家具巨头宜家在他们的组装指南里面遵循的就是这样的逻辑。就像飞机模型公司一样，他们不知道谁会买他们的产品，也不知道购买者的安装经验、阅读能力甚至母语怎么样。但是他们知道，如果家具零件不能正确地组装在一起，顾客不会再买他们的产品。

结果，就像飞机模型公司一样，他们只能用图片回答"接下来我做什么？"总之，一图抵千言。

＞　一堂课的教学计划是学生的说明书

将课堂计划视作建造某物的说明书。它可能是一次计算、一个句子、一个段落、一篇散文或者手工课的一张木凳。

制订课堂计划是为了学生——必须要"把事物组装到一起"的人。尽管它对老师的监督或者授课有用，但这些还是次要的功能。更首要的是，它是为了学生。如果它不能帮助学生学习，那就是浪费时间。

如果学生无法遵循你的课堂计划来完成作业，就等于是默认把学生又交给了你，让你单独辅导。一旦一个贪婪的学生占据了你的时间和注意力，他们就会想要保持这个状态。

可视化教学方案

> 一串视觉提示

我会用清楚的逐步图来描述可视化教学方案。这比一连串视觉提示要多一点。它给学生提供了永久性的教学记录，想什么时候参考就什么时候参考。

现在用多位数除法来举例，假设每一步都提供一张独立的图片，可视化教学方案看起来就像下面的图片。

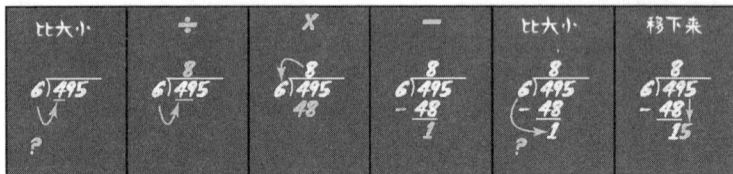

可视化教学方案显示了课堂的每一步

下面，为了能掌握它，我们看一个代数的例题。还记得二项式乘法吗？

> **几何课**

再看一个数学题，步骤清晰且可以图形化。下面的例题来自几何课——用圆规画一个六边形。就像有效的提示一样，简单而清楚。

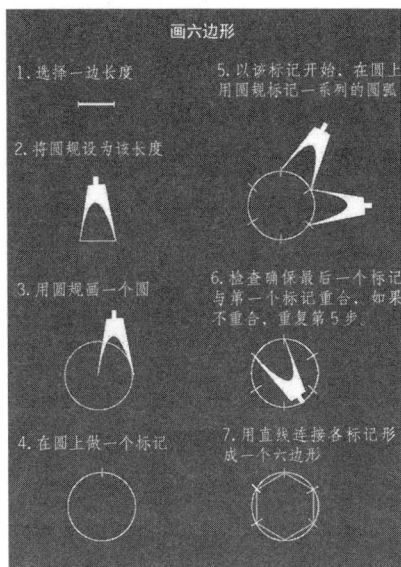

画六边形

1. 选择一边长度
2. 将圆规设为该长度
3. 用圆规画一个圆
4. 在圆上做一个标记
5. 以该标记开始，在圆上用圆规标记一系列的圆弧
6. 检查确保最后一个标记与第一个标记重合，如果不重合，重复第 5 步
7. 用直线连接各标记形成一个六边形

> **艺术课**

右边是一个艺术课的可视化教学方案例子——透视图。当然，可视化教学方案不是要取代上课，但你总可以使学生参与到逐步法的学习中来。

注意！旧习惯是很难打破的，我们成长的过程中一直看着老师做概要图长大。如果你想象自己一边逐步教一边画步骤图，会更容易转变到可视化教学方案上。下一步从概念上来讲可视化教学方案。

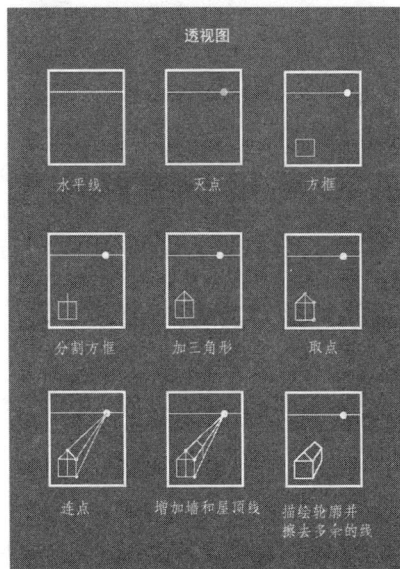

透视图

水平线　灭点　方框
分割方框　加三角形　取点
连点　增加墙和屋顶线　描绘轮廓并擦去多余的线

> 小学年级的可视化教学方案

小学老师问的一个普遍问题是："如果学生不会阅读你能怎么办？"简单的回答是："省略语言。"下面是一项课堂活动的教学计划——如何正确搬动一把椅子。

为了理解这项教学计划，假设你已经教过学生如何正确地搬动一把椅子，而且用建模和练习的办法完成了这项学习活动。几天后你看到一名学生拖曳着椅子穿过教室，在这名学生拿椅子腿敲其他学生小腿前，你进行了干预。

因为你预料到训练后的几天内会出现这种错误，你把可视化教学方案画在很容易看到的地方。不用语言干预，你就可以简单地制止这名学生，指指图片然后等待。通常什么都不需要说。

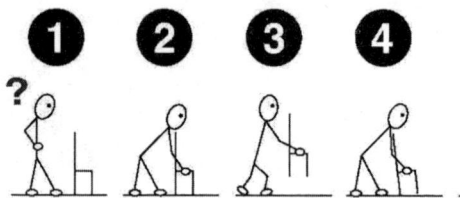

对于没有阅读能力的学生，只管省略语言

可视化教学方案可加速学习

可视化教学方案极大地加快了学习。一名五年级老师在 20 分钟的研讨班上画出了一个多位数除法的可视化教学方案。第二年，当我再去了解情况的时候，他说：

"去年我花了整个第一学期的时间在多位数除法上面，然而到了 12 月，还是有十几个孩子不会做。今年我用了一些图片，这让我们在一周内就掌握了个位数的除法，第二周就掌握了两位数除法。"

通过加速学习过程，可视化教学方案极大地减少了你的焦虑水平。当举手的学生一个接一个地说"我没搞懂这个"时，你就不会再有挫败感。

许多老师把每个学科的可视化教学方案贴到了公告板上，这样学生如果忘记了昨天或前天的内容就可以进行参考。你甚至可以对手抄公告的学生进行额外的表扬。

一些老师还能用这些可视化教学方案来简化缺课学生的辅导工作。选两到三个最好的学生做你的"追赶委员会"，然后让他们用可视化教学方案来辅导那些缺课的学生。

可视化教学方案有助于断奶

> 减少提示时间

当老师在指导实践中帮助学生时，十秒钟之内噪声就会变大。所以，老师必须在十秒内就清楚又彻底地给予学生需要的帮助。

面对这种需要，你会发现只有一种办法：你的解释必须预先打包。

> 如何预先打包一个解释

再次强调，面对这种需要，你会发现只有一种办法：你必须用图片代替语言。

有了足够的图画，老师就可以指出该步骤的关键特征然后离开。这样的提示并不罕见：

"看看黑板上的第 4 步。那就是你在这里要用到的。通过第 4 步完成剩下的题目。一分钟之后我再回来，我们再看第 5 步。"

老师通过训练开发出简约的语言技巧后，下一个技巧是给予开放性提示。给学生一个任务，让他们在你回来之前都保持繁忙。

> ### 断奶的中间站

你不能靠拒绝帮助来戒除无助举手行为。如果你想用"冷火鸡法（突然戒断法）"来对付慢性求助者，他们反而会增加寻求帮助的强度。

相反，你必须戒掉学生对你个人的依赖，把这种依赖变成对替身的依赖。可视化教学方案就是替身。

在你缺席的情况下它回答了"接下来我做什么？"这个问题。只有结合可视化教学方案和有效提示，我们才能把"撒泼打滚""逼到墙角"。

> ### 塑造独立性

你能用可视化教学方案消灭求助行为。不是简单的灭绝计划，你将实施的计划被称为"其他行为的差异强化"。你用你想要的行为系统性地代替你不想要的行为。这种"其他行为"是独立的工作。

高效的语言提示结合可视化教学方案可以帮你将求助行为的社会强化过程减少到几秒钟。在学生遵循提示后，你就可以更慷慨地给予注意力了。学生很快会领悟到，他们仍然"占有你个人"，但是如果他们不努力得到的就会很少，努力的话得到的要多得多。

如果在你给出提示并管理全班后，学生仍然一动不动，你再回到他身前，将社交强化减少到零。直接指指可视化教学方案并给学生一点"颜色"看看，然后继续前进。

> ### 减少实施焦虑

尽管求助行为已经成为一些学生的痼疾，但求助行为本身有一个感情扳机。这个扳机就是实施焦虑。学生一旦感觉到不解，就会高高举起他们的手来寻求帮助。

可视化教学方案通过减少实施焦虑来减少慢性求助行为。任何时候学生都可以抬起头看到接下来该怎么做，这具有平静和放松的效果。它能帮助学生把注意力放在作业上而不是启动他们回避任务的日常行为。

一旦学生放松下来并了解到他们在做作业时仍能吸引你的注意力，戒断就会加速。最终，学生通过可视化教学方案断奶了。需要时他们会瞥它一眼，而当他们不再需要时，他们眼睛都不会抬一下。

可视化教学方案的类型

> 图片

目前呈现的可视化教学方案仅仅是将每一步的步骤图做成列表。图片在处理算术或者体力活动任务时最有用。我最近在一个公共泳池里看到了一个好的方案——三张演示口对口复苏操作的图片，清楚明了。

但是并非所有课程都适合使用图片。通常培训班的社会科学老师在这一点上会比较烦躁，有个老师举手说：

"我教历史和政治，我们要处理的是概念。我看不出可视化教学方案如何应用到我们身上，你怎样才画得出一张概念图？"

> 概要

实际上，你从小学起就开始画概念图了。概要就是一份概念图。

概要就是想法形成过程中的一系列视觉提示。它就像图片一样告诉学生接下来做什么。它给出了指导性的概念框架，例如在写作文的时候。

不幸的是，人们惯常的做法是简单地出一个作文题，作文题本身只能给出最少的结构。但是，用概要代替它的话，许多老师会犹豫着说："你这是替他们写作文。"

这是我和你们分享过的自然观点。但是，在轻易下评论前，问问自己，"作文是一场为了看谁最聪明的比赛吗，或者，是想要尽量地教还是尽可能多地教？"

我在罗彻斯特大学开始教师生涯的时候，同样问了自己这个问题。我把一篇论文布置给了我的研究生研讨班。结果我被收到的论文吓了一跳，几乎每篇论文都缺一部分。他们写得很好，但是没有一篇是完整的。为什么？

很难把这个不好的结果归为懒惰或者愚蠢，因为我面对的是本国顶尖大学的博士生。抛开简单的合理化思路，我不得不检查一下自己的问题，来解释这种高度不稳定的质量。

我左思右想，突然想到我没有给他们的作业提供任何的结构。相反，我仅仅是布置了一个题目。我盲目地追随着成长过程中遇到的几乎每一个老师。

为了改变，我必须面对自己的感觉。如果我告诉他们我到底想要什么，我是在直接给他们答案吗？

这个问题变成了研讨班的主题，事情变得很清楚，我期待研究生能对我钻研了 15 年的题目有完整的认知是荒谬的。他们当然会漏掉某个领域。

结果，我为自己想接受的作文想出了一个概要。一旦开始，就一发不可收拾。我提供了标题、副标题、需要阐述的主要问题和论文每一部分的个人推荐参考文献。

之后收到的论文写得非常漂亮，学生们很努力。我不是"替他们做作业"，只是把布置给他们的作业具体化了。

为一篇论文写概要的时候，记得要透彻，要完整，不要藏着掖着。你不是在替他们写，你是在给他们提供一个路线图。如果你不知道你到哪儿去，通常你哪儿也去不了。

> **思维导图**

思维导图结合了概要信息和易读图解的清晰图片。思维导图指的是能指导某人组织想法、解决问题或者实施一系列操作的任何图画。下面一张图就是制作思维导图的思维导图。

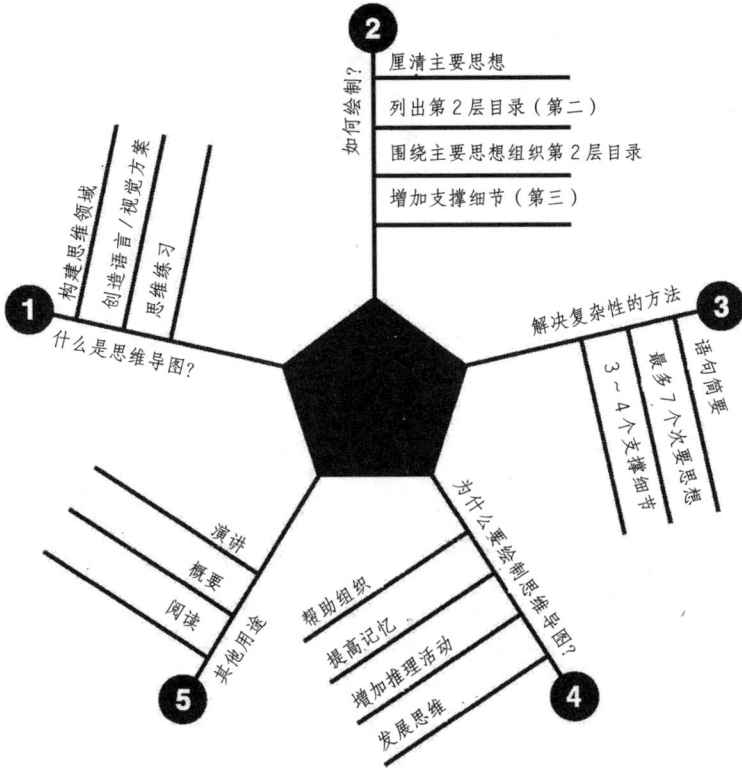

思维导图指导人们如何组织想法、解决问题或者实施一系列操作

指导绘制思维导图的大部分描述语句都集中在厘清主要概念和次要概念的关系上。但是在制作思维导图时，需求是发明之母。有时思维导图会说明一些没有任何次要概念的线性结构，即可以用简单的列表方式呈现的东西。

下面的说明显示了思维导图架构的多样性。你可能对它们都很熟悉，还可能制作过比这个复杂得多的思维导图。

中央型　　　　　　　饼状图　　　　　　时间序列图

流程图　　　　　　　　　　　　　树状图

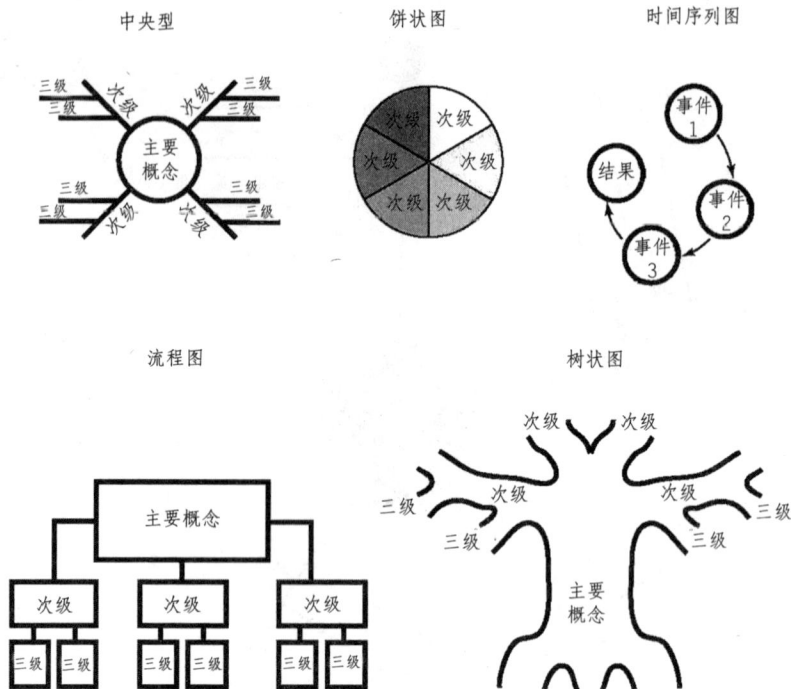

在思维导图中，需求是发明之母

　　然而，社会科学老师通常都会挣扎于制作能适当呈现概念的思维导图。幸运的是现在有一些不错的资源可以用，包括《心灵导图：视觉化导图的教与学》（南希）、《思维导图》（乔伊斯）、《思维导图之书》（托尼和巴厘·布赞）和《使用你的左右脑》（托尼·布赞）。

可视化教学方案 vs 简单视觉辅助手段

　　分辨可视化教学方案和其他普通类型的视觉辅助手段很重要。许多年来，老师们开发了很多图画形式来恰当地呈现。但很多都太过晦涩难懂，不能用作可视化教学方案。

我们的代数可视化教学方案可以作为一个例子。高中数学老师会说："我用 F-O-I-L 帮助学生记住二项式乘法的结构。"

F-O-I-L 是一种很方便的记忆方法，期中复习的时候会有用。但是，它忽略了知识在初始获取过程中所需的大多数信息。

多位数除法提供了另一个例子。传统上，老师会用图示的四个符号来总结计算过程。把这幅图看作一系列简化的提示可能更准确点，它不是可视化教学方案自身包含的完整提示结构。

÷ X － ↓

多位数除法的简化提示结构

任务分析和实施

任务分析是教育学里将一个任务分割为实施步骤时普遍用到的概念。我了解到单靠逻辑无法可靠地指导实施任务分析。逻辑上，你能把任何任务分割为任意数目的几步。

为了实用，任务的分割步骤必须要与你想要学生做的事情匹配。它们必须是有意义的动作。

为了用新学习理论的视角来看这个任务，你应该真正操作一下某个设备、做做某个计算或者自己亲身体验一遍某个实施过程。从学生利益的角度，你应不停地问自己："接下来我应该做什么？"

第 8 章

说、看、做：身体形式

- 使用有效的语言提示和视觉提示，只能戒除一半无助举手行为。
- 一次就把课教好，这样自然而然就掌握知识，还可以避免大多数无助行为。
- 如果我们把语言、视觉和身体形式的学习方式整合在一起，可以最大化地推进理解和长时记忆的建立。
- 整合指同时使用所有形式。应用全部三种形式进行逐步教学可以产生说、看、做的一系列循环。
- 结构化练习时带着学生尽量频繁地经历这些循环，这样他们在指导练习之前就能自动掌握知识。

纪律和学习

> 指导练习阶段的时间浪费

前面章节描述了一个普遍的现象：天生的老师机动性很强而其他的老师似乎被困在了教室前面，他们在绿色地带唠叨着催促学生。我在教室进行的第一次干预非常简单和具体——通过重新布置课桌来管理全班。

但是天生的老师提醒了我，走动比纪律管理更重要。在指导练习阶段，他们坚持应该在教室里到处走，主要目的是"看学生做得怎么样"。在发现自己让老师指导实践时灵活机动的努力被"无助举手者"阻碍的时候，我们很快会想到要重点检查学生的理解程度。

日复一日对同一批无助举手学生进行漫长辅导的课堂互动不仅强化了习得性无助，而且给了其他同学开始游手好闲的借口。这种管理灾难让我开始思考这个明显的问题：你该怎样去帮助一名困惑的学生？

为了回答这个问题，我深入研究了整个教学过程。首先我必须学习如何有效地给予语言反馈（表扬、提示和离开）。然后我还学习以视觉形式对这种反馈进行预包装，来进一步减少帮助互动的时间（可视化教学方案）。但是上述这些认识仅仅是一个开始，只不过是开始理解该如何整合纪律管理和教学的诸多方式。

> **讲课时期的时间浪费**

发现该现象源于对老师机动性的一个简单观察，后证实于同样简单的一个观察。这一观察与课堂开始讲课时的各种时间浪费有关。

这一现象有两个层面：

- 首先，老师讲得太多。
- 其次，学生在老师讲的时候被动地坐着，然后他们找其他事情去做了。

前面提到过，80% 的高中教学是讲课。其实小学老师讲的也一样多。一些研究显示小学课堂老师讲的时间超过了 70%，其实许多老师讲的目的就是为了控制不良行为，只有控制不良行为，老师才能继续上课。

然而，老师们没有察觉到，他们用自己的讲话主宰了课堂时间。通常他们必须看看自己的教学视频才会相信这个事实。

天生的老师从事教学就很不同。最能描述他们课堂的形容词是忙碌。老师忙于一个接一个地布置学习活动，学生忙于做作业。整个教室的气氛好像是在说："还有好多要学的，时间不多，让我们动手吧！"

> **说、看、做**

当我在 1979 年组织一个"积极课堂纪律"的培训班时，我被高中老师给震惊了。我培训这些老师去训练他们的同事如何放松并掌握具有威信的肢体语言。

既然肢体语言是非常身体化的，也许你还记得我的教导方法，来自孩提时体育课或音乐课的训练方式。我会解释一部分技术并模式化，然后慢慢带着受训者模拟一次。

让我失望的是，这些老师似乎对着手培养技能毫无感觉。他们不是在培养技能，而是在讲课。他们认为一堂课的行为目标是让学生记住所说的内容。

我不得不从零开始，强调他们的目标除了理解之外还有练习。我重点指出，除非学生离开课堂的时候学会了上课前不会的东西，不然你就是浪费了他们的时间。

但是我见到的是茫然的眼神。所以我不得不将技能培养的本质讲得更清楚一点。绝望中我想到了一个简单的公式——告诉他们做什么，给他们演示怎么做，然后让他们实践——说、看、做。

令我惊讶的是，这个策略奏效了。他们抓住了"说、看、做"，将之视为记住如何建立技能的咒语。当某些东西有用的时候，你就要坚持。

> ### 克服旧习惯

我很想说万能的"说、看、做"让高中老师经我培训后飞速变成了高效的教练。但是这说起来容易。

我们进行教学的时候都倾向于说得太多，这是一个根深蒂固的习惯。我们经历了初中、高中、大学，甚至研究生阶段，已经在一个又一个课堂上当了超过十年的信息接收终端。这是大量的模式化训练！

在听了十多年的讲课、讲课、讲课后，讲课已经不只是我们的垄断性教学习惯了，它已经变成了我们的教学 DNA。

有时打破一个旧习惯需要练习、练习、练习。但是有时又偏偏需要更多一点的讲述。

为了使我的二手老师们变成教练，我们不得不花时间讨论教学。这是有帮助的。通常我们在理解了"为什么要做"和"如何做"之后，能更容易接受新东西。下面的内容包含了这些讨论和后续训练中总结出来的一些想法。

为了掌握而教

＞　教学的目标

教学的两个目标是理解和建立长时记忆。我们想要学生理解并记住。

理解和长时记忆是一个硬币的两面。它们同时发生，也是为了同一个理由——整合学习方式。

在大多数课堂上，我们用三种方式进行教学：听觉的、视觉的和身体的。这三者每一种都有自己独特的优点和缺点，我们在教学的时候必须要学会融会贯通。

＞　不同方式的优缺点

让我们从听觉方式开始。当进行对话时，我们用说来表达想法，并且我们理解所有说出来的话。然而，尽管听觉方式有助于理解，但就像前面提过的，对建立长时记忆而言它就相当无力了。这种说法是有道理的，因为"一只耳朵进，另一只耳朵出"。

当用说话的方式来教学的时候，我们以糟糕记忆的方式快速传达信息。很快我们会遭遇认知超载问题。思维开始走神，理解变成了困惑，我们开始感到焦虑。

视觉方式也能轻易地达成理解。但视觉方式不像听觉方式，它产生的记忆不是一个短期现象。睡觉时，我们的梦有时太过真实以至于醒来时我们还以为自己就在那里。我们的思维能以相当于 30 帧每秒的高分辨率呈现几十年的经历——像放电影一样。

这样认知超载就不是问题了。使用视觉方式非但不会走神或者失去记忆，反而清晰又明了，所以我们能快速处理海量的信息。一图胜过千言万语。

身体形式在记忆形成方面的作用介于听觉和视觉形式之间。掌握和建立长时记忆需要相当量的练习，但是一旦你获得技能，那种"感觉"会持久地停留在我们身上。因此有了这句话，"你一旦学会了骑单车，就永远不会忘记。"

> **整合多种形式**

我们可以通过整合全部三种学习方式来最大化地理解和建立长时记忆。但是为什么会有这这么有效？知道这个原因可以帮助你将来做一些重要的教学决定。

首先，大脑构建和解码的是模式——电信号模式。如果这三种方式可以"焊接成"单个模式，你会从三种方式的优点中获益——花一样钱买三样东西！

这种整合对于听觉形式的学习很关键。尽管听觉记忆自身很弱，但它能通过协同视觉和身体记忆的模式得以加强——以强带弱。

怎样把这三种形式焊接在一起形成单个模式？——同时激活它们。

同时激活它们最好的方式是什么？很简单——去实践！

实践会带动所有的感官——视觉、听觉和感觉。从实践中学习的确能促进各种形式的整合。这就是为什么要"做中学"。

这种对学习的理解并不新颖。美国华盛顿儿童博物馆的格言最言简意赅地表达了这种理解：

- 我听见了就忘记了。

- 我看见了就记住了。

- 我做了就理解了。

下面的图片说明的就是在课堂教学中普遍使用的三种方式的整合。

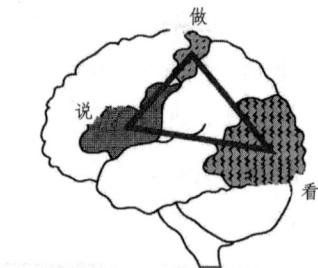

通过同时使用来将三种方式焊接到一起

> **说、看、做之教**

我们已经知道了要通过实践学习，

而且学习要一步一个脚印。将这两个概念放在一起，你就得到了技能培养过程的一个简单但强大的模型。这一模型由一个单元的反复重复构成，这个单元我把它叫作"说、看、做"循环。"说、看、做"循环把大量的下述输入信息整合在一起：

- 让我解释下面做什么。

- 好好看我怎么做的。

- 现在，你做吧。

为了完成授课，要尽量频繁地重复循环。我们将这种教学模式称为"说、看、做教学法。"下图描述的就是"说、看、做教学法"的过程。

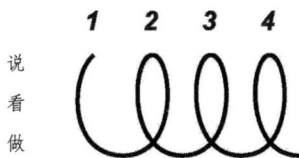

在一系列说、看、做循环中我们一步一步地通过实践学习

> ## 说、看、做教学法是基本技能

不要急于下结论说"说、看、做教学法"是相对于探究式教学的直接教学法，或者是相对于演绎法的归纳法。"说、看、做教学法"比这些概念都要更基础，它包括了所有这些概念。

所有好的教学法都关注从实践中学习，除此之外，其他的选择都是消极的。当给一堂课做计划时，你要不停地问自己："我想要学生怎么处理这堆学习材料？"

动词"做"迫使我们将概念付诸于行动。例如，如果你想要学生去探索和发现，他们需要什么技能？他们将使用哪些方法？

此外，不要急于下结论说"说、看、做教学法"是为了群组教学、小组教学或个体教学。它为所有教学而准备，教某种技能使用的总是同一种基础过程。

打包教学

> ### 两种基本结构

教学方法论的很大一部分与包装有关。我们如何包装学习活动？
包装一堂课只有两种基本方法。这两个你都很熟悉。

> ### 疲劳教学

第一个看起来像这样：

• 输入、输入、输入、输入——输出

这是伴随我们成长的一种教学模式，描述的是我在初中、高中和大学所接受的教学的特征。老师做的就是输入、输入、输入、输入——上课讲授。输入之后就是学生的输出——或许他能做到。

回顾一下你的高中历史、政治和数学课以及所有的大学课程。有多少次在做作业前你要坐在那里听 20、30 和 40 分钟的讲课。我自己的孩子透露，即使在高中，老师的讲授也要占据整整 50 分钟的课堂时间，到下课铃响前他们才匆匆布置家庭作业。

从老师的角度来看，授课令人筋疲力尽，还要一天演五场。因为这个原因，我给这样的疲劳授课起了个绰号叫"尽情舞蹈"。如果演艺圈的艺人被要求一天演五场，他们早罢工了。

疲劳教学当然会产生认知超载和遗忘这类严重的问题。学生在听课时的确是被强迫进入消极被动状态。假设你的课只持续 20 分钟，到输出阶段，你在授课之初讲的东西已经过了 20 分钟，还不说 20 分钟内你还讲了其他内容。

我还记得我读研究生时的统计课老师。他匆匆写着等式，边写边回头讲授。他真是一位认知超载大师。

他八周内要教会 24 名新研究生，绝望的我们都学得不好。考试前空气中弥漫着焦虑气息，甚至我们正常的交谈都由紧张的沉默代替了。

> **说、看、做教学法**

第二种课堂包装方法看起来像这样：

• 输入、输出、输入、输出、输入、输出

在你输入了可承受数量的内容后，让学生马上做相关的练习。然后你再给学生输入另一部分内容，再让学生做相关的练习。这一过程反复重复，学生通过一步一步的实践去学习。

前面提到过，一次信息太多会产生认知超载问题。解决认知超载的简单办法是一段接一段地处理信息。当你进行说、看、做循环的时候这会自然发生。

同时，"说、看、做教学法"也能处理遗忘的问题。听过的东西时间过得越久，我们越容易忘记。那么，解决办法是什么？

当然是不要让时间溜过去了。用"说、看、做教学法"，学生会立即做输入内容相关的练习。哪有机会去遗忘？

下图比较了"说、看、做教学法"和疲劳教学对输入内容的遗忘过程。左侧是学习曲线，右侧是遗忘曲线。如我们所知，记忆随着时间下降。在听觉形式中它就像一块石头一样急速往下掉。

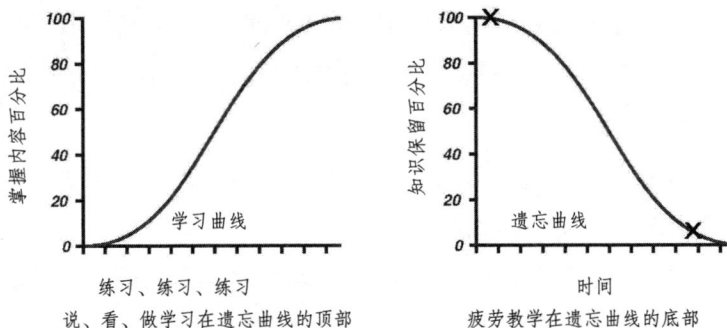

说、看、做学习在遗忘曲线的顶部　　疲劳教学在遗忘曲线的底部

遗忘曲线顶部的"X"表示的是"说、看、做教学法"的表现。底部的"X"表示的是疲劳教学的表现。

"说、看、做教学法"有益于学生。在去除认知超载和遗忘带来的焦虑后，学习变得舒服多了。上课不再是学生"脑力"的大比拼，相反，它们变成了有趣的活动。

而且"说、看、做教学法"也有益于老师。老师不再拼命地疲劳教学。相反，他们只要1）构建学习活动，2）不断地监控和反馈，确认学生理解了他们所做的事情。

为了总结"说、看、做教学法"以及不间断监控反馈的本质，培训班成员需要重复下面的"弗雷德思想"：

- 你的工作不是自己拼死拼活而学生看着；
- 你的工作是让学生拼死拼活而你自己看着。

构建课堂 vs 浪费时间

> 天生的老师爱构建

除了本章开始时提到的那个关于教学中时间浪费的观察现象外，我还想介绍另外一个现象。这个观察和构建有关。简单地说，如果学习过程没有被老师高度构建过，那么孩子们会倾向于放鸽子。

年轻人在学习时会被舒适区所诱惑。50% 的舒适区活动由社会组成，50% 由学校组成。除非孩子们忙于老师布置的事情，否则他们会将整堂课时间浪费在"舒适区"。

就像我之前提过的，天生的老师的课堂是忙碌的。浪费的时间极少。这种忙碌是通过构建活动而产生的。

天生老师是构建大师。例如在学年的开始，他们会花很多时间管理学生的课堂日常。这样到开学第二周，老师只需要说几句话就能让整个班级听话了。

但是构建不限于课堂日常。上课也可以高度构建，而且构建通常聚焦在从实践中学习，甚至课堂讨论也可以将技能培养作为目标，让学生几分钟内写作刚刚讨论过的主题。

> **孩子们需要构建**

我一生都在从事与孩子有关的工作，我知道当他们被要求执行一个任务时可以变得多古怪忘事。我曾多次在教室后面看着学生游手好闲，而老师以为他们在做事。我见过一旦老师停止管理全班，整个教室就会在刹那间变成叽叽喳喳的状态。我见过不少课堂的日常都能在几秒钟内变成一片混乱。

我很自然地认为，如果你想要一帮学生在合理的时间内完成任何任务，就需要很多构建工作。教学需要的构建和课堂日常的构建一样多。就像我之前提过的，孩子们不会自动去学习。他们天性喜欢讲话、大笑、咯咯笑和玩，他们热衷于社交！

> **构建过时了**

因为我如此推崇构建，近年来我为研讨班的年轻教师们感到惊讶，他们在休息时说了这样的话：

"按照我在方法课上学的，你现在告诉我们要做的是'不'，是教学中不能做的事情。"

"你教给我们的教学理论不过是'循规蹈矩学习'的另一个例子。我在方法课学到的是，这种方法扼杀了真正的学习。"

"我被教过唯一有效的教学方法是"建构主义"，与之相反的是过去生硬的教学方法，而那似乎就是你在介绍的。"

我必须承认我被上述评论吓了一跳。首先，我从未想过"说、看、做教学法"是一种"教学理论"，更不用说是我的理论了。我认为"说、看、做教学法"不过是一种代表教学常规手段的修辞手法，一种自古就存在的技能。

"说、看、做教学法"的一个优点是它会教你如何正确地实施——一步一步地持续监视和反馈，再加上足够的实践，以此产生自动自发的学习。

但是"说、看、做教学法"的第二个优点是，它能通过提供高度构建的学习活动，使学生保持忙碌。忙碌的学生没有时间游手好闲。所以，"说、看、做教学法"是课堂纪律管理的一个重要部分。

> ## 巴别塔

近年来，我越来越认识到在教师选择教学方法的时候，存在着理论上的分裂——反映在学生评论当中的分裂。越来越多的学者认为传统技能培养内嵌的构建层是一种消极而非积极的因素。他们似乎相信高级学习理论可以代替它，如果学生被解放出来去探索和发现的话。

这种理论冲突的后果就是新手教师的分裂。事实上，新手教师们在一堂方法课上会听到一种理论，在下一堂方法课上会听到另一种与之冲突的理论。哪一种正确？新手老师会怎么想？

> ## 约翰·哈蒂博士和可视化学习

约翰·哈蒂是墨尔本教育研究所的主任，也是奥克兰大学视觉学习实验室的前主任，他对教育学作出了重要贡献，他开发了能比较数千个不同课堂教学方法效能的研究方法。以前要做这样的比较在范围上比较受限制，因为不同研究使用的方法是不同的。

一旦你能在同一尺度上比较两种方法，你就能看出哪一种很重要，哪一种不那么重要，并最终克服这种在教育界反复发生的"最新最好的方法"之争。

哈蒂博士的书名叫《可视化学习理论：超过 800 个成绩相关研究的综述》。一个评审专家称之为"教学的圣杯"，因为目前在精确比较各教育流派使用的诸多争议性教学方法的研究中，它是最大的一个循证研究。

既然哈蒂博士的书把秩序带到了关于最好教学方法的混乱争论中，我们将通过相当多的细节来检验哈蒂博士的方法学和发现。到了要选择上课方式的时候，这些发现对你会很关键。

可视化学习理论

> ### 方法学

哈蒂博士的方法是分析任一教学方法到底能在学生中产生多少学习量，即"效应规模"。关于效应规模你要了解这些基本概念：

- 效应规模符合正态分布。

- 几乎所有方法都会奏效：教育中 90% 的效应规模都是正向的。也就是说，几乎所有创新都比没有创新好。

- 设置一个零轴是荒谬的：声称某种方法在成绩上具有正面效果无关紧要。即使是最无效的方法也会产生细微的正面效果。

- 把标准设在 $d=0.40$：学生成绩提高一个标准差（$d=1.0$）一般表示一个孩子超前了两三年或者学习速率提高了 50%。你在文献里找不到这种规模的效果。比较性研究建议 $d=0.20$ 应该视作小，$d=0.40$ 应该视作中等，而 $d=0.40$ 应视作大。

- 从实用性来说，教学创新必须要能增进学习：通常老师能看到每年 $d=0.20$ 到 $d=0.40$ 的增长。这要归功于这两种因素：1）孩子的正常发育，2）老师的正常努力。如果要认为增长是由于某种特定教学方法造成的，它必须超过 $d=0.40$。超过 $d=0.60$ 的结果应该评定为杰出。

正如你所见，某些新方法声称是"基于研究"真的证明不了什么。学生上学一年总能产生一些学习效果，所以这些研究几乎总会有正向结果。

但是一种创新方法有了 $d=0.40$ 的效应规模也不能说明很多问题。你差不多可以期望一个正常的孩子坐在正常的教室一年也能得到这种水平的提高。相关的问题是：

- 这种创新（带来的学习提高）能超过 $d=0.40$ 这个分割点多少？

- 与其他方法相比这种创新方法有多好？

- 它的成本是多少？

例如你发现一种教学创新方法达到了 $d=0.45$ 的效应规模。这好不好？它也许并不是非常好，但是如果成本很低，也许值得你一试。

为了更简单明了，我将使用哈蒂博士 $d=0.40$ 的分割点来呈现我的发现——或多或少。由于这一方式会使得研究结果过于聚集而无法区别，我将把哈蒂博士的分割点从 $d=0.40$ 扩展到 $d=0.45$。

我会将任何超过分割点的方法视为"产生了显著的提高效果"，任何低于此分割点的方法视为"没有产生显著的提高效果"。但是，既然分割点代表着正常课堂学习近一年的学习效果，那么远低于 $d=0.40$ 的结果就应该被视为净亏损——也就是说，与平均期望结果相比学习效果降低了。

> 一些结果

既然理解了哈蒂博士关于效应规模的方法学，我们就可以深入探察研究结果了。翻开哈蒂博士著作的第九章教学方法的贡献第一部分。这一章介绍目标、成功标准和培养学生参与性。

为简单起见，我将根据 $d=0.55$、$d=0.65$

> **显著进步／提高**
>
> $d=0.55$　小
> - 有明确目标　概念定位　　掌握学习
> - 学习技巧　　举例　　　　同伴辅导
> - 个性化教学（Keller）
>
> $d=0.65$　中
> - 使用元认知策略
> - 使用自我意向（self-verbalization）和自我反省
>
> $d=0.75$　大
> - 师生间经常性反馈
> - 相反于密集练习的分散练习
> - 形成性评价（$d=0.90$！）

和 $d=0.75$ 把显著结果分组。因为不可能介绍下面列出的每一个计划，我建议你参考哈蒂博士的书来寻找细节。

值得注意的是最大的变量与技能培养有关。这些因素包括反馈频率、反馈本质和练习的构建。

下面我们看看那些只产生 $d=0.10$ 到 $d=0.45$ 效应规模的创新方法。这样的效应规模表明没有显著的贡献或者最多是微小／边际性的提高。

在哈蒂博士书的第十章教学方法的贡献第二部分里，他介绍了教学的不同方法、技术的使用和学校之外的学习。我将再次根据 $d=0.55$、$d=0.65$ 和 $d=0.75$ 来列出分组结果。

相对于前面一章介绍的结果，更令人惊讶的是我们发现方法清单实际上无用。下一页的框中列出了这些效应规模从 $d=0.10$ 到 $d=0.45$ 的创新方法。

无显著提高

$d=0.30 \sim d=0.45$　无影响
- 提前或行为学的组织者
- 频繁的测试
- 提问学生
- 竞赛式的学习

$d=0.10 \sim d=0.30$　负作用
- 个人化的教学
- 学习阶层
- 老师即时性
- 教学考试技巧
- 老生指导
- 控制学生多于学习
- 天资／处理互动

显著进步

$d=0.55$　小
- 直接教学法　互动视频

$d=0.65$　中
- 系统性解决问题方法的教学

$d=0.75$　大
- 交互教学法（将总结、质疑、厘清和预测可能结果作为解决问题的方法）
- 对学习障碍学生的综合性干预措施

对这些结果的评论

＞　教学实践

在第 11 章综合一切中，哈蒂博士作了解读，并提供了自己身为一名学者终生都在分析多样创新方法效力的创见。此外，他还针对政策制定者和学者对于这些研究结果的反应作了重点的评论。

最重要的发现之一是具有"激活者"功能的老师与"布置者"功能老师的对比结果。对这两者的描述如下：

无显著提高

d=0.30 ~ d=0.45　无影响

·归纳教学法
·基于咨询的教学
·合作性学习
·电脑辅助辅导

d=0.10 ~ d=0.30　负作用

·基于问题的学习竞争性学习
·团队学习、基于网络的学习
·程序性教学 / 远程学习
·音频 / 视觉方法 / 增加家庭作业
·家庭——学校计划
·特殊大学计划

- 激活者指导教学过程，让学生投入到课堂内容，同时参与"明白什么"和"不明白什么"的反馈。

- 布置者与此相反，当学生探索"真正"问题和构建他们自己的解决方法时，只提供最低限度的指导。

这两者平均效应规模的对比是显而易见的：激活者为 d=0.60 而布置者为 d=0.17。下图总结了这些研究结果。

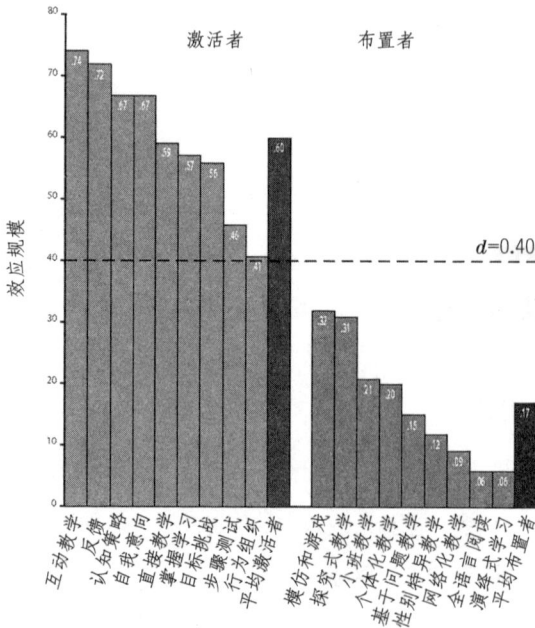

激活者老师和布置者老师的效应规模
（摘自 Hattie, John, *Visible Learing*, P.243）

> **最低限度的指导不起作用**

这些结果相当直截了当地表明，教学时最低限度的指导不起作用。主动指导性教学法远比无指导布置性教学法更有效率。

哈蒂博士为建构主义专门作了一些针对性评论，称为教学方法学的新"时代宠儿"。哈蒂博士提醒我们建构主义绝对不是一种教学方式，而是一种认知方式。所有学生必须从他们的经验中构建意义。研究数据显示，在构建学习经验及作出反馈时，和老师起积极作用与起消极作用相比，学生自我构建意义要有效率得多。

> **一种不成熟的职业**

但是，拥护者们仍然相信，学生为构建自己的解决方案而去解决"真正问题"的挑战可以产生更优的结果。此外，尽管证据表明无指导方法可以产生更少的学习量，但学生对此既没有觉察到也不感兴趣。

哈蒂博士引用了 Project Follow Through 的研究结果，这是一个关于72000 多个弱势学生的十年研究，这个研究试图寻找到那些最有助于打破差生循环的教学方法。在诸多基础技巧、理解方法以及社会和情感措施中，只有直接教学法才具有积极效果。

其他的老师功能为布置者的方法则显示无效。更显著的是，直接教学法组的学生与对照组相比，能够顺利高中毕业的可能性要大两倍。

> **政策视而不见**

但是政策讨论的结果不是去增加对更结构化的教学方法例如直接教学法的支持。相反，更多的资源被划到了教育者更喜欢的方法上——那些老师功能为布置者的教学方法。

他很遗憾地指出，"学生发现学习"的浪漫观点压倒了"老师发明真正有影响的方法"的观点——为了教学特定技能而仔细构建的学习活动。哈蒂博士指出：

"这些选择是不成熟职业的一个典型例子，缺乏坚实的科学基础，只顾个人意见和思想观念而不是尊重证据。"

> ### 基于证据的决定

哈蒂博士大胆地提出，只有证据才能逐出教条主义，因为教条主义不会革自己的命。学术研究是否可能对学校产生积极效果，最终取决于教育者是否选择基于证据的主张而非个人观点。他总结道，

"在老师和学校考虑获取或应用任何干预手段前，应该要求它能比去年至少增加 d=0.30 的学习效果，最好能超过 d=0.40。直截了当在学校和政府部门面前公开这个要求是寻求改变最可能的办法……"

> ### 基于研究的项目 / 计划发生退步

哈蒂博士指出，老师和管理者通常通过与去年考试成绩相比来评估学生的进步。但是很少有孩子一整年都学不到任何东西。结果，考试成绩总会显示提高，这使得每个人都声称"它有用。"

更合适的考量是：你们班有多少比例的学生在你教学一年中发生了退步？实际上那些绩效得分低于 d=0.40 的学生与班级平均相比就是发生了退步。

> ### 煎熬成本

最后，哈蒂博士提醒我们所有创新方法都有成本和收益。当然也要考虑一种创新方法的经济成本。但是还有一些隐藏的成本。

"也有一些成本与学生失去参与真正有影响的教育活动的机会有关。还有一些是置于最低效率的干预手段下的'煎熬成本'……不管……老师多喜爱它或者从轶闻或乐观观点中找到证据支持它……"（p.255）

需要指出的是低效率教学方法的"煎熬成本"既适用于大学方法课程也适用于小学和中学课堂。看看低于 d=0.40 分割点的教学方法清单，想象一下有多少时间被浪费在教准老师运用低效的教学策略上面。

总 结

> 结构化的技能培养很强大

从所有这些分析中我们可以得出什么？我可以告诉你我从中得到的东西。当我读到第 94 页总结的激活者与布置者的对比结果时，我感到如此的兴奋和欣慰，以至于我不得不出去走了一会才镇静下来。

注意，我检验教学方法的首要原因是因为我观察到的教学方法产生了大部分的课堂纪律问题（看看第 5 至 7 章）。我不太关心一种方法与另一种方法的细微对比，我关心的是课堂学习时间。

开小差浪费了课堂学习时间。所以我对课堂中能减少开小差的任何方法都感兴趣。

如果一个老师将结构化的学习活动变成非结构化的学习活动，那么课堂学习时间与开小差时间的比值绝对不会发生逆转。你走进过道就能听出这两者的区别。

所以，在当前一些教育潮流开始妖魔化结构化的学习活动时，我就会对自己说："你可能正在让年轻老师背离现行最有效的教学形式之一，用什么代替它？"

> 你下注吧

所以，如果要我给你一个关于教学方法的建议，我会让你把重心放在高度构建的技能培养上面，掌握辅导的细微之处。在长远看来它将会是你的谋生手段。

当你听到人们谈论学生参与度时，记住，使学生参与学习最直接的方法是让他们做事。这会使所有感官参与进来并预先排除开小差情况。它自动整合了各种学习形式。

继续前进，如果你想让孩子去探索的话。探索很好，但是记住一次成功的探险在它起航前就已细心地计划好，肯定有一种进行指导和引导的方法及过程。在所有的结构下面你都会发现"说、看、做教学法"的坚实基础。

> ### 12 节蓝调

不要认为辅导、技能培养，或者"说、看、做教学法"是某种特别的方法。它们只是能产生特别教学方法的土壤。

辅导和技能培养是教学的基本，可以用一个比喻来最好地解释它——那就是音乐。大部分流行音乐都有简单的基础，一些基于我们文化的音轨。这个基础就是 12 节蓝调。蓝调孵化了迪克西兰爵士乐、摇摆乐、爵士、节奏布鲁斯、摇滚乐以及独特的围绕切分音法建立的美式古典音乐。

想想这些音乐形式有多么的多样化，然而，音乐家创新的历史如此之长，以致他们开始感到失去方向，这种时候为了脚踏实地他们就会回归基本。在他们音乐生涯的这个关键时刻，他们会回到 12 节蓝调"这个学校"。

教学的形式和音乐的形式一样多。创造的空间是无限的，但是"好东西"共有一个普遍的内核。没有对技能培养基本原则的理解和欣赏，即辅导某人如何真正正确地做某事的基本原则——我们也会失去方向。

新角度看同步

在前一章我们看到了有效的教学是如何阻止纪律问题浪费课堂学习时间的。而反过来，有效的纪律管理也能够实施创造课堂学习时间的教学。

在职业生涯开始的时候，我在一个地区性特殊教育中心与中学老师共事，有时我会过早地下结论：某一个老师没有多少教学能力。这是因为我从未看到他或她的课堂发生过有效教学，我只看到了混乱和唠叨。

但是记住，所有的学生都会有情绪、行为和学习问题，所以他们都不好对付。既然付诸行动是主要的问题，必要时，我们就要开始管理全班、树立威信和考察结果。

接下来我意识到我错误评估了几个老师的教学能力。一旦课堂混乱的水平降低，这些老师就突然焕发了活力。他们的教学技巧仅仅是被课堂捣乱给阻碍了。

在第 1 章我们谈论过同步——不同程序和谐的协作如何能使一个老师的课堂管理计划效力倍增。教学方法和课堂学习时间规定限制之间的关系就是一个恰当的例子。两者都有效发挥作用时，会互相促进。

第9章
创造动机

- 课堂学习效率管理工作应把重点放在在建立勤奋度（用功）和卓越度（自觉地用功）上面。
- 为了获得更多更好的作业，我们必须回答最基本的动机问题，"为什么我应该如此？"这个问题的答案叫作动力。
- 一个简单的动力是两个事件的结合：任务和兴趣活动。课堂里最受欢迎的活动应该与学习的乐趣结合在一起。
- 既然只有在任务正确完成之后才能给出兴趣活动，那么任务完成之后就必须去检查它。
- 说、看、做教学法以及纠正无助举手者解放了老师，这使得他们可以在指导练习阶段就检查作业，而不用留到放学后。

超越戒除

　　成功的纠正计划应该建立起独立的学习活动，这样在指导练习阶段老师的时间才不会被再次消耗在辅导无助举手者身上。一旦老师的时间被解放出来，以前无法进行的动机和责任感管理就出现了可能性。

　　本章将关注动机——在课堂建立勤奋文化。下一章将关注责任感——建立课堂的卓越文化。

　　什么工具可以帮老师在课堂上让学生变得勤奋？让他们用功的理由是什么？对很多学生来说，努力完成学校任务是一个奇怪的想法。老师如何才能让这些学生建立好的学习态度？

关注动机

在培训中，老师对于不愿做任何事的学生流露出来的绝望情绪与对捣蛋的学生的一样多。这些无动于衷的学生会说：

"我们必须做这个吗？"

"这太无聊了。"

"我们去年做过这个。"

"这玩意儿太闷了。"

> 我们无法控制的事情

一个学生对学习的态度很大程度上受家庭环境的影响。一年级时与阅读成就相关性最大的单个变量就是孩子在一年级前的阅读量。对比一下一个日常习惯带着孩子阅读的家庭和一个常态是没有书籍也忽视书籍的家庭看看。但是，你无法控制学生的家庭生活。

虐待式养育孩子的方式也会严重损害孩子的学校生活。一个以"打骂"方式抚养长大的孩子可能会对成人权威抱有一种深深的憎恨。一旦这孩子来到学校，这种憎恨会转移到老师身上。很少有其他学习障碍比习得性消极 - 侵略性反应更能损害老师的教学。但是，你无法快速改变学生的性格。

学生对学习的态度也是社会病态现象的反映。药物、暴力和常在的危险遏制了孩子的想象力和梦想。但是，我们也无法期待社会病态现象在我们开始执教前就能消失。

一个被允许用电视和视频游戏代替阅读的孩子也许会表现出注意力不持久以及对课堂任务不感兴趣。但是，你无法控制学生去接触视频内容。

我们确实对于课程有一点控制力，但是这不是一本关于教学内容的书，这是一本关于教学过程的书。为了增加学生学习的动力，我们能控制教学过程的哪些要素？

> 我们真正能控制的事情

我们真正能控制学生在课堂上的学习经历。我们能影响学生的努力意愿——如果我们能创造一种内构有关键动机要素的学习经历的话。

学习生产率的管理要关注两件事情：

- 工作数量或勤奋度，
- 工作质量或卓越度。

理想情况下，我们想要学生用功（勤奋度），而且我们想要他们自觉地用功（卓越度）。如果我们能对学生表现的这两个方面施加一些影响，那么这对克服学生从课堂外带来的缺点就大有裨益。

> 动态平衡

当学生致力于某个任务时，数量和质量总是处于动态平衡下。如果学生做得太快，他们的作业会做得马虎，质量堪忧。但是如果他们缠住问题不放，作业进度像蜗牛一样慢，数量又会堪忧。

理想情况下，我们想要学生尽快地做作业，同时不马虎——施加压力但不施加太多压力。勤奋度与卓越度之间的平衡点对于每个学生不尽相同，取决于他或她的能力，这在人与人之间也是不同的。

> 发现我们自身的极限

在了解自身在不同类型任务上的极限方面，我们都经历过一个发现的过程。我们都曾因走得太快犯过错，或是因走得太慢而不能完成任务。我们试图在"欲速则不达"和"慢工出细活"之间寻找到合适点。

通过逼迫自身，我们了解到，我们实际能做到的比自己所认为的要多得多。例如，当有一个截止日期时，我们会集中注意力并调动我们的资源。当我们非常想要做某事时，通常我们能做到。

但是，我们必须想要做。为了解我们的极限，我们逼着自己前进。在真正尽力时我们能在不同领域达成什么样的成就？弄清楚这个是自我发现之旅的一部分。

动　机

＞　为什么我应该如此？

在我们用逼着自己前进来定义自身能力之前，我们必须有理由去这么做。我们必须给这样一个问题找到一个好答案："为什么我应该如此？"这个问题隐含在任何关于动力的讨论当中。

为什么我现在应该开始做事？为什么我应该这样努力集中注意力？为什么我在想要再休息一会时还要继续努力？为什么当我想要"上床睡觉"的时候却还在废寝忘食地学习？

如果没有好的理由，我们会毫不费力地滑入我们的舒适区。我们会走神并且手脚变慢，因为我们在无意识地减少压力。

"为什么我应该如此？"这个问题的答案是动机。动机这个词与"激励因素"这个词是可以互换的。动机或激励因素产生了努力。你可以给某人一点奖励让他做某事，但是直到他们愿意为了得到它而努力之前，你不能说这个奖励发挥了激励因素的功能。

＞　动机促进做决定

生活中充满了动机。对一个人说的话表示兴趣可以是这个人继续和你说话的动机。父母的爱和赞许是一个孩子进行合作的动机。

动机的反面是不利诱因。动机给了你做某事的理由，而不利诱因给了你停下来的理由。

例如，一个孩子被打发给一名钢琴老师，结果发现因为缺乏任何天赋，他的进步极慢且为进步付出的代价极高。这种挣扎也许就为继续学习钢琴提供了一种不利诱因。

第二个孩子有天赋，他会发现自己进步很快，而为得到引以为豪的父母给予的赞扬所付出的代价相当合理。这个孩子也会发现练习钢琴能激励他。所以，同一种活动对一个孩子而言是动机，对另一个孩子来说也许是不利诱因。

所以，动机是成本和收益的考量。如果某种经历的收益超过成本，这种经历就会倾向于被重复。

> 动机系统

我们把传达动机的结构称作动机系统。当老师们准备找出方法使学生自觉用功时，他们就在设计动机系统。

动机系统类型

> 非正式动机系统

家庭生活中大部分是非正式的动机系统。养育孩子的普遍动机是爱。爱既是一种连结也是一种动力。爱父母的孩子们通常会做一些取悦父母的事情。

所以，家长最重要的工作之一是花时间倾注感情给自己的孩子——去拥抱和玩耍，去打闹和骑大马，去依偎着读故事。这些"好时光"有很多作用——如建立连结、促进大脑发育和情感发育——仅举几个为例。

但是其中的一个作用是在孩子的生活当中建立父母的强力激励因素地位。父母最终能从他们的孩子身上得到的大部分合作行为，要建立在多年来存在的"情感银行"里面的储蓄上面。

例如，如果你要你 12 岁大的孩子从汽车里搬出杂物，他或她说"好的"，要认识到这是你的孩子送你的一份礼物。但是你已经用你在与孩子共度的多年里投注的所有爱和好时光为此付了费，你仅仅是从你的银行账户里收取了一小张利息支票。

> ### 正式动机系统

生活中的某些动机系统是正式的。它们代表着约定俗成的商品和服务的交换。你的工资就是这样一种动机。

在家里，我们作为父母所使用的大部分正式动机系统就是驱动孩子做事的简单日常。这些日常事先得到了很好的理解。

我童年时记得最清楚的一件事就是"睡前日常"。我的母亲会说：

"好了孩子们，八点半了——到准备睡觉的时间了。该洗脸、刷牙和穿睡衣了。你们一到床上，讲故事的时间就到了。但是，九点要关灯。"

你可以看到，对这一安排的约定并没有什么神秘的。我们动作越快，就有越多的时间紧偎着听故事。

正式动机和非正式动机一起发挥作用。不论正式动机是什么，我们总是会为了爱和尊敬的人去更加努力。

> ### 课堂的正式动机

在课堂上老师需要结合正式和非正式动机来调动学生。学生会自然而然地为了他们喜欢的老师更努力地用功。

但是，正式动机在课堂里会比在家庭生活中发挥更加显著的作用。首先，学生第一天来到学校时，不认识你，也不怎么爱你。其次，一些学生还可能恨你，仅仅因为他们憎恨任何一个试图告诉他们做什么的成人权威。因为这些理由，任何一个老师都需要培养出设计和运用正式动机系统的熟练技巧。

课堂动机系统

> ### 简单和复杂的动机系统

动机系统可以简单也可以复杂。简单动机系统提供了交换某一特定行为的激励因素。复杂动机系统取决于奖励、惩罚条款的数量和内建的保险机制。

为了使每个人——甚至最调皮的学生和老师合作，课堂纪律管理的动机系统会相对复杂。

> **祖母的法则**

简单课堂动机系统是祖母法则的一个直接应用，也就是：

用完晚餐前不会有甜点

高效的家长和老师一直是直觉性动机的管理者，他们为了达到目的无师自通地掌握了"胡萝卜加大棒"的窍门。

> **传统动机**

当我还是一名小学生的时候，我的老师经常使用祖母法则。他们会来到我的课桌前，看着我的作业，说：

"我想你知道怎么做这个，弗雷德。当你完成这个例题后，就可以把你的作业本交到我桌上，然后在剩下时间里做你的美术作品。"

我太高兴了！我爱做美术作品！

我的大部分老师都真的很喜欢"作品"。我们做科学作品、美术作品、时事作品。

我的老师们不需要停下手头正在做的事情来帮我们动手做自己的作品。作品就已经自动组织好了，所以老师很简单就给我们找到了事情做，从而可以继续管理班级剩下的学生。

例如，我小学时所有教室后面都有一个带有三罐三原色水彩颜料的画架和一些破旧的刷子。每周我们都在黑板上画一幅新壁画，描绘的主题是社会研究单元的内容或即将到来的节日。我记得画过美国西垦时代马拉篷车的马，尼娜号、平塔号和圣玛利亚号（哥伦布的三条船）航行以及感恩节的火鸡。

我的六年级老师贝克小姐则有一套不同的系统。她让我们都从家里带一个鞋盒来制成"作品盒"。我们把名字写在盒子上然后里面装满了美术或者科学作品所需的材料。所有的作品盒都在扇窗下面一个架子上排成一排，当我们完成任务后可以很容易找到它们。

> 传统动机的问题

这些传统和相对"凭直觉行事"的动机系统存在的问题是，每次总是同样的七八个孩子去画版画和做科学作品。他们是能提前完成作业的"聪明人"。其余人到下课铃响之前都还在做着作业。

尽管我爱做这些作品，但如果考虑到动机管理，这些系统未免过于朴素和落后。已经具有良好学习态度的孩子们会得到所有的"好东西"，而那些需要找到一个理由更努力的孩子几乎从来都得不到一个动机。

不管如何，我的老师们可能就没想过动机这回事，他们可能只是在试图让我们保持忙碌。我们的作品不是给那些需要某种动力的学生提供动机，更像是"海绵活动"——吸收会被浪费掉的时间的学习活动。为了把海绵活动转变为能服务大众而非少数人的合算课堂动机系统，我们需要学习更多的动机管理技巧。

动机系统设计

> 晚餐和糖果

简单动机系统如祖母法则，是两个事件的结合——任务（晚餐）和激励因素或者"兴趣活动"（糖果）。

- 晚餐——我不得不做的事情。
- 糖果——我想要做的事情。

一个动机系统的核心在于能回答"为什么我应该如此？"这个问题的

兴趣活动,它给了学生在不远的将来期待的东西。它应该很有趣。因此,动机管理的真谛是:没有乐趣就没有工作。

> **掌握的标准**

尽管动机系统的核心是兴趣活动,但还有一个额外的、同等重要的元素:掌握的标准。每一堂课都是一个学习实验。任何学习实验都需要对何时达到掌握标准下一个有效的定义。

掌握的标准一般是用连续的正确表现来呈现的。在你欣慰地说"他们搞定了!"之前需要学生必须连续正确地完成多少回合?当然这是一种主观判断。太少人觉得"还不够",而太多人觉得我们逼的太死。

对于复杂的人类学习活动,掌握标准的范围一般是从五分之五到十分之十。这是你可以应用到课堂的合理范围。但是注意,掌握标准不是以百分比的形式来呈现的,例如:

"当你以80%或更高的分数通过后测后,你可以继续做下一个单元。"

虽然这个例子代表了教育中的普遍情况,但我不会推荐这样做。我怀疑任何一个读过这本书的人会将20%的错误率等同于"卓越"这个词包含的正常含义。你会买以这样标准制造的汽车吗,还是你会把这样的车称作垃圾?

> **掌握的标准和指导练习**

在一节课当中,掌握标准一般应用在指导练习里。当学生做作业时,老师在管理全班的同时检查学生们的作业本。

学生要想做他们喜爱的兴趣活动就必须要满足掌握的标准。数学课上到指导练习阶段的过渡听起来像这样:

"同学们,我想要你们打开教材127页,看看这页上面的练习题。正如你们所见,这些题目非常熟悉。我们一起做过前四题。

在下课铃响前我们有二十分钟时间,我会四处走动来检查你们的作业,回答仨何问题。只要我连续扌了五个勾，你们就可以交上作业本，在剩下的时间里做你们的兴趣作业。"

在数学课的指导练习阶段检查学生的作业很直截了当，因为老师可以带着标准答案。与学生的互动可能听起来像这样：

"这个是对的，那个题也是对的。你连续做对了三道题。再做对两道你就可以做你的兴趣作业了。"

> ### 动态平衡再临

记住，掌握标准是根据连续正确的表现来呈现的。在前面的例子中，学生不得不连续做对五道题来争取进行他或她喜爱的兴趣活动的机会。如果哪个学生连续做对了三道题，然后在第四个题目上做错了，他就不得不重新开始。

所以，学生完成的正确题目越多，囚马虎产生的损失就会越少。随着学生做对题目的总数不断增加，他们会对认真做下一个题目产生越来越大的兴趣。

通过将兴趣活动与掌握标准配对，老师就在速度和正确度之间创造了一种动态平衡，训练学生快速的同时不忘认真。这样学生就学会了去探索自身能力的极限。

> ### 连续性作业检查和高标准

促进勤奋度的动机系统离不开高标准。如果老师没有检查就允许学生做自己的兴趣作业，那么他们就会制造灾难。学生们会尽可能快地潦草了事，不管做得对不对，就为了尽快做自己的兴趣活动。这叫做速度动机。

所以，预先设置好高标准是老师在学生结束时检查作业的一种能力——一般是在指导练习阶段。在指导练习阶段自由的检查作业要求老师的时间和注意力不被打断——比如辅导无助举手者。

因为这个原因，我们对无助举手者的戒除计划讨论要先于动力。你应该能总结前面章节的内容，"能让你在指导练习阶段不被任何事情占据时间，这样你才能检查学生的作业。"

所以，建立高标准是课堂管理的集大成者，它不是你起步的地方。

动机管理现实检查

> **卑鄙的过往**

教育界和课堂动机有一种爱恨交织的关系。在 20 世纪 60 年代，许多教育者是反行为主义者。在 20 世纪 70 年代，在接受了激励因素产生动力的概念后，教育者又变得过度兴奋。

老师被鼓励要为全天下的所有事物提供奖励，管理者批准的成绩优异奖状如此之多，甚至都塞满了垃圾桶。课堂奖励的过度兴奋时代产生了滥用和反滥用的强烈反应。

误解产生了更具争议的反误解。一些理论家担心分数、奖券、娱乐和无聊奖励的过度使用，声称所有的动机都是贿赂，要清除掉它们。

这种反应是典型的"倒洗澡水同时倒掉了孩子"。老师们需要一种在课堂上管理动力的方法，特别是对那些一点都不在乎的学生。

我们不能对动机视而不见，我们需要学习正确使用它。所以，花点时间清理掉干扰因素会有助于我们理解这个话题。

贿赂

为了利用动机同时避免滥用，我们需要理解贿赂。所有动机都是贿赂吗？为了减少混乱，首先要把正式动机分为积极和消极两类。

积极动机系统是指用奖励交换提前建立的工作。这种交换在家庭生活里是日常事件，帮助家长们驱动他们的孩子做事。例如：

- 一旦你们准备睡觉，我们就会有故事时间。

- 一旦你完成了你的家庭作业，你就能看电视。
- 一旦你完成了钢琴练习，你就能去外面玩。

另一方面，消极动机系统指的是在兴致所至时发生的交换。想象一个场合，一个父亲想要他儿子就某些事情进行合作，但他不知道怎么样如愿。当这个孩子说"不"，且不愿意让步，尴尬就开始了。

父亲："比利，我想要你打扫你的房间。"

比利："我不想。"

父亲："现在，我想你房间变得干净。真是一团糟。"

比利："我想到外面去玩！"

父亲："除非你把房间打扫干净！"

比利："我不！"

父亲："你必须去！"

比利："你不能强迫我！"

父亲："听着，如果房间打扫干净了，我给你五十美分，而且你可以出去玩。"

不幸的是，当你错误地运用动机时，它们会打你的脸，并带来和你想要的恰恰相反的东西。在这个例子中，这个父亲刚刚强化了比利的不合作而不是合作行为。

通过坚持立场说不，比利刚刚从摇钱树上摇到了五十美分。如果不吵不闹乖乖打扫他的房间，他一分钱也得不到。

你猜猜下次妈妈和爸爸要他做些家里的琐事时，比利的脑子里会想些什么？场面会变得很难看。

简而言之，贿赂是对动机管理不良情况的写照。如果受过良好的动机管理训练，没人会考虑用这种方式提供动机。

动机无法避免

> 到处都有动机

你认为可以避开动机管理的想法既费劲又幼稚。动机是不可避免的。你在课堂阶段规划工作的任何方法都会产生某种动机系统。你有三个选择，这三者总会发生其一——不管你对此有没有认知。

- **速度动机：** 应用掌握的标准要求你有足够的时间检查学生完成的作业。像前面提到的一样，如果你不经过检查作业就允许学生做他们的兴趣活动，你会制造一种速度动机来训练学生做作业做得"快而马虎"。

- **磨蹭动机：** 如果你不能检查完成的作业，也不愿制造速度动机，那么你剩下的选项也不多了。你可以总是准许"聪明孩子"做兴趣活动，这就是我的老师们所做的，但是剩下的同学不得不做作业直到下课。

不幸的是，这会给班级其余同学制造一种磨蹭动机。学生们会对自己说："反正也得不到什么，为什么要拼命去做？"必须要做到下课的学生们最终会学会放慢速度来拖延时间。

- **卓越动机：** 如果你提供一种兴趣活动，而且运用一种掌握的标准，当你检查学生作业时，你会得到一切——用功和高标准。当然，这就是我们的目标。

> 无法逃离

你也可以习惯如此。你在课堂做的任何事情都会创造某种动机系统。你得到高效管理还是不当管理取决于你是掌握了整体还是一部分。

动机选项	任务	检查作业	兴趣活动
速度	X		X
磨蹭	X		
卓越和用功	X	X	X

建立动力的包装部分

正如你所见，为了建立勤奋度和卓越度，一个老帅必须克服的最严重的逻辑障碍就是责任心。作业检查必须快和低成本，这样才能在学生正好完成任务的时候检查完。下一章整章都会讨论这个主题。

> 检查书写的作业

此刻训练中有人一定会说："我看得出这对数学会有用。但是我教的是社会研究，除了小组讨论，我们的大部分课堂作业都是写作，写作可没有标准答案。我可以做些什么？"

实际上，写作也有标准答案，不管你知不知道。你的头脑中装着写作的标准，当学生们达到了你的标准时，你保留着准许学生做兴趣活动的权力。此外，这些标准会相当的个体化。

写作时的表扬、提示和离开法通常只是为一个句子或一个段落进行润色的小段指导。当学生的写作接近你认为是可嘉的努力时，你可以说："现在最后一段都完成了，写得不错。所需的只是更多一点文采。去翻翻词典，为这三个形容词找到更好的高级词汇，然后再检查一下，你就可以上交并去做你想做的了。"

> 最后一点

我们对于勤奋度和卓越度动机的讨论并不意味着我真的相信这总会奏效。我知道课堂生活能变得有多匆忙和混乱。

但是至少你知道了你的选项。如果你对于勤奋和卓越没有合适的动机系统，通常磨蹭动机就会变成默认模式。如果这种事情不时发生，也不是世界末日，只要你经常提供勤奋和卓越动机，你仍能对你学生的学习态度产生重要的影响。

兴趣活动

> ### 保持低廉的成本

兴趣活动是动机系统的有趣部分，它们给了学生去拼命的理由。

但是，除了具有吸引力之外，兴趣活动还必须廉价。它们必须现成、易用并且只需要老师合理的备课时间。

兴趣活动通常在课堂开始前就已经组织并准备好。在指导练习阶段老师没有时间停下手头忙着的工作去帮助学生着手各种各样的兴趣活动。

我指导六年级老师用的"作品盒"非常有效率。我们会花评分阶段早期的大半个学时来整理我们的作品盒。有了这个投资，老师在指导练习阶段就能自由地教学，不用时不时停下来回答这个问题："现在，我该做什么？"

> ### 兴趣活动的类型

对于一名上课老师来说，可用的兴趣活动相当宽泛和多样。基本上任何学生迫切期待的东西都可以作为兴趣活动，其中许多会放到"课外活动"的名下。下面的一些建议仅供参考。

美术作品：除了我童年课堂黑板上的水彩版画之外，我还记得无数的美术作品、社会研究以及科学单元。

我们绘画了各种东西，从野生动物到细胞结构，从山河地图到茅舍小镇。我们也画了冰屋和原木小屋。

我们会装饰房间。每个即将到来的节日或者返校夜（家长会）都给老师提供了兴趣活动。我们会装饰墙壁和公告板。我至今都无法理解为什么一个老师会花宝贵的时间去打造公告板，这种行为的最终结果不过是抢占了一种绝妙的兴趣活动。

我的高中法语老师特别的聪明。她把五个大扇窗分给了五节课。每节课的兴趣活动就是把一扇窗变成漂亮的彩色玻璃窗。

音乐作品： 当老师做大班教学时，整个班级都可以做大班兴趣活动。我们的外语班特别适合做这种，因为有相当多的练习和听写都是小组活动。

当完成了法语课的彩色玻璃窗后，我们把兴趣活动转移到法国民歌。我现在还能唱一些。我们不得不经常练习，这样我们可以在春假前为整个学校歌唱。

收听中心也创造了很多很好的兴趣活动。一些老师用收听中心来教音乐欣赏课。其他的老师放一些背景音乐使大班的兴趣活动变得更加有趣。有时一小组学生冲刺着完成他们的任务，就是为了去排练学生才艺秀。

学习计划： 我在学校从不问的一个问题是："你想知道什么？"孩子们天性就好奇。这个真理甚至适用于对正常课程包含的内容不那么好奇的学生。

让学生描述他们特别的兴趣可以帮助你确定相关的学习计划。它也许会是矮星或者赛车，但是不论主题是什么，它都可以成为你的研究计划。

所以兴趣活动为老师提供了一种途径，可以用学生积极探索的主题来教授研究技巧。作为计划的一部分，学生还可以准备一个面向全班的报告，并使用视觉辅助手段来完成。

兴趣中心和计算机中心： 兴趣中心是现成的兴趣活动激励因素，此外，接触电脑或任何特殊装备的机会都可以成为强有力的激励因素。

学习游戏： 课程中几乎任何东西都可以以游戏的形式进行教学。我们可以从很多游戏书籍中学习任何东西，从历史到分数乘法。各个年级都可以使用学习解谜和益智的书籍。

消遣阅读和写作： 让学生阅读图书馆书籍是历史悠久的兴趣活动，写日记是另一种传统最爱，还有老师会让学生写班级报纸。

帮助老师： 早早完成作业的学生是天然的同伴教学候选者。训练全班使用表扬、提示和离开方法会教给学生一种宝贵的教学技巧。

一些学生喜欢帮助老师检查作业、撰写测验问题、开发兴趣中心材料或者甚至帮助老师搜索兴趣活动游戏和谜题。你在下堂课前通常能找到一名具有艺术才能的聪明学生帮你制作漂亮的可视化教学方案。

额外的工作： 用兴趣活动时间来赚取额外学分对一些学生特别具有吸引力。背诵诗歌、做更高难度的任务或者准备特殊班级报告就是例子。

一些学生想要在兴趣活动时间做他们的家庭作业。这些学生通常是优等生，他们在课后时间通常还要做些课程外活动。

安排兴趣活动

＞ 一节课一节课地安排

安排兴趣活动的最简单方法是一节课一节课地安排。祖母法则描述了两种活动的结合，一种是你不得不做的（任务），一种是你想要做的（兴趣活动）。

这两种活动是最为普遍的背靠背安排。当你完成了第一个活动（当然要正确的），你就可以做第二种活动，直到一次课结束。

但是，有时这种安排会让老师和学生感觉整天都很匆忙，没有足够的时间真正地进行兴趣活动。在这种情况下，老师可能需要考虑功课控制。

＞ 功课控制

功课控制就是一系列任务完成之后的兴趣活动。自立的课堂里，老师也许会在一天所有的任务完成后把剩下的时间全留给兴趣活动。

在高年级或者高中，老师更喜欢在每周星期五进行一次兴趣活动。

有一种组织每周作业约定的聪明方式叫做"疯狂周五"。当然这必须是一周任务都完成的情况下。一旦学生完成了本周的所有作业，他们就可以开始兴趣活动时间。老师可以这样跟全班解释"疯狂周五"的规矩：

"同学们，明天我们将进行'疯狂周五'。让我提醒你们它是怎么一回事。在你开始'疯狂周五'前，这周的所有作业必须全部完成并上交，只有这样你才能参加。

对于'疯狂周五'来说，我会在黑板上写七个任务。你可以选择其中任何四个，忽略其余三个。当你令我满意地完成了四个任务并上交后，你就可以在剩下的时间里做你喜欢的事了。"

一些老师有两个清单，A 和 B，核心主题在清单 A 里面。学生必须在清单 A 里选两个任务，在清单 B 里选两个任务。这种设置可以防止学生避开所有重要的主题。

成年人很难理解对于年轻人来说能控制自己命运有多幸福。一个实施了"疯狂周五"的老师在放学后发现大量家长冲进教室对他说：

"我从儿子那里听说学生可以在周五整天做任何想做的事情。这是真的吗？孩子们一周只做四天作业？"

家长当然有点误解了。孩子应该是这样说的："我们可以在周五做任何想做的事情。"在这种自由选择的兴奋之下，学生没能澄清"我们想要做的任何事"包括相当于一整天的学术作业。但是，能自由选择该有多幸福！

娱乐细胞

你无法不享受兴趣活动的时光。一些老师就是有娱乐细胞，他们将之带进课堂，找到发挥它的方法。

但是，实施兴趣活动时间的代价对老师来说必须可以承受。作业检查必须方便，组织必须简单，兴趣活动的组成种类必须是现成的。

如果教学组成员一起努力收集兴趣活动的想法和材料并将之储存到一个中央"兴趣活动时间银行"，使用兴趣活动就可以变得容易得多。能发现越来越多的使学习产生乐趣的办法，是我们作为老师的职业成长标志。

理解了动机系统，我们就可以带着乐趣学习，为了自由而努力。因此，带着乐趣学习是提高教育标准的主要途径。记住动机管理的座右铭：没有乐趣就没有工作。

第 10 章
培养责任感

- 为了使动机系统保持运行，需要进行持续的作业检查，确保学生认真仔细而不是匆忙地完成作业。
- 质量控制要求对作业过程进行设计，这样就会自然产生卓越的品质。
- 说、看、做教学法和独立学习的构建提供了一种新的"生产过程"，在此基础上可以建立起对卓越的追求。
- 质量控制要求第一次就正确地制造出产品。要实现这一点，就需要以完全结构化的练习形式来上一堂课，并且在指导练习阶段进行连续性的作业检查工作。
- 当作业过于复杂而很难去快速翻阅和检查时，老师该去寻求帮助。让学生认真检查他们自己的作业可以解决这个问题。

建立卓越

＞ 责任感和卓越度

对学生来说，动机系统都和兴趣活动有关。对于无所谓的学生来说，兴趣活动通常是付出真正努力去完成任务的唯一理由。这些学生需要短期目标。

但是，正如我们在前面一章学到的，在建立动力的过程中还有另外一种关键要素——掌握标准。掌握标准要求学生正确地做作业，又要求作业在完成的时候就要得到检查。除非你同时建立了卓越度，否则你不可能建立勤奋度。

> **质量控制**

在教育界我们不厌其烦地谈论着建立卓越和提高标准。我们谈论卓越的能力看起来和我们制造卓越的能力成反比。

孩子们的主要工作环境是学校。他们的学习态度是在课堂通过他们自身的经验来建立的。

在课堂上我们试图用努力代替懒惰，用认真代替马虎。我们对学生的标准比他们对自己的要求更高是很自然的。如果无所谓的学生没能在我们的课堂里学到好的学习习惯，他们可能终其一生都不会改变。

如果我们想要成为卓越的铸就者而非夸夸其谈者，就必须明白如何建立卓越。卓越在课堂产生的方式和它在卡特彼勒、惠普或者英特尔公司建立的方式是一样的。卓越的建造被称为质量控制。

质量控制的目标是训练学生达到我们的标准，而不是我们降低标准来配合他们之前的学习态度。为了达成这个目标，我们必须花点时间来学习质量控制技术。

普通人的卓越工作

> **普通劳动力**

很少有学生能早上一起床就悠然神往地说："也许他们今天终究会教我法案怎么变成法律。"实际上，很多学生并不是如我们"期待设定"的那样，他们一点儿都不知道我们所教大部分课程的最终目标是什么。

一些学生会顺从我们并且不假思索地尽力做好。但是，其他人对学习采用的是更加实用主义的做法。他们会习惯性地问关于动力的问题，"为什么我应该如此？"除非他们能得到一个满意答案，否则会对我们的努力不加理会。

在教育圈外，这类每天都能在课堂见到的各种随机性格被称为"普通劳动力"。一些人是"狂热分子"，一些人是"强硬者"，其他大部分在这两者之间。为了取得成功，我们必须要求每个人都把作业做好。

> **卓越从何而来？**

一些学生会尽力把作业做好，但这取决于你的课是否有趣。显然，相关的课比无关的课要好，而有趣的课比沉闷的课要好。

但是如果你认为动力的主要来源是课堂内容抓住学生灵魂的能力，那么记住，一般劳动力们日复一日地生产一些小部件，但他们对于小部件肯定没有多么深沉的爱。在一些地方他们会生产出卓越的小部件，在另外一些地方他们会生产出有缺陷的小部件。

而有些学生会尽力把作业做好是因为他们明白学习的重要性。一些学生在早年就学会了："如果某些事值得做，它就值得做好。"

但是如果你认为动力的主要来源是学生的学习态度，那么记住，追求完美的工匠是例外而不是常有。课堂就像汽车工厂一样，你不得不依靠普通劳动力来生产卓越品，否则你没法产生卓越。

> **动员劳动力**

所以，工业领袖和课堂老师所应对的都是同样的原材料，即具有各种怪癖的人类。任何领导者都需要面对这个问题："你怎么去动员一个普通劳动力做出卓越的工作？"

质量控制的地点

质量控制可以应用到下面生产过程中任一过程的任何地点：

- 生产中质量控制——在生产过程阶段。
- 生产后质量控制——生产最终阶段。

> ### 生产中质量控制

想象有一名汽车工厂的工人，就叫他乔吧，他的工作是把收音机的电线连到后置扬声器上。为了做到这个，乔必须连接三条电线：顶端的蓝线、中间的黄线和底端的红线。

但是，乔是个新手，他没有把工作做对，他把红线连到顶部而蓝线连到底部去了。

生产线上的质量控制监理，叫她卡罗尔吧，一个一个点地进行巡视检查工作。当她仔细观察这名新工人时，她注意到了连线的错误。

理想情况下，接下来应该是一个短暂、愉快并高效的交流过程来纠正错误。卡罗尔会说：

"这些扬声器的接线应该是蓝线在顶端，红线在底端。我会在这张卡片上画张示意图来供你核对。"

在这个例子中，纠错反馈采用的形式是带有快速参考可视化教学方案的提示和离开法。教学快速有效，不会产生防卫心理。在接下来一天内这项工作应该会被正确地执行。

重要的是，卡罗尔做的很少，但是她确保了负责接线工作的人将会进行正确操作。她可以继续自由地巡视生产线。

> ### 生产后质量控制

假设这个接线错误没有在生产中得到纠正。在生产线的末端，质量控制团队接手了。

汽车工厂的这些专家是快速诊断和快速修理的艺术家。他们有一张很长的检查清单，他们一项一项地对汽车进行全面检查来确保一切良好。

假设这个检查员名叫雷蒙德，准备按照清单全面检查一遍。他依次快速检测了点火装置、前灯和收音机。他转了转后置扬声器的音量旋钮，什么声音都没有。

"这是今天早上的第三起了！"他爆发了。他将汽车熄火然后启动诊断程序。找到问题后，他把安反了的电线装回来，

质量控制类型	
生产中质量控制	生产后质量控制
●快速（表扬、提示和离开）	●缓慢（拆掉重来）
●连续	●延迟
●预防性	●纠正性
●低廉	●昂贵

然后跳回汽车重新检查后置扬声器。

＞　生产后质量控制是昂贵的

正如你所见，生产后质量控制专家的工作比生产中监理员的工作远要复杂和耗时得多。在纠错反馈中，生产后专家花掉的不是几秒钟，他必须诊断问题、拆开问题单元并且重新装好。

结果，生产后质量控制成为了高强度、高耗时和令人恼怒的工作。它对于生产过程没有影响，它不是预防问题发生，而是修复它们。在旧错误被修复的同时新错误正在被制造。

这样比较一下生产中和生产后质量控制的性价比，可以得出一条质量控制的首要原则：

第一次就制造正确的成本总是更低。

就像俗话说的：

如果你没时间在第一次就制造正确，你什么时候有时间去修理它？

下次你带着一堆作业回家评分的时候，你也许会希望自己考虑过这些话。

零缺陷生产

＞　卓越是原始产品

零缺陷生产是工业质量管理中的一个概念。它指的是从头开始设计整

个生产过程，使得原始产品在被生产出来时就是卓越的。评估过程要被内建到生产过程的每一步当中。工人不但要接受工作内容的训练，而且还要接受在产品被传走前去检查和确认工作完成质量的训练。生产中质量控制的监理员只需要和工人一起强化这种检查常规程序，以使他们第一次就把工作做对。

所以，过程中随时可以立即检测并纠正错误。一个经常被引用的例子是，丰田生产线的工人任何时候看到什么不对就可以拉动头上方的线来停止生产过程，每一名工人都是卓越文化的一部分。

> **卓越不是附加品**

与之相反，高级管理层提高质量控制的常见幼稚举措是把重点放在加强现有的生产过程监督上面。但是工人未经训练也没有融入到质量控制的努力当中。结果就会是，很大程度上仍然依靠生产后质量控制，这使得对卓越度的追求在错误率到达卓越度定义的标准前就会"撞墙"。

工人必须经过训练才能成为质量控制过程的内在部分。例如，丰田公司的生产工人要接受 500 小时的训练，就是为了成为质量控制循环的一部分。这种训练包括了统计学课程，这样他们可以分辨某个缺陷是随机误差还是系统误差的结果。

课堂的零缺陷生产

> **上课时的质量控制**

你可以把本书看作是一本关于课堂零缺陷生产的文档。为了看清质量控制的各个拼图块如何组装在一起，让我们回到数学课的黑板前来一瞥全局。

说、看、做教学法： 我们带着学生一次一步地走完了计算过程，每一步都检查了他们的作业。

结构化的练习：我们带着学生做了关于该计算方法的三四个例题。尽管现在节奏在逐渐加快，我们仍然能够在每一步后立刻检查他们的作业。我们创造了完美练习，学生们正在接近自动学习。

可视化教学方案：针对上课内容的可视教学方案清楚可见。在指导练习阶段，学生们任何时候看一眼可视化教学方案就可以复习前面的教学。

指导练习：在指导练习阶段，学生们开始自己做作业。为了监督"生产"，我们去管理全班，但是只有很少的学生需要帮助，很多学生已经处于独立练习状态，需要帮助的学生也找不到黏人的理由。

表扬、提示和离开法：如果有学生确实需要帮助，我们可以使用表扬、提示和离开法，再结合可视教学方案法来争取在数秒内离开。如果一名无助举手者试图黏人，我们可以立即切换到戒除计划。

生产中质量控制：在指导练习阶段，我们应当相对不那么投入。我们已经可以免受辅导无助举手者之苦，现在能通过检查做完的作业来做一些生产中质量控制了。

勤奋和卓越的动机：既然作业在完成的时候就能得到检查，我们可以实施掌握标准来给予学生接触兴趣活动的机会，避免了制造速度动机。学生们倾向于被短期目标所驱动。

＞ 放学后的红利

大部分作业检查在上课时就已经做完，你以前在放学后付出的教学时间现在可以投资给那些产出最大的活动了，最好把这些时间用于计划明天的教学而不是用来完成昨天的文书工作。

当然，一些作业还是会被带回家。最终稿的作文必须要读，在空白处要写一些表扬的话，否则学生们会感到你对他们不关心。而且，由于课堂生活中常见的干扰和中断行为，一些作业评分工作会被遗留下来。但是至少，你节约了大部分的时间来做明天的工作。

作业检查的传统方法

> 作业评分陷阱

老师们让学生把作业带回家，希望这种额外的努力能以某种方式转化为更好的学习效果，然而大多数学生却把这些作业扔进垃圾桶。

学生们在以行动给我们上关于质量控制的一课。当我们接受一个学生的作业时，我们在清楚地提醒他们生产过程已结束。在学生的眼中，他们已经完成了任务。明天再重燃对同一任务的热情无异于将拉撒路从死亡中复苏。

此外，如果接受有错误的作业，老师们就等于是在教育学生：平庸的作业也可以接受。这种质量控制当中的普遍错误可以用下面这条原则来表示：

任何工作场所的卓越标准是由你能接受的最马虎的工作所定义的。

> 检查课堂作业

许多老师为了防止昨晚的作业评分工作被浪费掉，第二天会再次在课堂上一份一份地检查作业。这样做不但非常无聊而且很没有效率——此过程绝对会让大部分同学感到无精打采。

"有人想要我复习昨天学的第一题吗？"

假设有半打学生真的在乎这个。这意味着 30 名学生里面有 24 名不在乎。这种练习不会产生很好的时效比——1：5。老师这样做的回报只会是一个吵闹的班级。

这些作业评分中产生的问题都属于生产后质量控制的代价。生产后质量控制是"疲劳教学"的副产物，因为你没有时间在学生刚做完作业的时候就去检查。

> **疲劳教学是昂贵的**

在疲劳教学时，你努力授课，由于认知超载问题，你在指导练习阶段辅导无助举手者甚至要更加努力。因为太忙，你在指导练习阶段没时间检查作业，作业评分工作会花掉你晚上的时间。

与之相反，说、看、做教学法会使作业检查工作变得容易。因为减少了辅导的需要，指导练习阶段的帮助互动变得少而简短。这让老师得到了解放，可以把时间花在有意愿学习的学生身上。作业检查可以在管理全班时顺便进行。我们把这种指导练习阶段的作业检查模式称为"巡航式检查法"。

如果你想要使责任成本昂贵，在上完课之后再进行作业检查（生产后）。如果你想要使责任成本低廉，在课堂上作业完成之际就进行作业检查（生产中）。

相对于说看做教学法，疲劳教学带来的慢性过度工作创造了下面的这句反讽语：

你越努力，制造的卓越工作就越少；

你做的越少，你能制造的卓越工作越多。

检查复杂作业

> **检查需要时间**

当你在指导练习阶段帮助某个学生时，你必须一直把检查作业当作进行纠错反馈的契机。因为叽叽喳喳的吵闹声会在十秒钟之内遍布全班，作业检查必须要快速完成。

> **复杂会减慢速度**

你游走在学生中检查作业的能力很大程度上取决于作业本身的视觉复杂度。如果作业够复杂，作业检查工作就会慢下来。

如果作业检查慢了，你就会失去管理全班和检查作业的能力。这又会损害你推行掌握标准的能力。结果，勤奋和卓越的动机变成了泡影。

为了提高处理视觉复杂性作业的速度，我们必须变得更加高效。一种方法是你自己变得更加高效。第二种方法是利用学生来检查作业，将之作为质量控制的一部分。

自己检查作业

> 标准答案

让我们回到数学课，因为它具有按部就班的本质和视觉的清楚性。在测试完数学作业检查工作后，我们可以换到更复杂的任务比如写作上去。

我在前一章提到过，在指导练习阶段老师可以带着标准答案进行数学作业检查，但是传统的标准答案胜任不了这一工作。

我们回顾一下第 6 章描述的纠错反馈的生物学本质。在进行评价时，我们的眼睛会自然盯住错误，当说话时，我们会倾向于关注错误。

传统标准答案与这种自然方式完美契合，它们就是简单地列出每一道题目的正确答案。

检查作业历来都等同于检查错误的题目——用红色标记。这种方式的作业检查会使学生灰心，并忽视任何学生做对了的正在提高学习的信息。这就像在跟学生说：

"你搞砸了，再试一次。"

传统标准答案会让我们使用表扬、提示和离开法的努力变成了制造挫败感。若要施行表扬、提示和离开法，我们需要在得到最终答案前同时看到学生题目做对和做错的部分。正确的部分请表扬，错误的部分请加以提示。

当然你可以在头脑里进行这些检查操作，但是这会花太长时间，而且容易犯错。如果作业变得更复杂，这两个问题则会更糟糕。

> "检查大师"

为了快速和准确地检查问题本身，你需要一种新的检查辅助手段——

"检查大师"。"检查大师"可以显示包括答案在内的整个题目解答过程，这样作业检查就会变成一系列的快速扫描，就像下面的三位数乘法例子所示，并标记出匹配和不匹配的地方。

学生作业		检查大师
276		276
×598		× 598
2208 ———— 匹配 ————		2208
2474 ———— 不匹配 ————		2484
1380 ———— 匹配 ————		1380
164948		165048

这样进行纠错反馈：

匹配：表扬

第一个不匹配：提示

你的帮助互动应该听起来像这样：

"你已经正确地乘了 5 和 8，检查一下 9 的乘法，再加上去。我一会儿就回来。"

> 制作"检查大师"

因为教科书公司不会出版"检查大师"，所以你从哪里获得它们？你可以提前准备，但是这会浪费宝贵的备课时间。有一种更简单的办法。

如果可以，让孩子们帮你做。如果数学课的优生有能力检查自己的作业，他们就能够提供所有的"检查大师"。如果这种办法不太实际，那么可以在前一天找一些书写良好的聪明孩子做这个，可以作为额外学分奖励他们。

把每一堂课的"检查大师"和可视化教学方案放到一个文档里。它可以为下学期做准备。

让学生检查作业

> ## 求助

当你被作业检查的工作量和复杂性所挫败时，是时候改换策略了。如果你不能坚持住，是时候求助了。

教室里最好用的免费劳动力在哪里？当然是学生！要花掉一个人三十分钟的作业检查工作可能只需要三十个人每人一分钟。老师总是可以利用这一逻辑，让学生们相互交换作业评分。

但是，你必须训练学生仔细并且诚实地检查作业。怎样才能组织全班这样做？当然，不能让他们互相包庇。

> ## 数学课堂的"保持诚实"游戏

孩子们天性热爱竞争。我们可以利用这点来教他们认真和诚实。为了达到目标，我们可以玩一个叫"保持诚实"的游戏。

将数学课的学生分为两队。A 队的每个人与 B 队的每一个人配对。把每一对同学的课桌拼在一起。

在黑板上写一道题目，给学生一个时间限制来完成这个题目。

"好了，同学们，你们有两分钟做下一道题。准备好了吗？开始！"

时间快到时提醒一下学生们。

"同学们，你们还有 15 秒。"

当时间到了的时候，走下面的检查流程：

- "时间到！交换你的作业本。"
- "答案是……"
- "给作业评分并归还。"
- "A 队有多少人做对了？"（学生们举手）
- "B 队有多少人？"

- "现在比分是 _ 比 _。"
- "好了，同学们，下一道题你们有三分钟时间……"

A 队的学生会让 B 队的学生有额外的时间做题吗？不太会！他们会说，"我要收作业了！"然后抢过作业本。

A 队会有人为了 B 队的人作弊吗？不可能！

在作业本归还后，A 队的学生们会让他们的对手在没做对的情况下举手吗？你认为呢？

整个流程只要几秒钟，每个队都会让另一个队的人保持诚实。老师在每一道题后统计每个队的正确答案数，加到每个队的总分上面。每加一道题，分数就会增加，竞争的压力也建立了。

无论何时，当学校作业以这种团队竞争的形式呈现时，学生都会把它看作一种游戏而不是一个任务。每个人都是赢家。学生们玩得高兴，你也不用带着作业本回家。

＞　团队竞争

让学生认真检查各自的作业是团队竞争的副产品，这种竞争给我们提供了一种可以应用到更多情况的通用模式。例如，你可以让每一个合作学习小组变成一个队，你甚至可以让这些队伍组成一个具有排名机制的联赛。

根据所安排任务的完成情况来给每一个队伍评分。对此任务进行作业检查时，随机给队伍成员配对。假设其中一对叫做 A 队和 B 队。

让 A 队和 B 队交换作业，这样每个人都可以给另一个队伍的一个人打分。制订一个打分标准，这样学生的评分可以参照你的标准。按照下面的方式进行评分：

- 每个队的每个正确答案都打一分。
- A 队在 B 队作业里发现的错误算作 A 队的额外一分。
- 然后归还作业进行复查。一个队检查出现的失误都算作另一个队的额外 2 分。

- 该任务的团队总分通过作业检查得分加上正确答题得分计算而出。

学生们会再次认真检查作业，同时监督彼此是否诚实。这一模式可以应用到任何学科，甚至是外语课。

> 外语课

一名高中外语课老师向我抱怨她"丢失的周末"。她描述到，她的汽车一个学期要被学生的语言作业本塞满三次，而且每个周末除了要给相当于六周的语言作业评分之外什么都做不了。

为了减少她的工作负担，同时更高效地检查作业，我建议她以学习小组为单位来重新组织全班同学。她把全班分为四个组，每一组有一名学生作为小组长，然后她让小组长训练组员们准备接下来的测试。结果学生的考试成绩有了质的飞跃。

然后她让组与组之间进行竞争。考试前的复习变得更加以任务为导向并且更加激烈。结果，学生的考试成绩再一次飞跃了。

接下来她为作业之外每一种类型的语言练习开发了一种可视化教学方案。她制作了可视化教学方案，这样学生们在检查作业时就有了很好的视觉指南。

解决问题的最后一步是将"保持诚实"模式应用到作业检查过程当中。她让各个小组相互交换检查和复查语言作业本。

这像魔法一般奏效了。这位老师说，"上周我们在 12 分钟内就检查完了作业！再也没有'丢失的周末'了！"

质量控制流程

> 建立学习小组

交作业的学生很多，但是老师只有一个。如果你想要在作业做完时就马上检查作业，你就需要一些帮助。

教学生检查自己的作业应该成为每一堂课的一部分。不然学生怎么知道他们是否做对了？

在工业上，为了使质量管理成为日常任务，工人们被纳入到质量控制流程里。就像前面提到的一样，工人要接受广泛的"在职训练"，这样他们就能成为质量控制团队的一份子。

同样的道理也适用于课堂。如果学生们理解了任务，就应该能自己检查它。学生检查作业的能力实际上是掌握知识的关键部分，这对于写作作业和计算作业也是一样的。

通常我们在互助学习或者实验作业的时候已经设置了学习小组。让这样的小组帮助检查作业也代表了他们责任感的一种延伸。

＞　写作的作业检查

检查写作作业时，将两种不同的功能分开很重要：

- **文字编辑**：文字编辑要负责文字的清整——拼写、标点符号等。
- **策划编辑**：策划编辑负责思路的逻辑发展。

你最好尽可能多地培养文字编辑，这样你就能集中注意力干策划编辑的活了。文字编辑工作不但会消耗你的时间，而且它会制造"流血作业"——学生认为最令人沮丧的作业。如果学生可以干使作业免于"流血"的文字编辑工作，他们会更高兴，你也能被解放去做策划编辑的工作。

＞　文字编辑的作业检查

假设你已经把全班学生分为成对的搭档来进行搭档学习。将每两对配成一队形成一个"伙伴方队"。做文字编辑时，每个学生的作业要先给方队的一个成员检查，然后再给方队的另一个成员检查。

低年级的作业检查可以简化一点，集中在写作的一个方面，比如对话中的引号使用方法。更高年级的学生可以教他们使用文字编辑用的苛刻标记，以一种全面理解的系统性方式来检查写作。

> ### 减少你作为总编辑的工作负担

当你在指导练习阶段"巡视检查"时，大部分的策划编辑工作可以在生产中完成。你可以不用标准答案就能扫视一遍作业，而且因为你处于机动状态，所以你能在指导练习阶段和一名学生交流好几次。这会帮助你在学生刚写完时就塑造好成形作品。这种短暂互动听起来可能是这样的：

"你的这个段落主题句里面有两个意思。我们来让这个意思作为这段话的主题，另一个意思作为下一段的主题。"

学生们在把策划编辑的工作纳入到写作过程中时，可以做很多这样的工作。在前面提到过的"说、看、做教学法"内容里，老师可以采用学习小组来实施。这种方式指的是老师让学生们互相阅读各自的作文，并在边缘空白处标记出好的段落，然后老师可以把最好的作文读给全班听，并集中讨论那些使一篇作文脱颖而出的亮点。以这种活动为起点，可以在课堂上构建出一种写作模式，用在接下来的写作上面。

参加"写作计划"——通常由本地大学发起——可以给你提供更多的选项，使写作变成一种涵括检查和编辑的互动过程。给整个团队成员进行这样的训练可以帮助他们把写作贯穿到所有学科领域去。

新观点

教育模式越接近于说、看、做循环，作业检查和纠错反馈就会越多地整合到学生的学习过程当中。与之相反，老师越多地垄断学习过程，就要越多地承担脱离学习的作业检查和纠错反馈工作，使之成为一种额外的工作。

此外，你越熟练地掌握质量控制，你就能越多地教育学生在学习的时候不依靠你。你再也不用自己干所有的活，他们不但能完成作业，而且还能在你的监督下完成作业检查。

第 11 章

成功从第一天开始

- 学生会敏锐地评估高效构建课堂的缺失。他们能分辨出他们的老师是积极的还是消极的，是"老手"还是"新手"。
- 任何课堂的规矩都由这一现实所定义——"任一学生可以蒙混过关的情景"。
- 在一个典型的课堂上，大部分的管理都会缺席。学生们吊儿郎当是因为老师没有构建更好的事情让他们去做。
- 结构化在学生进入教室时就要开始。
- 发展良好的日常包含了上课铃作业，从一开始就发出信号表示课堂既是一个学习环境也是一个友好、个人化的环境。

快速开始

> 观察你

想象一下这是你教师生涯的第一天。你还是个新手。

想象这样一种学制。你在上课铃声响起有六次机会开始这一天。你在本地高中 101 教室教世界历史。

课堂管理迅速开始。如果第一节课在早上八点钟开始，学生就会在八点钟知道你有多擅长课堂管理。他们非常精明。

但是，学生会给你 48 小时的"蜜月期"。在有时间把你观察个透之前，他们会保守观望。在"蜜月期"结束后，你会弄清楚教室里面真正的规矩是什么。

＞　实际行动就是法律

当然，你可以有你自己的规矩。老师们喜欢告诉学生自己的规矩。

在一些教室里，老师的意志真的被贯彻了下去，但是在大部分教室里不会。学生们知道空话易说，行胜于言。任何一个教室的规矩都由实际行为所定义——老师所允许做的事情。所以，学生们要观察。

例如，如果你要求全班同学集中精神注意你正在讲的，但是你不能有效处理说小话行为，学生就会知道集中注意力是非强制的。如果你要求全班同学在发言时要轮流来，但是你偶尔接受被一名学生打断，因为他或她有好的想法，学生们就会知道他们在讨论的时候可以自由打断对方。

课堂规矩最终是由任何一个学生能脱身的东西所决定的，所以学生们就会观察。你所做的每一件事都是一堂课，在正式给学生上课前，你先要规范自己的一言一行。

第一课

＞　开课

假设你在第一节课的下课铃响前有 13 分钟时间，这时第一个学生进入你的教室。然后学生就知道你刚刚教了学年的第一课，他可以随意地进入你的课堂。

学生怎么会知道这个？因为，他刚刚这么做了！记住，你的规矩由实际行动所规定。

没有什么欢迎、没有什么期待的交流、没有什么特别可以做的。既然你放弃了构建这种场景，构建的工作自然就留给了学生。

如果在"蜜月期"结束后学生们仍旧打闹着、大笑着、互相推挤着进入你的课堂，不要感到惊讶，这是你咎由自取。

典型的课堂都缺乏大部分的管理行为。学生们吊儿郎当是因为老师没有为他们构建更好的事情去做。

> 第二个学生进来

在上课铃响之前你还有 12 分钟时间，这时第二个学生进入了教室。你现在有两名学生了。你认为他们会做什么？

"嘿，杰克逊，你去哪里了？"

"闲逛。我听说你出城了。"

"是啊。就一周时间。啧啧，我听说你又和香侬出去了……"

很惊讶吧！他们在闲聊。你的不作为让他们默认；你刚刚教了学年的第二课，进入我的课堂后，你可以进行社交。

孩子们有重要事件要分享，你有什么重要事情让他们做吗？

现在在铃响前还有 10 分钟时间，8 个孩子在教室里随意站着、谈笑着。

现在在铃响前还有 5 分钟时间，仍有 20 个孩子在教室里随意站着、谈笑着。

上课铃响之前还有 1 分钟时间，每个人都随意站着、谈笑着。既然你已经允许这种"茶话会"开始，你又要如何停下它？

> 铃响了

八点钟的铃响了。同学们都知道：你刚刚教了学年的第三课，铃响的时候不用立刻坐到自己位置上。

为什么他们要担心这个？你自己都不担心。根本就没有日常规定要求学生坐好并准备上课，不要指望学生们会比你更严肃地对待课堂构建。

> 让他们坐到自己座位上

既然学生们在铃响时都没有在自己的座位上，你怎样让他们就位？

"同学们，上课铃已经响了。请大家坐好。我们今天要学的内容很多，所以要赶快开始。所有人都坐到自己座位上去！"

学生们刚刚观察了你进行课堂管理的公开行动。但是他们看到了什么课堂管理"技术"呢？没有，你用的是世界上最广泛的管理技术：叨叨不绝。学生们已经熟悉你了：你刚教了学年的第四课，为了让我们做事，你会唠叨。

唠叨也许是世界上使用最广泛的管理技术，也是最低效的之一。大部分学生在幼儿园前就已经学会无视它。

> 关于消磨时间的一课

学生们现在会给你上一节关于消磨时间的课。郑重声明，学生们喜欢上课的时间短一点，中间的休息时间长一点。

结果，不管你给予学生多少的课堂过渡时间，也不会够。如果你给学生三分钟，他们会需要五分钟。如果你给他们五分钟，他们会需要七分钟。学生们知道怎么样磨蹭着延长休息时间。

所以，当你告诉全班就坐时，有三个学生打断说，"现在要削铅笔了。"这时你会如何应对？

"你们这几个削铅笔的，请坐好。你在上学前有足够的时间削铅笔。坐好，我们才能开始上课。"

你刚刚教了学年的第五课：如果唠叨不能奏效，我会唠叨得更多。

> 放弃课桌

"所有人，都坐好。"开玩笑，刚刚你也这么说过。所有人都心知肚明：这是学年的第六课，他们可以坐在任何地方。

现在，假设你班上最大的捣蛋鬼——他让你开始质疑你的职业选择。让我们叫他拉里吧。每个班都有一个拉里。

如果你说，"所有人，都坐好。"你认为拉里最后会坐在哪里？拉里知道他坐得离你越远，他就越能蒙混过关。结果，他会最终与他的哥们儿一起坐到教室后排。如果你给他们机会，那将是混子们一直坐的地方。

这看起来可不妙。你的"稚嫩"开始显现出来了。学生们摩拳擦掌地想着，"好了！这一节课我们要反击。"

学生们在给你的课堂管理技巧评级，目前，他们没有看到什么风格。他们在领导能力的最基本层面评价你——积极还是消极。

积极 vs 消极

积极意味着"提前行动"。积极的人是天生的领导者、天生的家长。他们知道怎样去组织，并且他们会早早做好组织。

例如，假设你有一名四岁大和七岁大的孩子，你计划在下周拜访祖母。她住的地方有三个小时路程。

你要为此做什么准备工作？我记得我的妻子乔·琳内是怎么做的。她有一整套法子。

在旅程前一周，她会买些图画书和新彩笔。那一周她会到杂货店囤积苹果、橙子和野餐的东西。

在旅行的那天早上，她把图画书和彩笔以及铅笔盒和平板放到一个纸包里，同时苹果和橙子切片和一些饼干放到另一个纸包里。此外她还会收集一些故事书和游戏有时还会加上魔术画板作为增补。

在我们把汽车倒出车库行车道时，孩子们已经被他们的新彩笔和图画书所占据了。饼干随着"表现得真好"的表扬声在驾驶途中被分光了。除了这些饼干，我们会在去祖母家的半路上，一个我们最爱的有秋千组合架的路边公园停下来进行野餐。

乔·琳内掌控一切，她提前积极主动地计划并组织去祖母家的旅行。她可不是傻瓜，她知道如果不好好组织这趟旅行会变成什么样。

但是一些人可不这么认为，他们只会将孩子们扔到后座上，就开始出发。

在他们走出半英里远之前，大孩子从小孩子那里抢了什么东西，小孩子发出一声尖叫，又把它抢回来，大点的孩子推开小点的孩子，小孩子打了大孩子（坏主意），大孩子于是抽了小孩子一顿，小孩子人哭起来。

父母中的一个转过来开始训斥：

"现在你们俩给我停下来！你，坐在这边，你坐在那一边。你们两个都给我把手收回去！我不想在去祖母家的路上再听到这些乱糟糟的吵闹声了！"

父母也许不想听到这种乱糟糟，但是他们会听到。如果没有计划阻止这个，他们就必须接受现实。

> ### 消极管理的声音

消极管理有一种特有的语言模式。这种语言模式就是：叨叨不绝。

当你唠叨时，你在做标记，你试图训练别人做事的程序已经失败。例如：

"我厌倦了进入你的房间后看到你的衣服满地都是！你给我听着！我活在这个世上可不是跟在你后面收拾东西的。"

你听过这种话吗？这个家长训练孩子做事失败的程序是什么？自己收拾东西，要么放到衣柜里面去，要么放到提篮里去。

> ### 注意程序

使积极人士不同凡响的不是他们的目标和目的，而是他们的程序。积极人士知道为了完成任务如何去组织一个活动。消极人士要么不知道如何组织一个活动，要么是太懒不愿麻烦。结果，他们必须应对这种构建缺乏造成的灾难。

> ### 课堂构建

让一整个教室的年轻人快速顺利地完成事情，将行为构建放到了一个远高于日常家庭生活的层面。在细节和精确度上，它要超过你从你父母那里所记得的东西。要知道，你的父母没有试过管理 30 个孩子，而且他们没有试过一整天一个接一个地管理复杂活动。

习惯课堂所需的这种层次的构建对于新老师来说是一大步，很可能你之前从来没有这样作为过，你从没有允许你自己进行过这样的"控制"。

让我们再给我们的新手老师在学年开始一次尝试的机会。在这次尝试中，我们通过检查一些可能是最有用的日常活动来仔细观察一下积极管理。

再次开始

> 前一天

当学生们出现时，再积极也已经晚了。在开学的前一天，站到你的教室前面然后环视一圈。教室有多大？空间可以成为给予你自由行动机会的朋友，或者成为让你束手束脚的敌人。为了实施学习行为，你在教室里面必须负责构建的第一个特性就是空间。

> 房间布置

你会怎么摆放课桌椅？你能轻易地四处走动吗？教室构建的第一个关键要素就是房间布置。这个主题在第 3 章的"管理全班"和第 4 章的"布置房间"已经透彻讨论过。复习一下，可能让学生游手好闲的最大单个变量是他们与你的物理距离，"邻近"是这个游戏的名字。

能整顿班级纪律的老师看起来能轻易移动，他们通过移动来实施邻近原则。他们管理全班是因为他们知道要么你管理全班，要么全班管理你。

移动性的最大障碍是课桌椅。你需要步行道——宽阔的走道，这样你就能在学生中间轻易地游走。房间布置是一种在教室正常人群里面制造走道的艺术。最佳的房间布置可以让你以最少的步伐从一个学生走到另一个学生面前。

你的首要工作之一就是构建教室，负责课桌椅的摆向。这可能需要与校长和督学进行商讨来取得他们的理解和合作。

> **课桌挪动**

你认为当 30 个学生占领这些课桌时会发生什么？学生们活力四射，他们会到处走，他们上上下下折腾，他们的课桌也会随着他们移动。

在管理全班时我们必须克服的下一个障碍就是课桌挪动。课桌悄悄挪动不到一英尺就能阻断一条走道。

为了控制课桌挪动，你需要视觉标记来告诉学生们课桌椅怎么摆。课桌椅必须在每次课间休息时摆正，否则步行道会消失。有了清楚的视觉标记，你可以在课间休息时说：

"……你们把作业交上来，在削好铅笔坐到位子上之前，先把你们的课桌搬回各自的标记上。"

最低廉的视觉标记是"胶带点"。胶带点就是你撕下一小条打包胶带，把它粘在地板上。它比你的指头尖还小点。课桌前面两只脚与地板接触的两个点就确定了课桌的位置。

在学生出现的前一天，你可以在你摆好课桌椅后把胶带点贴满地板。但是不要担心，做完这次你就不用再做了，当胶带点被正常磨损掉之后，你可以让学生们做这种事，以后这会成为他们常规的教室杂活。

有时管理者和督学在看到胶带点突然出现在他们新刷或者新装的地板上时会勃然大怒，这就是你要与有关方面打好招呼的另一个原因。如果你不想积极主动地做些团队建设工作，就会面对消极管理带来的麻烦。

顺便说一句，胶带点也有替代形式。到五年级时，如果老师使用了横线（见第 4 章），学生们可以根据墙壁上的几个标记来摆齐课桌。我也见过老师们在同一个教室使用不同颜色的点进行不同的课桌布置。文具店有那种用于庭院旧货出售标价的不同颜色标记点包。不管用哪种特别的办法，你需要视觉提示来定位课桌椅。

> **欢迎他们并让他们干活**

在第一节课开始时你应该站在哪里？我来给你一个强烈的建议：站在

门口。

在走廊里，学生们相互取笑打闹着从一个教室走到另一个教室。他们喜欢在上课开始的那部分时间继续他们的谈话。除非你能清楚地构建一种行为改变，否则他们肯定会这么做。

尽你一切可能去把教室门口定义为两个不同世界的界限。清楚地区分社交世界和学业世界。你只能通过作业来定义一种学习环境。所以，站在门口，亲切地欢迎学生，除此之外，再给他们一点作业。

但是你能给他们什么活干呢？这给我们带来了上课铃的话题。

> **上课铃作业**

上课铃作业，顾名思义，就是在上课铃响的时候学生们要做的学校作业。它是一节课的第一个任务。

当开学第一天你把上课铃作业讲解给学生们的时候，告诉他们不要再问今天有没有上课铃作业，每天都会有上课铃作业，它总会公布在黑板的同一位置，告诉学生们：

"坐到座位上，看看黑板上今天的上课铃作业，马上开始做。"

你可以认为上课铃作业有点用词不当，因为许多学生在上课铃响前几分钟就会进入教室。可以这样对这些学生说：

"如果你想说话和交流，到外面走廊去，走廊就是用来干这个的。如果你准备好做作业了，再进来。"

上课铃作业会花掉一节课的前五分钟时间。在上课伊始就构建作业可以消除课堂管理中的一个严重问题，这个问题就是"预热"。

> **上课铃作业和"预热"**

典型的一节课里，到上课铃响之后 5～7 分钟才会开始有任务。老师点名，学生们说着话、削铅笔，在走向自己座位的时候听着广播的通知。这种日常仪式叫作"预热"。

"预热"扎根在课堂日常生活中，很少有老师认为这是一个问题。这只是一堂课的正常开始方式。但是我认为这是一个问题——大问题。

例如，如果一节课有 50 分钟，而你每天要花 5 分钟进行预热，你整年会浪费十分之一的正课教学时间。为了预热付出这样的代价是高昂的。

但是，如果试图在没有计划就准时开始的话会怎么样？你准备什么时候点名？在低年级你不点名——你收午餐费、牛奶费、读书俱乐部费和周五田野调查费用，学区应该会给你发个收银机。此外，有线广播系统的广播会干扰你开始上这堂课。然后可能会有个学生带着医生给的请假条迟到。

学区没有准备在上课铃响时就开始上课，这就是为什么没人在上课。你可以试着按时上课，看看你能走多远。在你说出"哦，算了！让我们预热吧"之前，你能连续几天克服上述的这些阻碍吗？

事实是你不需要点名和收午餐钱、牛奶钱等等。问题是，我们怎么才能在不浪费教学时间前五分钟的情况下做到这样？你需要的是一种有意义的教学经验，你需要上课铃作业。

> **你要为上课铃作业做什么？**

首先，保持简单。其次，确定它的目的是启动当天的教学。把它当作一种热身活动。它可以整合到你在"预热"之后反正会做的复习中去。

如果你是一名科学老师，上课铃作业可以是关于昨天授课内容的四个问题；如果你是一名数学老师，作业可以是昨天的四个题目。这些题目要容易做，这不是期中考试。如果学生们昨天在这里上课，并且没有走神，他们就能开始回答这些问题或者解答这些题目。

但是复习只是上课铃作业的众多选择之一。一些老师会使用写日记或者默读的方式。其他老师会在黑板上写点词语游戏或者脑筋急转弯。我记得一个老师在点名时让一名学生给全班读一本图书。只要在你的班里行得通，方法没有限制。

不要给自己加一堆需要评分的额外作业。一些老师会快速翻阅上课铃作业，并在那些认真完成的学生的成绩册上画一个钩。其他老师则把这个工作交给本周"文书工作委员会"的学生。还有一些老师严肃地收上作业本，快速看一眼，然后在放学后把它们扔到废纸篓。总之，做作业目的是让孩子们开始思考，而不是去评估他们。

> 第一天的上课铃作业

在开学第一天你可以为上课铃作业做些什么？你需要准备一些东西。

你可能已经有了好用的日常方式。例如，有些社会老师用政治观点调查或问卷来快速开始上课，有些小学老师让孩子们画全家福，或根据颜色、形状和大小来给砖块分类，或者组合拼图。

你还可以考虑在门口迎接学生的时候分发 3×5 的卡片纸。卡片的一面写着一个座位号码，所有的课桌上面都粘有相对应的号码。迎接学生们时你可以对他们说：

"这是你们的座位号码。找到你的座位然后翻过卡片，根据黑板上的说明来填写它。"

> **上课铃作业**
> 上课铃作业在学生进入教室的时候就开始布置，然后持续到开课后五分钟。在你做开课的组织性工作时，它是一种有用的学习活动。

黑板上的图片告诉学生怎么样填卡片——姓名、生日、家庭地址、家庭电话号码等。这可能听起来很基础，但是至少让你的学生有事可做。而且他们得到了一个只能通过行为传达的信息：当你进入教室时，做好干活的准备。

> 介绍你自己

在开学第一天，学生们脑中的第一个问题通常是"你是谁？"。你当然可以只简单介绍你自己，但是你也可以详细谈一谈自己。

应对好这样的明显问题，"为什么你在这里？"在你告诉他们你很高兴看到年轻人学习的时候，有时学生会表露出惊讶之情。当你告诉他们学校应该很有趣的时候，他们的眼睛会放大。不要太煽情，但是，发自内心的几句话还是应该有的。

> 破冰活动

在开学第一天，学生脑中的第二个问题是"他们是谁？"。如果你认为学生都相互认识，你可能需要再好好想想。

我过去经常让老师在 11 月中旬发放一份空白的座位表，并要求学生们填写班上每个人的姓名。结果正确填写的人数很少超过 25%。老师们通常很震惊，但是大部分人不得不承认他们没花多少时间去纠正这个现象。

学生在感到舒服、放松的时候，学业和社会交往方面都会表现得更好。相反，他们在缺乏人情味的环境里做得不会多好。

这时老师面临的问题就是你关心吗？这值得你花时间让学生们感觉放松吗？我会强烈建议你把学年第一节课最多的时间用来营造舒适感，至少花半个小时的时间做一种"破冰"活动。

很多老师认为在第一节课的时候，径直安排一个大任务来定下这堂课的基调非常重要。但是就像前面所言，这种目标和学生的需求不太沾边。

想想你自己和一群同事——一些你认识一些你不认识——如果被突然扔到一起，再加上一些你几个月未见的好朋友，你会发现一些社交的"适应期"是需要的。

如果你花时间和能量去营造舒适感，你对学生发出的信号就是你像关心所有人类一样关心他们。如果你不花时间，你发出的信号就是他们除了只是课堂里占据椅子的温热身体之外什么都不是。不要期待被这种方式对待的学生会回报给你很多的温暖和体贴。

既然破冰的目标是社交，那么就好好享受这个。任何能让学生彼此互动和欢笑的事情都是特别的。

破冰活动样例

这里是一些破冰活动样例，你可以在开学第一天使用，可以对它们进行调整来满足你的需要，必要时可以咨询你的同事，他们甚至可以给你更多选择。

> 游戏

•抓清道夫：每人发一张纸，纸上有十个关于学生可能有共同点的问题（你上次看的电影、你最喜欢的体育活动、最喜欢的冰淇淋口味、你怎么上学等）。这些问题的右边设有四个空栏。学生们把每个问题的答案写在第一栏，然后每个问题上他们必须找到三个具有相同答案的同学。这些学生在剩下三栏之一上签名。给学生一个时间限制然后看他们怎么做，你自己也可以参与。任何类似的活动如果有你参与会进行得更好。

取名游戏：在取名游戏里，学生用他们的课桌围成一圈，课桌前面挂上一张写有他们名字的卡片。你可以让学生相互传递魔法记号笔，这样可以用大、粗的字体写名字，全班都看得到。

第一个开始游戏的人说出他或她的名字，加上一个可以描述他或她的韵脚、形容词或者绰号。这部分总是好笑的。

第二个人做同样的事情，然后重复第一个学生说的。第三个人同样如此，然后重复第二个和第一个人说的话。当游戏进行到最后一个人时，他要记住很多名字和绰号，但是课桌前面的姓名牌可以当作提示。如果有同学卡住了的话，允许班级成员快速提示遗漏信息。

就这么简单，这个游戏通常会产生很多的笑料，同时可以帮助学生将姓名和人脸联系起来。当然，老师可以最后一个玩，并在这个过程里面了解学生姓名。

> 课堂介绍

搭档介绍：学生们结对进行搭档介绍，通过老师提供的一张话题列表来组织这个介绍过程。采访者通常可以询问搭档的特定爱好，如电影、食物、活动等，并走遍全班，让每个学生都向全班介绍他或她的搭档。

团队分享：让每个学生与团队分享他们在夏天做的最好的事情、他们最大的恐惧、对新学年最大的希望等。你可以提供一个话题清单供他们参考。

> ## 艺术和图画

设计 T 恤：让每个学生设计一件印有个性宣言的 T 恤，然后每个学生站起来展示并解释这个设计理念。

照片：如果你有数码相机和打印机，你就可以在开学第一天给全班照相，然后打印出来。让学生们在笔记本一页纸的下半部分列出可以描述他们的五件事情。然后在你把他们的照片贴在这页纸的上半部分之前，让学生们向大家念出各自的清单。最后把这些照片贴满教室。

这个活动可以扩展到开学第一周，届时让每个学生带一张小时候的照片，然后给这些宝宝照编号并贴到公告板上去。之后再组织一个比赛，就现照和宝宝照的匹配程度给照片打分。

> ## 个性

猜我是谁：发一张有十个问题的纸，问题是关于学生们的个性，让学生回答这些问题然后交上来。老师先念一个学生的第一个答案，然后让全班猜这个人是谁。在这个学生被认出来之前不停地念出更多的答案。其他的学生依次继续。

家庭中的位置：让学生根据他们在各自家庭的位置（最大、中间、最小）组成不同的小组。每一组的学生列出他们的共同点和他们在家庭位置的优缺点。每一组写一张清单并和全班分享。

积极地建立关系

> ## 第一印象

在开学第一天结束时，学生们将会对你有一个完整的印象。他们将知道你的课堂是否是一个学习环境轻松的地方。他们会感觉到在你的课堂像在家一样——或者不是。

学生们总是通过观察来告诉你什么对你来说重要。重要的东西总是值得你花时间和精力，不重要的事情要么推迟处理要么直接推掉。

但是，如果当你知道积极建立关系的威力时已经是学期中期了，也不要担心。明天一直都会是开学第一天，所以投入进来并开始吧。

告诉学生你在干什么，他们反正会知道。你可以说：

"同学们，你知道吗，我上周去了一个研讨会，这个研讨会是关于课堂管理的，我学到了怎样更有效地利用我们的课堂时间。"

"所以，假设今天是我们开学第一天，我在门口迎接你们，我在黑板上写一个脑筋急转弯问题，你们一坐到座位上就可以开始做。这是一个上课铃作业的示例。下面，我想要……"

> **坚持到底**

关系建立是一个连续过程。但是，如果你想要确保它能发生，就需要有一个计划。

一种坚持到底的简单方式就是"生活空间访问"。简单来说，就是在全班独立做作业的时候，一次叫一个学生到你的讲台上来，问问他们的情况。可以问他们的家庭、爱好、宠物和特别的兴趣，把它记下来。他们会通过此举知道你关心他们，而你将获得对每个人的切身了解，这一点在剩下的学年里将极有用。

第 12 章

教学日常

- 课堂日常训练学生花费最少的时间来执行常规程序。
- 在进行每个日常活动时都必须考虑其他科目。这在开始的时候会耗费很多时间，但是它会在剩下的学期里获得可观的回报。
- 通过做一些班级事务，学生体会了帮助班级产生的自豪感。班级事务的规矩是，"永远不要替学生做他们可以力所能及的事情。"
- 构建与家长的交流沟通至关重要。他们要么会成为你的盟友，要么会成为你的敌人，这取决于你与他们第一次接触的沟通质量。
- 经常让学生把作业带回家并允许家长参与反馈帮助是一种积极解决问题的办法。

规矩、规矩、规矩

"都是你和你愚蠢的规矩！我什么都做不了！"

规矩从来就不怎么受欢迎，特别是在年轻人当中。所以当刚刚开始接触"家长角色"的年轻老师制定他们课堂的规矩时，师生之间带着点矛盾也情有可原。

"我记得我们老师曾经立过的所有规矩。我认为大部分都很傻。该做这个，不该做那个。"

这种基于"该做这个"和"不该做那个"的规矩的传统叫法在我们的校园纪律守则里再清楚不过了。我的一个担任高中校长的朋友告诉我：

"我们的校园纪律守则醒目地罗列了学校历史上每一个孩子曾经做过的每一件恶劣的事情。它占学生手册的四页之多。它是全体学生的财产。"

肯定有比列出"该做什么"和"不该做什么"更好的制定规矩的办法。

这些清单反正从未对学生行为产生过很大的影响。

规矩的类型

当我们讲到"规矩"时，我们提到的是一种广泛的、比"该做什么"和"不该做什么"更为复杂的主题。不同类型的规矩具有不同的功能。在教室里，有两种基本规矩类型：

- **一般规矩**：一般规矩清楚表明了老师对教室里的好作业和好行为的总体期望。
- **特别程序**：特别程序清楚表明了教室里面到底"如何做这个"和"如何做那个"。

> 一般规矩

一般规矩处理的是主要的行为类型。与否定语言相比，我们最好用肯定语言来说明一般规矩。典型的例子是："相互尊重"和"当老师讲话时要注意"。

全体教员值得花时间一起制定一系列所有老师都可以共享的一般规矩。借由讨论该过程，可以建立一些重要的共识。

下列制定一般规矩的指南对于讨论是有帮助的：

- 一般规矩的数量要相对较少（5 到 8 条最普遍）。
- 只制定你随时都愿意执行的规矩（如果不能执行就表示它们都是空话）。
- 一般规矩应该简单清楚。
- 它们应该被公布出来。

这些一般规矩最好作为部分的行为指南和部分的价值申明来理解。学期初对每一条规矩的讨论都能给予老师一个向全班介绍他或她的目标和期望的机会。

> **特别程序**

正如前面提过的，特别程序描述的是"具体如何做这个"和"如何做那个"。因此，它们是课堂构建的基本组成部分。

应用这些程序的唯一办法就是把它们变成一种常规。程序必须像其他任何课一样透彻地教给学生——用"说、看、做循环""结构化练习"和"重复至掌握法"来完成。当一个简单口头提示就能快速和准确执行一个常规指令时，它就会变为自动的程序。

> **学校程序手册**

除了澄清一般程序之外，最具效益比的团队合作形式之一就是开发学校程序手册。这一手册包含了团队成员经常应用的每一种常规方法，共享了老师们的智慧和经验。

撰写这一手册激发了老师间的共享精神。这有助于巩固对关键常规的承诺，因为它是应用每种常规最有效的方式。当学生从一个年级转向另一年级时统一的程序还有额外的好处。

教程序和常规

> **投资**

教学生课堂程序很耗费时间。首先，必须像其他任何课一样把每一个常规透彻地教给学生。其次，要教的常规很多。

然而，除掉开头的付出，课堂常规是老师节省力气的主要方法之一。每次老师让全班一起做某件事的时候，它们可以减少付出和压力。长远来看，在训练上面的投资得到的回报是付出的很多倍。

研究也反复表明，掌控课堂最好的老师在学期前两周大部分时间都是在教常规和程序。不做这种投资的老师会在整个学期一次又一次对付同一些行为问题。就像这句话所言：

现在给我钱，或者以后给；

把事情做好，或者全年都做。

这听起来很有道理，但是很少有老师真正做这个投资。实际上，学生年龄越大，我们付出的投资越少。当然，付出最多的老师是小学老师，他们要花一半的时间教程序和常规。

在小学高年级里老师付出量仍然相当可观。但是到了初中和高中，程序的教学通常变成了例行公事——只是在开学第一天向全班宣布一下。

> ### 现在他们应该知道了

当中学老师被问到为什么他们不花更多时间放在程序教学上时，他们通常会说，"他们现在应该知道怎么去好好表现了。"进一步问他们，他们会说这样的话：

"花两周时间建立课堂规矩——你肯定是在开玩笑！我可没两周时间干这个。我永远不会腾出时间干这个。"

"我可以理解在小孩子身上做这个，但是在大点儿的孩子身上做这个好像完全是浪费时间。还要频繁地给他们教这些相同的常规？"

结果，课堂程序和常规教学成了课堂管理中最被忽视的领域之一。缺乏这种积极管理会让老师在学期剩下的时间里付出昂贵的代价。

> ### 任何学生可以蒙混过关的事情

尽管这些老师真的担心"失去珍贵的教学时间"，但这种担心是多余的。学生的确知道如何在教室里面端正行为，他们一直都知道。问题是，他们是不是必须得这么做？

从老师自身的经验应该知道，学生在每个课堂的行为不总是一样的。他们会根据各个老师的标准调整自己的行为。如果第二节课的老师让他们说话并游手好闲，而第三节课的老师不让他们这样，他们则会在第二节课胡闹而在第三节课安静下来。

大胆地说，任何一个课堂的标准都是由学生可以蒙混过关的事情所定义的。如果不花时间仔细教他们规矩、规范和标准，学生就会在课堂上随便打发老师。认真教课堂规矩是积极管理对抗消极管理的一个经典实例。

程序的一个例子

让我们拿一个典型课堂程序作为审视程序教学的实验室。到你教完今年的第一个常规后，学生已经更好地了解了你。他们会相当清楚地了解你对作业可接受性的评价标准。

假设你是四年级老师，今天是开学第一天，你将带全班去图书馆与图书馆管理员会面。但是，在学生到达图书馆前，他们必须穿过走廊。所以，今天你将教他们如何安静地穿过走廊。

首先，我们酝酿气氛，告诉学生走廊的噪声会阻碍其他教室学生学习。

然后，在你们进入走廊前，你可以开发一些动作提示，这样离开教室后你可以用打手势来指挥学生。比如把手指放到嘴唇上或者在嘴巴上做拉链动作，你还需要"停止"和"开始"信号，但是你还必须有一个停止、回来和重新开始的信号。像这样：老师严肃地转过身，两手握拳面向学生，然后，做一个环转动作，用两根食指指回教室的方向。

下面，你必须要让学生排成队。和你分配座位的理由一样，分配好排队位置。把捣乱的学生安排在你鼻子底下，遵守秩序的学生安排在后面。把好朋友分开以减少交谈，双列与单列相比更能使群体变得紧凑。

在进入走廊前，你需要最后一次练习你的每一个手势信号，确保你可以用无声的提示来指挥学生。此时你可以用最先的嘴巴拉链动作让他们准备走出教室门。

到了走廊后，你要认真地检查队伍是否笔直，再给一个"跟着我"的信号带领小队伍穿过走廊。

现在，插一段，你认为这一群四年级学生安静到达图书馆的概率有多大？如果你猜是"0"，那么你当老师真的很有前途。

走廊走了一半，你听到队伍里面发出一声轻笑。你介意谁在笑吗？不；你介意听起来很吵吗？不；你关心附近教室的学生真的被打扰了吗？不。

你转过身，握拳面向全班，双手做一个回转动作，然后指回教室方向。你会看到那些小脸上痛苦的表情。在意识到你没在开玩笑前，一些人会有一刻不太相信。这时对老师而言保持绷紧的表情是这个规矩训练最难的部分。

全班学生排队回到他们开始的位置，而你重复你的信号；排直队、拉上嘴巴、跟随我。我们再次出发。

这次全班走完了去图书馆三分之二的路，然后你听到有人在队伍后排说话。你关心谁在说话吗？不。你关心听起来多吵吗？不。

你转过身，握拳面向全班，然后给出所有人此刻都知道的"向后转"信号。这次你可以看到学生脸上真正的痛苦表情。几个学生嘟囔着"我没做这个"，并伸出请求的手，作出夸张的诚实表情。此刻，你要继续保持住绷紧的脸。

像开始那样，排直队、闭上嘴巴、跟着我，队伍继续向前。

这次他们几乎成功了，然后你听到后面有一些低语声。现在你知道该做什么了，是吗？严肃地转身，手掌发出停止信号，然后向后转。

第三次每个人脸上的痛苦几乎让人无法忍受。咬紧你的嘴唇。他们拖着沉重的脚步回去，一些人强忍着反对之意。

资深教师知道这是玩好这个游戏的唯一方式。新老师们需要确信他们正在做正确的事情。尽管学生的脸在练习常规的时候会表现出不高兴，但你的情绪总是上扬的。

通过简单的练习直到全部掌握，你投入的时间和经历会告诉学生，这种行为很重要。而且，你在教育学生的同时，你正在践行老师的两个不朽的特质：

言必行、行必果。

践行不绝。

只有通过这样的训练才能使学生学会把你的话当回事。他们会学到，当你在说什么时，他们需要好好听。

建立标准

> **高标准更容易**

在你的课堂里，高标准比低标准更容易——听起来很奇怪却是真理。为了理解这个，首先要认识到，课堂里大多数越轨行为的强化因素来自同伴。

一个学生开了一句怪腔，四个孩子咯咯笑起来。开怪腔的学生刚刚被四个同伴鼓励去扮演小丑角色。

在管理中，这种越轨行为的同伴强化因素被叫做"错误强化"。就像禁酒时期的私酒贩卖一样，这些货物在法律边缘进行交易。

只要不合理强化因素一直被允许存在，你就会很难制止任何越轨行为。同伴群体强化捣蛋行为再次出现的速度会像你限制它的速度一样快。

所以，这里有一个关于这种扰乱行为的管理建议。垄断强化因素。

为了消除不合理强化，该如何去垄断强化因素？首先，让我来列出一些没用的做法：

- 唠叨、
- 威胁、
- 惩罚。

现在，我来列出奏效的做法：

- 练习、

- 练习、

- 练习。

一直做到正确为止。积极去掌握。当你练习、练习、再练习的时候，同伴群体就会发生转变。

一般而言，在"少数人"的越轨行为面前，"多数人"是绵羊。总之，因为捣蛋去批评一个同伴是最不酷的事情。结果，多数人倾向于保持沉默，各人自扫门前雪，都希望别人能处理这个问题。

在课堂里，这个别人只会是你。但是如果没有多数人的帮助，你会很难执行标准。

现在，我们回到教全班安静穿过走廊的例子。在你停下来开始第三或第四次的时候，多数人已经开始失去了耐心。他们想要去图书馆，而且已经厌倦了在这个愚蠢的走廊里来来回回地走。

当最终对这种重复行为失去耐心后，他们也同时对害他们做这件事的少数人失去了耐心。下次穿过走廊的时候当班级小丑又开始做无聊的事时，他或她马上就会得到同学们的"匕首式瞪眼"。在感到现在这个行为不酷后，捣蛋者可能会重新考虑一下。

最后，全班终于到达了图书馆。而在这个过程中，学生们学到了"安静就是要安静的意思"，以及当你告诉全班做某件事的时候，你说到做到。只有这种方式，学生才能学会严肃对待你和你的标准。

学生对你的这种评估需要经过很多的常规学习进行加强，但是每一个新常规的建立都会更容易一点。

> 词语的含义由你赋予

对于那些觉得这种水平的投资似乎有点陌生的老师，这里值得强调的是，在开学第一天你的课堂里，语言里并非每个词语都有固定的含义，词语只会具有你赋予它们的含义。

拿一个简单的词语"现在"举例。"现在"是什么意思？在某些家庭里面，"现在"的含义是"现在"。在一些家庭里面"现在"的意思是，"就等一会儿！"在一些家庭里，它意味着，"好吧，一分钟！"在一些家庭里它意味着，"好吧，我做完这个就来！"在另一些家庭它的意思是，"好吧，这个节目播完就来！"而在另外一些家庭它的意思是，"你做梦！"

每个家庭都是一个亚文化现象。你课堂里的孩子们来自于各种家庭亚文化。正如你从上面的例子里看到的，对不同人来说，词语的意思不一样。

孩子们在开学第一天带着所有这些不同的意思来到你的课堂。因此，除非你教会学生你赋予它们的意思，否则这些词语对他们而言就没有任何意义。在你教会全班这些词的具体含义是什么之前，它们都没有固定的含义。

顺便说一句，不要期望你花费这些力气建立的含义会神奇地从一个场景转换到另一个场景，学生们很容易就能分辨与一个老师相比另一个老师的课堂可以容忍什么。这就是为什么当学生换班或者有代课老师时他们如此轻易改变行为的原因。

> 简化规矩和常规

简化规矩和常规的一个方法是把它们聚类。例如，一个小学老师把一个卡片信号灯醒目地显示在教室前面，她可以在红、绿、黄灯边放一个箭头来指示。

红灯表示"安静地走和做"。黄灯表示一次只能有一个人离开他或她的座位，而且一次只能有一个人说话。绿灯表示全班可以自由地走动和说话。

信号灯可以作为一种简略方式来传达一整套规矩和期望。同样，在学期初投资的训练因为这种交流的高效率会获得数倍的回报。

课堂差事

某些课堂常规要发动学生在课堂上帮助你，传统上这些常规被称作"差事"。

> ### 疲惫的家长、懒惰的孩子

孩子们会在哪里学会帮助的重要性？它当然不会来自衣来张口饭来伸手的行为。

一些家长包办了所有的家务活，他们做清洁、整理、做饭、洗碗，并整天在孩子身后捡东西。他们获得的唯一回报就是因为伺候了满屋忘恩负义的家伙而筋疲力尽。

家长或老师成为仆人并不能将无私的概念传达给孩子。正好相反，这会将他们训练成拿多给少的人。

经常听到家长说："你知道，我自己做要容易得多！"实际上，你自己去做比监督一个孩子做要容易得多——特别是当这个孩子试图通过抱怨和磨蹭逃避劳动的时候。这在短期内要更容易。

但是，短期内容易的东西在长期会让人筋疲力尽。现在在孩子后面跟着整理东西似乎容易，但是永远跟着捡却不那么容易了。

> ### 被需要的价值

高效的家长训练他们的孩子助人并以助人为乐，高效的老师同样如此。

你当然可以利用一些帮助。但是，更重要的是，孩子们需要去帮助他人。

既没被要求也不被期待为集体做贡献的孩子在定义上来说是不被需要的，他们会觉得自己是多余的负担。

成为集体的边缘成员给孩子们带来了最坏的影响。它培养了懒惰和依赖，同时剥夺了他们显示自身价值的方式。

无论在家或在学校，孩子们都需要能为集体做贡献，他们需要这份尽职尽责的自豪感，他们需要"差事"。

> ### 差事的规则

在课堂里每天都有一堆常规工作要做。老师不得不做的事情越多，留给回应学生特殊需要的时间就会越少，而且老师在一天后也会越疲劳。

高效的老师会分权。教师工作的规模和复杂性要求他们训练学生去承担一些责任。

既然差事对老师和学生都好，我会建议下列这条"差事的规则"：

永远不要为学生做一些他们自己力所能及的事情

> ### 组织课堂差事

我知道有些老师，特别是小学高年级的老师在班级里为每一个学生都安排了工作。这些老师除了教书几乎一根指头都不动。他们具有组织的天赋。

如果他们正在教一个小组，突然需要学生的成绩册，他们会对"成绩册管理员"说：

"泰勒，请你拿我的成绩册来好吗？"

泰勒会很快把成绩册送上来然后回到座位。干得好！

坦白说，我怀疑自己有能力组织好 30 件课堂差事。一种减少差事复杂性的方法是将它们分为四类，并且将每一类差事分配给一组学生。每周轮换一次，这样每个学生在四周轮换期内可以做到每一件差事。

当然，历史课的差事和木工课的不一样。本页列出的差事是一个典型独立齐全的课堂的分类，仅供参考。

> ### 清洁

- 清洁教室的纸屑垃圾。
- 整理书架的书籍材料。

- 清洁工作区域和保养设备。
- 清洁黑板和黑板擦。
- 清洁校园。如果全部班级都参与，院子会保持一个良好的状态。

> **公告板和装饰品**

- 制作公告板。只要花点构建的功夫，学生就能充满乐趣地去制作公告板，为什么老师们要花这么多时间来自己制作？
- 装饰教室。节假日、特殊事件和社会研究主题提供了长年的灵感来源。
- 班级的计划艺术项目。

> **拓展**

- 计划拓展活动和学习游戏。
- 协助构建性学习中心。
- 推荐每周观看的电视节目并提建议。
- 每日或每周汇报时事。

> **文书工作**

- 收发作业。
- 在老师监督下改作业和记录成绩（只要你对此感到舒服／无意见）。学生通常负责记录上课铃作业。
- 帮助老师点名和收午餐费、牛奶费、书报费等。

建立常规的主要投入就是达到掌握程度所需的练习。例如，在学生参加的第一次清洁委员会上，你必须教他们你想要黑板干净到何种程度。而且，在你的拓展委员会上第一次汇报时事时，你必须要训练他们。像往常一样，虽然课堂构建在一开始的投入最大，但是回报会持续整个学期。

> **帮助教学**

尽管大部分差事与琐事有关，但还是要尽可能多地让你的学生负责他们力所能及的事情。他们可以通过开发课程视觉辅助手段和撰写测试问题清单来帮助你教学。学生学习小组可以执行技能练习、测试复习和写作编辑工作。

可以考虑将同伴辅导作为群体自治的一部分。你每天示范"表扬、提示和离开法"以及"说、看、做教学法"，教会全班同学使用这些关键教学技能，这样他们就能更有效地互相帮助。这样做会让他们变成更好的辅导者。

和家长交流你的标准

> 没有第二次机会

你迟早要与学生的父母打交道。乐于助人的家长在学年一开始就会主动联系你，自愿成为助手或者行为监督人，但是捣蛋者的家长倾向于拒绝与学校联系。

如果你与这些家长的第一次会面是与麻烦有关，你就会在接下来的一年中制造一个敌人。他们不想要麻烦，而且如果有机会，他们通常会指责你或其他任何方便的目标，这种家长是你最不想要的敌人。

积极而不是消极地认识学生的家长对你来说将会是个优势——特别是那些问题学生的家长。你需要构建一个计划来实施你的第一次联系。

> 一个独立齐全的班级

许多小学老师会在学年开始前寄出一封信，来欢迎家长和他们的孩子，信中会列出暑假阅读的书单和简要介绍下学期的课程概要。这种交流也会发生在开学第一周，顺带附上一份班级规矩和简单的"任务宣言"。

作为这种联系的后续动作，主动构建与学生家长的第一次个人谈话极为重要。在发生问题迫使你进行消极的首次接触之前最好早一点做这个。

例如从开学第二周开始，给每位学生的家长打电话，只需一次大约五分钟的简短对话，每天晚上可以给五位家长打电话。

这个对话的结构如下所示：

介绍你自己。

简短描述你课程的重点：当我说简短的时候，我的意思就只是略微提一下这学期的重点，就像这样：

"今年学生会学到蒸汽机和工业革命时代，所以你会听到他们讲很多相关的事情。此外，我们还会写长段落的作文。"

谈一些孩子的优点：这个对话只报喜。如果这个孩子已经存在问题，那就改天再谈。

讨论你让学生带回家的课堂标准：你有机会表达实行高标准的决心，同时解释你寄给家长的课堂规矩的相关问题。此外，你可以通过此举发现哪名学生没有把相关信息带回家。如果出现这种情况，告诉家长你明天会让学生再带一份回去。这种水平的跟进通常会使学生相信老师让带回家的信息必须要转达给家长。

询问孩子的特殊需求：询问是否有你应该知道的学生健康状况。询问学生健康状况可以营造轻松的谈话氛围，而不是让家长以为你只是想反映学习或者情感问题。这种分享会让你察觉到学生档案的可能漏失之处。但这一步最重要的是你要表达你的关心。

强调你需要他们的帮助：强调成功的学生是因为同时得到了家长和老师的支持。你可以像这样说：

"学生在学校会遇到一些困难。可能是学校作业，也有可能是同学说的某些伤人的话。你可能会在我告诉你之前听说过这些。"

"在学校，表现最好的孩子有老师和家长在背后支持他们。如果你听到什么让人烦心的事情，请给我打电话。如果我了解到什么事情，我也会打给你。只要我们一起合作，我们就能在这些问题变成'真正的问题'之前摆平它们。"

"最后，我想邀请你参加'返校夜'活动。下周我会寄一份通知给你。今年会在……晚上举行。"

作为第一次电话联系的补充，一些老师每周会"随机"给一个学生的家长打电话完整地汇报情况。这种简单的行为能使老师对学生课堂行为产生更大的影响，因为如果家长老师不及时沟通，家长指不定就要接到什么投诉电话了。

> 分科制

分科制的老师，比如说高中老师在一天会见到超过 150 名学生。面对这种情况显然需要制订不同的计划来联系家长。

一些学校有非常复杂的外联项目包括欢迎野餐、新生家长的特别聚会、分配给每名学生的年级巡查专员的一对一分配、全体学生的欢迎项日、与社区教堂和服务机构的联络等，但是这种计划的开发是整个学校管理层的议题。

与家长的即时交流

> 送作业回家

经常性地把需要家长反馈的作业送到家，这种方式开拓了一条与家长交流的通道，还可以提高家长在问题解决过程中的参与程度。具体的项目在小学和中学的形式有所不同。

在小学，每周四要求孩子带一份作业文件夹回家。例如，今年的第一次写作任务可能是这样：

"亲爱的父母：这是我这周在学校完成的作业。我想给你们看看老师布置的作业和我已经完成的作业。其中有些作业已经被评分，有些还没有。

请你们看看我的作业并在本页下面的空白处签名。如果你有什么评论，请在空白处写下来。"

文件夹系统不止是送作业回家让家长监督孩子的表现。首先，它告诉了家长学校希望他们参与到孩子的学习中去。其次，它建立了与家长的一条公开交流线路。同时，这还可以成为老师的早期预警系统。

在中学层面，老师通常只需在一个项目或者大型任务完成之后再要求学生把作业带回家。当学生做得特别好时，家长需要了解孩子的表现。此时一张个人便条可能是最有效的推荐形式。

> 预防性会议

在处理一个学生的问题时，老师和家长要么是同盟要么是敌人。在问题刚出现时，与家长会面可以轻松地解决问题。如果在孩子陷入大麻烦时，再与家长会面则既不轻松也不具有建设性。

在问题还小时主动应对问题可以避免你以后面对家长愤怒对质的麻烦，因为不管是孩子的小问题，还是大问题，家长总会把它解读为老师角色的失败。

第 13 章
理解顽劣行为

- 传统和常识将纪律等同于惩罚。
- 学校纪律规范以后果等级来进行处罚——罪过越大，惩罚越大。
- 只占全体学生 5% 的学生制造了他们学生生涯中 90% 的转介行政科室处理事件。
- 对于长期捣乱者，最坏的结果是停学或者开除，对于恨学校的孩子来说，反而是个不错的交易。
- 对孩子说"不"，却又送给他们捣乱就能得到的结果，这就建立了顽童行为。
- 纪律管理一直是教师备课中的盲点。后果是，在教师从业的前两年我们就失去了三分之二的新教师。

定义纪律

> 预防性 vs 治疗性

每天都有这么多捣蛋行为上演，因此将本书看成一种纪律管理办法会很有用。本书的前面章节处理的是对课堂纪律问题的预防，本部分学习树立威信要处理的是对纪律问题的纠正。

在本章，我们将视线转向纪律管理，因为传统上它在学校的课堂都已完成过。传统的纪律处理方式将作为背景，衬托出天生教师在设置不可接受行为界限时的技能。

我们将这些技能统一称作"树立威信"。下面的章节将处理树立威信的细节——情绪、思想和行为。

➤ 关心的头号问题

过去四十多年几乎每次对家长和老师的调查都显示"纪律"是关心问题清单的首位。尽管感性的话题才能产生新闻，但父母们最担心的还是每天都可能发生的能影响他们孩子学习和幸福指数的课堂事件。

父母们听说了孩子"被欺负"，当他们拜访课堂时他们还看到了"游手好闲"和"浪费时间"。父母们问自己，"这老师怎么能允许这些行为发生？"

➤ 纪律和后果

天生老师的课堂有序并富有成效，而且他们从来不提高声调讲话。父母们会知道他们的孩子有一个天生老师，因为他们的孩子很爱学习并且期待去上学。

天生老师是预防纪律问题的专家。他们的时间和精力很少会花在行为纠正上面，而且就算问题发生，他们的威信会把它消灭在萌芽状态。

但是很少有老师是天生者。大部分老师要花很多精力去试着纠正一般的课堂扰乱行为，同时也因此失去了宝贵的学习时间。

作为纠正的纪律和作为预防的纪律有着非常不同的风格，作为纠正措施的纪律关注的是后果。

学校纪律规范

➤ 纪律等于惩罚

如果你在大街上问 50 个人"管教一个孩子"是什么意思，他们会给出一个预料中的答案。你自己试着填一下空，当你管教一个孩子时，你＿＿＿ 他们。

的确，常识和习惯将词语"纪律"等同于"惩罚"。管教孩子们的意思是"因为他们做错事而惩罚他们"。

这种将纪律定义为惩罚的常识产生了纪律管理的常规方法。当处理某个特定的违规行为时，我们通常问自己，"这个孩子为此应该得到什么样的惩罚？"

> ## 后果等级

看看你当地高中学生手册里"纪律规范"下面的表格。所有纪律规范的逻辑都是永远不变的——惩罚和罪过相适应。罪过越大，惩罚越大。

惩罚由此产生的"后果等级"的目的很简单——禁止——消除扰乱行为——对不可接受行为说"不"并巩固它。这种办法自古以来就是学校和课堂纪律管理的特征性方法。

既然学校纪律规范的要求是"禁止"，在实际情况下看它是否奏效是合适的。如果它有效，我们无论如何都应该在下一年继续使用它。

> ## 吓唬新生集会

为了快速浏览一遍学校纪律规范，想象一下你在高中开学第一天参加新生欢迎集会的情景。当然，这不会是传统意义上的集会。相反，它将会是一个允许我们能一定程度上坦白直言地吓唬新生的集会，对这类的活动来说这有点奇怪。

这个集会每年举行一次，非常严肃，因为它将为学校学生的行为打下基调。当校长走上讲台时，整个礼堂都安静下来。

"新生们，欢迎你们来到高中。既然我们已经准备好了，就直入正题吧。今天的正题是学校纪律规范。纪律规范讲的是在这里你能做什么不能做什么。"

"首先，我想说本校是整个地区最好的高中之一，这得益于我们优秀的教职员工，与其他资源相比，我们更看重教职员工。所以，我一刻都不会容忍我们任何一名教职员工被冒犯。"

"说到这个，我引用一组数据。没有什么比好的统计结果更能吸引人们的注意力了。在任何学校，90% 的转介行政科室处理事件是由全体学生中的 5% 引起的。"

"我给这 5% 的人起个名字——捣乱者！就是你们，捣乱者！也许我干教育的时间太长了，对我来说，一日为捣乱者，终生都是捣乱者。"

"今天我要传达的信息很简单。我们不会容忍捣乱！"

"当然，我知道你们中间的一些小丑现在正在偷笑着，'耶，对。他们还能怎么着？'"

"一些人认为可以使用粗鄙语言或者打架或者对老师做些不礼貌的事情，之后还能逍遥法外。呵呵，我今天在这里告诉你，你不能。"

"另一方面，我们爱所有的学生。我们不会当场把你羞辱一番。所以，这事会这么干。"

"你第一次在这里捣乱时，我们会给你一个口头警告。我们真诚地希望你马上就能改正。但是，我知道你们这些小丑大部分都在想，'发生大事了。我好怕啊。'"

"听着！下次你再在这里捣乱，你会在放学后被留下来。这是我们运行的特别奖励系统。我们会把那些让他的老师难堪的油嘴滑舌的孩子带过来，让他通过放学后向办公室报到来受罚。"

"不管你相不相信，我们会强硬地执行这个计划。不过，目前为止，那个可恶的孩子没有出现！"

"不要笑！好好听着！"

"现在，如果你还在这里捣乱，我们会安排与你的家长见面！我来解释一下这到底意味着什么。我们会花几个小时的工作时间去试着和你那些已经表现出完全无能教养的你的家庭成员合作。"

"我知道你们正在想，'哦耶，把我家老头老太叫过来开会吧。那一定会很好玩！如果我妈过来，她只会说，'我在家也拿他没办法。他快让我疯了！'"

"嘿，安静下来，注意！这可不是开玩笑！现在，如果你再犯错，你会被送到行政办公室去！你想知道在办公室你会遭遇什么？相信我，你不会想知道的哦！"

"如果你再次找麻烦，你会被第二次移交行政办公室。并且，如果你再次找麻烦，你会被第三次送交行政办公室。现在你可能在想，'就这个？我所得到的就是一张翘课的门票？'"

"那可不是！如果你再惹一次麻烦，你会被停学！我来解释一下这到底是什么意思，这意味着 24 小时内你会被剥夺上以下课程的权利：数学、社会研究、英语作文、科学、外语、体育。"

"而且也不要想着可以从图书馆借书来补课。你同样也失去了使用图书馆的权利。"

"当然，一旦你被停学，我们就没有人手来监督你。所以，我们会把你放到你父母的监督之下。"

"我知道你们父母监督你的效率有多高。我们从小道消息知道你离开学校在家里会发生什么：睡懒觉、看电视、玩游戏、打篮球、找朋友玩、逛商场。"

"在经过 24 小时的权利剥夺后，我希望你们已经回心转意了！但是，一日捣乱者，终身捣乱者！至少，我是这么认为的。你们会继续触犯规矩，你永远不知道何时停止这种行为，你认为你可以凌驾在法律之上。"

"你当然不是！如果你再在这里惹麻烦，你会被停学三天！你会像前面那样被剥夺所有的权利，受到同样的监督。"

"在被完全剥夺权利三天后，我希望你能带着谦卑和对教育的全新态度回到学校。我说得够清楚吗？"

＞　假设一个"拉里"

你听到这个是不是也像我一样觉得是疯话？我是在编造吗？

现在我想让你想象有 名特别的学生——拉里。你记得拉里——那个让你质疑职业选择的学生吗？

拉里是那个在你执教两年前就一直听到有关他的恐怖传闻的学生，拉里是那个让你祈祷他会在家上学的学生，拉里是一名王室成员——呃，我们还是说拉里是一名难管的孩子吧。

我们来探究一下有关拉里精神状态的深层次问题。拉里喜欢上学吗？是的！对拉里来说，学校 _____。（填空）

拉里在学校最想要做的一件事情是什么？是不是——离开！

你会相信我们有一个让拉里达成心愿的管理计划吗？拉里可以离开。但是，拉里首先必须要完成一件事，那就是，拉里必须冒犯教职员工。

但是，偶尔的冒犯不会有用，必须是经常性的冒犯。为了离开学校，拉里必须成为一个老师的长期的痛苦之源，所以他拼命攀登"后果等级"就是为了被开除。只有这个时候拉里才能离开学校。

> ### 强化错误和顽劣行为

假设有一个四岁孩子为了得到什么在哭哭啼啼，家长说"不"。孩子还是哭哭啼啼，家长再次说"不。"孩子抱怨再抱怨，家长最后说："好吧！你可以得到这个。我厌倦了听你哭哭啼啼！"

你知道下次孩子想要东西时会怎么做。他们会哭哭啼啼，因为哭啼有效。通过答应要求，父母负面强化了孩子恼人的哭哭啼啼行为——顽劣行为的一种形式。

但是父母也确实摆脱哭哭啼啼了——至少，短期内摆脱了。多轻松！因此，父母下次面对同样难题的时候可能还会重复同样的错误。

对于这种模式有一个专业名称——强化错误。强化错误是管理学上的一种特殊错误，这种错误短期内能解决问题但是长期看来会让问题更糟。

含有强化错误的管理程序反向强化了他们试图减少的某种行为。学校纪律规范充满了冒犯教职员的强化错误。这会维持拉里的顽劣行为长达八个学期！

但是办公室不是学校唯一的强化错误来源。实际上，它甚至不是主要来源。为了找到强化错误的根源，我们必须离开办公室，穿过走廊来到教室。

追根溯源

＞　拉里大发脾气

以行政办公室为结局的问题开始于课堂，所以让我们从源头着手。拉里起初是因为什么到行政办公室去的？

假如你是一名高中老师，很不幸，拉里在第三节课上了你的课。今天的拉里不同寻常。他很轻浮地傻笑着，而且他在你两次要求他停止后仍然继续和他的同伴说话。

你冲到他的座位前并站了一两秒钟，这一举动让他结束了和朋友的聊天。然后他抬起头看着你好像在说，"哦，又是你。"

你说："我厌倦这种不停的讲小话行为。你现在给我坐好，做作业。"

拉里抬头看着你说："×××你！"

你怒了！这句话成为压垮骆驼的最后一根稻草！够了！完了！结束了！你对拉里下了最后通牒：

"年轻人，够了！我一刻也不能容忍在我课堂里出现这种语言！你现在马上收好东西出去，到行政办公室报到！"

拉里的几个伙伴发出了嘲弄的起哄声。拉里带着蔑视慢慢地站起来，赞许了他们的支持，并挪向门口。

＞　更多的强化错误

适可而止吧！虽然你定了规矩并发号施令！但你有没有达成目的？

还没有——当你考虑发生了多少强化错误的时候就知道并没有达成目

的。你可能认为你在支配一切，但其实拉里才是那个掌管一切的人。我们来算算拉里因为在你的班上捣乱得到了什么报酬：

- 谁选的时间？
- 谁选的地点？
- 谁选的受害者？
- 谁选的语言？
- 谁能轻易地预测这种语言的后果？
- 谁为了得到这个后果使用了这个语言？
- 谁使自己在同伴面前看起来"坏到骨子里"？
- 谁让你失去了冷静？
- 谁离开了教室？
- 谁在离开过程中摆了蔑视的姿态？
- 谁现在在走廊里无人监督？
- 谁现在加入了行政办公室的"惯犯"行列，在等待接见的 20 分钟或更长时间里侃大山？

我们刚刚算出了拉里使用脏话获得的报酬或者说"附带收获"。单单这么一个词就有这么大力量。你不能给了拉里这么大的权力还期望他不使用它。

"把这孩子弄出去！"

> 踢皮球政策

我们因为一个丑陋的行为把拉里送到行政办公室去，是因为我们想要达成某个结果！然而我们得到了什么？拉里在剩下的一节课消失了，但他明天还会像"惯犯"一样狡猾地露面。

他们在行政办公室做了什么？让他承诺不再犯？多少老师说过："我厌倦了把学生送到办公室却什么也改变不了。他们那里有的只是'踢皮球政策'。我想要他们把那孩子赶出去！"

> **他们期待什么？**

问问管理者什么是踢皮球政策，他们会说：

"他们期待我做什么？我的门外还有六个孩子等着，而且第一节课还没结束，如果我在一个孩子身上花足够多的时间去寻找真正的原因然后处理它，那么我要在第二节课上到一半时才能结束。到那时办公室会挤满顽皮孩子，他们会骚扰秘书的。"

"这不是有一批职业医生的门诊部门，而是只有我一个人，如果我不快速处理这些问题的话，我会被更多的问题淹没。"

功能失调的系统

> **最古老的迷思**

管理严重课堂纪律问题的最传统思想是指望走廊尽头的某人能解决问题。我们假装行政办公室能帮助我们，而行政办公室不停地告诉我们这种希望是徒劳的。这种常态让我想起一句话，"一次又一次地重复同样的事情却期望不同的结果"。

> **指责**

当一个社会系统没有合适运行时，发生的第一个症状就是指责。指责永远是同一种形式——"如果他们干不好自己的工作，那么我也干不好我的！"

老师们指责管理者，管理者又指责老师，大家都在互相指责。但是，如果一个管理系统总是不能达到期望，唯一的解决办法是重新设计系统。

一个咨询我们项目的副校长曾经痛苦地诉说重新设计系统的困境。她说，"我们知道这个系统没用，但是我们不知道还能怎么做。"

> **特别工作组纪律**

带着十足的沮丧，学校一次又一次面对纪律管理项目显而易见的缺点。一种常见的做法是成立一个"纪律特别小组"，一个由老师、管理者和家长组成的委员会，并花一整年的时间来重新设计系统。

这种做法会在之前的基础上对系统做些升级，通常委员会在问题一出现就把它扼杀在摇篮里。要知道，这个国家的教育者已经尝试过所有能对付拉里的合法措施。

关注课堂

> **没有计划就没有执行**

你会如何应对一个越线的学生？你会在教师训练阶段就学习特定策略吗？你会反复练习这些策略以掌握它们吗？

正好相反。几乎每个进入本领域的新教师在面对这个问题时都会措手不及，他们对接下来该做什么脑中一片空白，他们不知道这个游戏是如何玩的。

但拉里可不会措手不及。他知道到底该如何玩这个游戏。在前述例子中，拉里给老师设了个陷阱，让老师乖乖往下跳，然后游戏结束。

> **快速游戏**

处理课堂的挑衅行为是一个快速游戏。如果老师马上对拉里的挑衅进行反应，就输掉了这场游戏。它会在几秒内迅速结束。

除非老师知道如何玩这个游戏，否则拉里想什么时候统治他们就什么时候统治他们。而且连行政办公室里也没人能否认的事实是：如果你今天能被统治，那么你明天也会被统治。

＞　你必须树立威信

因为大部分纪律问题都始于课堂，所以管理系统的重新设计也必须始于课堂。老师是处理学生挑衅行为的第一道防线。如果老师勃然大怒，挑衅行为就会失去控制，而小问题则会变成转到行政办公室的大问题。

天生老师可以整个学期都不用送一个孩子去行政办公室，他们永远不会提高声调，他们永远不会感到不安，但是他们总能达到目的。高效的老师会告诉你："当你送一个孩子去行政办公室时，你就公开了你无法掌控局面的事实。"

但是天生老师是如何"掌控局势"并轻松应对，使得他们和学生都能享受上课的？这都是树立威信的技巧。

我们必须理解这些技能。只有当老师在课堂的纪律管理上能成功时，管理层在学校的纪律管理才能成功。

培养专门技能

＞　可爱的研讨会

在第 1 章，我描述了怎么从天生老师身上学习树立威信。它当然非常强大，而且我想和我的团队分享。

我或多或少地做了被安排的事情——持续五周在每周二开展疲劳教学研讨班。我曾被告知这是一个可爱的研讨会——和教学很相关、内容很有趣、方法很有用。

如果不是有数据反馈我本会非常高兴。但我们的数据显示，这个研讨会对所有参会老师都毫无效果，更不用说他们的学生了。所有的努力都是完完全全的浪费时间。

我们的小研究团队因此变得非常沮丧，于是想当然地责怪老师——"老狗学不会新把戏"，不过在使完小牌子后，我们逐渐开始思考自己的所作所为。老师没能学到任何东西是否有可能是因为我们的教学确实出现了问题？

> **发现技能练习**

我们回到图画板。树立威信显然是一种技能。我们的受训者练习过任何技能吗？我们曾让他们实践过吗？

我们震惊地认识到我们几乎没有进行任何实际的技能练习。我们当时在想什么？

我们向老师们道歉，并把技能练习增加到了研讨班内容里。我们发动老师，并对他们树立威信的关键要素训练。只用三个小时训练，非天生老师班上学生扰乱行为的发生率就降低到了天生老师的水准。

如何树立威信可以学习！这不是你与生俱来的东西！它就是一种后天习得的技能。

> **训练老师**

在过去 35 年，我持续参与了课堂管理技能的教师训练。我们对于管理的理解已经造就了本书，并且我们对于训练的理解也在高速发展。

当训练老师时，我们一直在时间的压力下努力。你想要开展的研讨班总是时间不够，因为有这么多的技能要教。

所以，培训老师总是在驱动我提高作为老师的效率。本书的前半部分不仅是与课堂一线老师合作的结果，它还是多年来培训课堂管理技能的结果。

当然我的重点还是放在实际表现上。但是我们也想要建立一种理解语境，以赋予这些技能意义。我了解到结合技能培养进行培训可以快速达成理解，否则会非常缓慢。

第 14 章
保持镇静：我们的情绪

- 任何课堂扰乱行为都会触发轻度的斗 - 逃反射。
- 这种反射不仅让我们烦躁不安，还在身体上使你处于压力状态。
- 三位一体脑理论有助于解释在斗 - 逃反射时大脑如何"降档"，使得你最终用脑干而不是大脑皮层行使功能。
- 为了在压力下进行领导，你将需要运用你所有的知识、经验和理解能力。领导力所要求的复杂社会技能存在于大脑皮层中。
- 所以，社交能力的基本原则就是，"镇静就是力量，不安就是弱点"。
- 在压力下保持平静是通过放松达成的。放松是一种可以经训练掌握的技能。

自我保护

> 当水井干涸时

教书是地球上最有压力的工作之一。据统计一个老师在一个小时内做的决定比空管中心做的还要多。大部分人都认为每天结束时感到筋疲力尽是这个工作的一部分。

每天都疲于奔命也是职业倦怠产生的原因之一。如果你日复一日付出的总比得到的多，那么你会像水井一样最终干涸。当水井干涸时，你也将无所付出。你会受罪、你的学生会受罪，而你的家庭也将受罪。因此必须要有一种更容易的方式来做这份工作。

> 压力管理

既然压力是这工作的一部分，那么压力管理也是这工作的一部分。这也是你的责任，因为这是你的生活。

我在第 1 章提到过，在课堂必须时刻执行压力管理，它必须是积极的。如果全天都处于压力下，你无法指望回家就能摆脱压力。

试图在压力发生之后摆脱它，与其说是压力管理还不如说是损害控制。你可以通过锻炼或冥想来释放压力，但是大部分时候你会放弃。像往常一样，被动消极管理失败的地方恰恰就是积极管理可以成功的地方。

> **免于筋疲力尽的教学**

树立威信是在岗的压力管理。它能平静而高效地处理学生的扰乱及挑衅行为。它使我们成为更好的老师，它使我们的课堂成为更快乐的地方。最首要的是，它保护了我们。

天生老师曾告诉过我，"我很高兴他们付钱让我干这份工作，因为我不管怎样都会干这行。"这些老师发现课堂生活丰富且活力四射，而非令人疲倦。

这是我们在进入教学领域时都想要达到的境界。天生老师给我们展示了这可以做到。但是他们这种水平的成功并不是白白得来的。首先，我们必须掌握专业的技巧，我们必须学习树立威信。

生物学和行为

> **斗 – 逃反射**

假设你用眼角余光捕捉到了某个"开小差"行为。我们以你看到这个扰乱行为后发生在你身上的第一件事情为起点。这就是反射——我们和所有脊椎动物同样都具有的非常原始的反射。

我们在高中生物课上学过这种反射，它就是斗 – 逃反射。这种反射是我们面对恐吓或者威胁时的一种自然反应。这些事物可能是一声惊雷、掠过窗户的影子、衣服上的一只蜘蛛或者羞点发生的车祸。

所以斗－逃反射是老师面对开小差行为时即刻和自发的反应。上课日塞满学生的教室会很频繁地触发斗－逃反射。

> **管理斗－逃反射**

与斗－逃反射类似的反射是即刻和自发的。你无法选择不产生斗－逃反射。

然而天生老师很少在课堂里发怒，他们面对开小差行为时保持着冷静、镇静和泰然的状态。其实他们也像其他人一样会发生同样的斗－逃反射，他们只是能更有效地管理压力。

我们需要弄清楚他们是怎么做到的。在此之前，我们必须更熟悉斗－逃反射。

> **斗－逃反射剖析**

斗－逃反射会动员我们的整个身体，因为它要加快速度尽可能快地处理威胁。这种动员发生在两个阶段：

- 快（肌肉紧张），
- 慢（肾上腺素）。

通过对斗－逃反射这两个阶段的理解，我们为自己的压力管理计划的制订奠定了根基。

> **快速（神经肌肉性）阶段**

斗－逃反射的快速阶段与肌肉紧张有关。在几分之一秒内，我们的身体开始动员——准备在需要时快速移动。斗－逃反射使你产生能感觉到的肌肉紧张：

- 眼睛张大（扩大视野），
- 咬紧牙关，
- 膈肌在吸气时弯曲（为血液供氧），

- 骨骼肌紧张（准备行动）。

斗－逃反射也会使你产生感觉不到的肌肉紧张：

- 胃部血管收缩（将血液转移到肌肉），这会使胃酸留在胃里影响消化。
- 心率迅速加快（准备执行），这会增加血压。

斗－逃反射对生存至关重要。一天中经历几次斗－逃反射对于野生动物来说是家常便饭，而且并不会造成身体的损害。

但是，我们人类很久前就离开"大自然"了，还创造一种替代品——文明。文明伴随着物理上的人员聚集和复杂的社会组织，要求我们为解决问题、解决争端、商量对策而一直进行互动，这让每个人都压力重重。

一些人甚至为了教书，将自己整天置于一个塞满年轻人的房间里面。在生物学意义上，你可以把这看作压力生长的培养皿。

在教室里，斗－逃反射并不像自然环境里一样每几个小时才触发一次，而是每几分钟就触发一次。在这种环境下，斗－逃反射的每个方面都会变成慢性高压状态的潜在症状。观察一下电视广告，看看每天有多少人在试图减轻工作的压力。

- 阿司匹林、扑热息痛、布洛芬或者萘普生对紧张性头痛有用吗？
- 抗胃酸咀嚼片、碳酸二羟铝钠或胃能达对胃酸过多有帮助吗？
- 苯海拉明、盐酸苯海拉明片剂或者泰诺安能帮助你足够放松地入睡吗？
- 一杯霞多丽白葡萄酒会有帮助吗？或者两杯？

为了在一天工作后放松下来，我们要花几百万美元？我们为在这种充满压力的环境工作付出了高昂的代价。但是这个领域就是伴随着压力，不是吗？

> 慢速（生化的）阶段

斗－逃反射的慢速阶段损害更大。十分之一秒内我们的身体就开始把肾上腺素注入血液。

肾上腺素加剧了斗－逃反射的生理动员，并且长时间保持着这种状态。它确保斗－逃反射的强度和关注点能与我们一起持续整个危机阶段。我们变得越不安，就有越多的肾上腺素进入血液。关于肾上腺素，下面是我们需要知道的一些事情。

- 它加速了你的代谢——你身体燃烧糖分的速率。这是"紧张能量"的来源。
- 需要 27 分钟来清除血流中的肾上腺素。结果就是，在你剩下的职业生涯中，每节课只需要两个"怪异"行为就能让你整整一天都停留在"不爽"的状态。

每个人都知道你不得不"保持警觉"地去管理一个课堂，这是常识。

尽管它看起来是常识，但我不建议你以此谋生。连续几个小时"保持警觉"意味着你一直利用肾上腺素去创造处理学生需求所需的额外能量。这样做会让你在上课日制造日后必须归还的能量债务。

在孩子放学回家时你有没有体验过这种能量债？在此之前你还需要 27 分钟时间来清除血流中的肾上腺素。结果就是，在放学后你没有足够的能量去匆忙准备明天上课需要的书籍和材料。

孩子们回家后大约半个小时，能量债务开始袭击你。一波疲倦压倒了你，迫使你找个地方坐下休息。每天如此！

从过去 6 小时制造的能量债务中恢复会狠狠地带你进入夜晚。谁会为了你因为课堂筋疲力尽的既成事实买单？就像歌里唱的，"你就会伤害你爱的人，那些你一点也不应该伤害的人。"

你的配偶说："亲爱的，我们需要谈些事情。"

而你说："我们必须要现在谈吗？"

你的孩子说："我刚把这个弄坏了，"

而你说："你这就弄坏了？你上周才拿到！"

当你日复一日带着空空的"油箱"回家时，你没法很好地与自己的家庭相处。我不知道你的工资怎么样，但是我很怀疑有谁能够为了你的身体健康或者你的家庭和谐或者你自己的个人幸福付出足够的补偿。

斗－逃反射的其他名字

> 唠唠叨叨

当你处于斗－逃反射时，你的嘴巴喜欢快速开合。如果你的生命受到威胁，嘴巴可能发出一声尖叫。但是在情绪化程度更低的社交场合，比如教室里，它听起来像这样：

"好吧同学们，你们这样说话可没有任何借口！等我抬头看的时候，我希望看到你们在做作业！"

"你在干嘛？你可以回到你的座位上去吗？我厌倦了抬起头就看到你在教室里毫无目地闲逛了！"

"你们两个可以把自己的手收回去，并把注意力放到课堂上吗？如果我再看到这种行为，你们就在下课后去办公室见我。"

你记得前面章节的叨叨不绝吗？让我给你一个唠叨的专业定义：唠叨就是对话形式的斗－逃反射。如果你在烦躁不安时张开嘴，你就会唠叨。

我们都会唠叨，唠叨是正常的生物学行为。如果你有一个朋友宣称自己从不唠叨，他就是在撒谎。与课堂管理相关的问题不是"你唠叨吗？"，而是"你有多唠叨？"对于一些老师而言是很少，对于其他人来说它一直都存在。

> 公鸡姿势

我们用手和嘴来表达。当我们唠叨时，手部的语言使我们进入"公鸡姿势"。

公鸡姿势是一个人类学概念，指的是许多无实际威胁的虚张声势动作，公鸡在配种争斗时会做很多戏剧性的虚张声势动作（咯咯叫和扑动翅膀动作），但彼此几乎一点肢体接触都没有。

在课堂里，咯咯叫和叨叨不绝是同一样事物。但是，我们是用手做出扑动的动作的。

我们当然不是想飞。我们只是想扬起谷仓里的一些尘土，这样小鸡们就知道我们是认真的了。在这样的情况下，我们一般只用一只翅膀。

两种最常见的单翅扑动是"环形"和"垂直"动作。在动员学生回到自己座位上时，我们使用环形扑动，在动员学生坐下时我们使用的是垂直扑动。

当两只翅膀都参与时，显而易见情况已经非常严重。想象有一个老师，他烦躁不安并失去了耐心，站在教室前面，双手举起来对全班说：

"你们所有人回到自己座位并安静下来花的时间越久，我站在这里……呃……举着手的时间就会越长。"

> **叱骂和怒吼**

一名来自洛杉矶某学校（你可以想象学校的全体学生）的受训老师说：

"我对此有个另外的称呼，我叫它'叱骂和怒吼'。你伸出手指并指着学生说，'坐好！'或者'不要说话！'"

我们在练习叱骂和怒吼时都笑了。这有点原始力量的感觉。我的脑中开始出现一只眯着眼、牙齿反光的恐龙。这种原始力量的想法让我回忆起不久前我与我的小儿子的一次互动。

> **对我儿子的叱骂和怒吼**

这次口角与背包有关——孩子们把书本和杂物装进带到学校的书包里。帕特里克（我的大儿子）和布莱恩（我的小儿子）过去经常一回到家就扔下书包——就扔在楼梯底部，把背包放在这里是很危险的。我教过这两个男孩（我以为）不要把书包放在这里，这样就不会有人被绊到。

一天，当我还在倒前一天晚上的航班时差时，我发现自己很烦躁。当布莱恩从学校回到家的时候我正在厨房。他蹦跳着从后门走进来，把他的书包正好扔在楼梯底部，然后开始上楼去自己的房间。

我怒吼道："布莱恩！背包应该放在哪里？"

布莱恩说："噢，爸爸！"

我肯定是状态不错，因为我把叱骂怒吼与一个愚蠢的问题放在一起。而且，我有四天没见到布莱恩了。

我感觉不好，整理一下情绪后，我上楼道歉然后体面地谈了谈。但是后来我最终意识到我是多么不合时宜。

让我们从整件事的角度来看看。我有一个临床心理学的博士学位，在生命中的这个阶段，我已经花了三十年时间学习理解人们的需求和感受，建设性地解决人与人之间的问题，为人们构建双赢的解决方案，去治病救人！然而当我需要的时候所有这些技能都到哪里去了？

实际上，我的确知道这些技能在哪。我在研究生的时候已经仔仔细细地研究过了。

烦躁不安改变大脑功能

> 三位一体脑理论

三位一体脑理论解释了当我们变得烦躁不安时脑中发生了什么。它有助于描述当我们处于斗 - 逃反射时为什么会叱骂和怒吼。

首先，在漫长的岁月里，大脑的发育经历了三个主要阶段。这些大脑发育阶段产生了特征性的结构。你可以在大脑的剖面中看到它们。

三位一体的意思是"三合一"。我们都具有的"三位一体脑"是指：

1. 爬行动物脑（脑干）：这是控制基本生命功能的低级大脑中枢。它们包括脊髓、小脑（肌肉协调）、调节身体功能的视觉皮层和神经节。

2. 古皮层（原脑皮质层）：这些是被研究生戏谑为"小狗－小马式脑"的中脑中枢。为了理解这些脑中枢可以做什么，试着比较一下蜥蜴和小狗的社会行为。你的狗会爱你而且会对你忠诚，而一只蜥蜴可不会。

3. 新皮层（新皮质）：这些大脑中枢与"更高级的智力"有关，指的是柏拉图和苏格拉底、巴赫和贝多芬、爱因斯坦和费米——以及我们。这些大脑中枢给予了我们推理的能力。

> **降挡**

斗－逃反射可预测危险并非常可靠。不能执行斗－逃反射的动物在过去5亿年里已经成为了别人的午餐。

反射通过保险机制来确保可靠性。三位一体脑理论解释的就是斗－逃反射的保险机制。当你的生命岌岌可危时，大脑是如何保证你准备就绪进入状态而不是战战兢兢的？

没有皮质你可发不了抖。所以，你的大脑屏蔽了自己的皮层，这一过程叫作"降挡"。

在轻微激发时，大脑从新皮层切换到中脑，这一变化使人不安。你是否曾因为有点紧张而忘记了别人的名字？降挡会对长期记忆造成破坏。

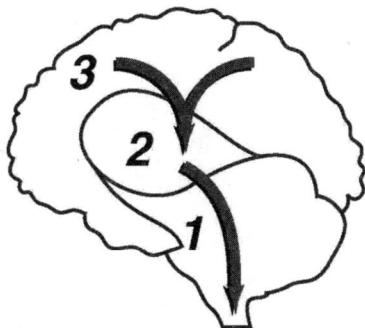

当我们变得烦躁不安时，大脑会从皮质降挡到脑干

在中等到严重的激发下，大脑直接降挡到爬行脑和脊髓——研究生不客气地称之为"脑干掌控"。我们在某些时候都会"被脑干掌控"，不是吗？你发过脾气、发过怒、冒过火、失去过冷静吗？

现在，我来给你一个关于课堂纪律管理的建议。你用皮质思考才能做得更好，因为当你降挡时，课堂会突然变成三十个皮质操控一个脑干。这可不是一个公平的竞争。

社交力量

> 权力和控制

降档会把我们带向脑功能讨论背后一个真正的问题，也就是权力。不管怎样，是谁在掌控你的课堂？权力是那些让人感觉很不好的词之一。

"他真的是一个自大狂。"

实际上，权力是一个中性词，它就是指控制，但是控制也是个让人感觉很不好的词。

"她真是一个控制狂。"

"他是我遇到过控制欲最强的人。"

我们下意识地把这些词语翻译为"压制"和"控制"——意指威胁的概念。但是，如果抛开这些"倾向性的意义"，它们就是一些可以描述课堂所发生事情的简单词语。以一次简单扰乱课堂行为的管理为例。

你抬头看到两个学生在应该做作业的时候讲话。你在管理全班的同时走到他们身边，然后你要求他们重新投入到作业中去。

很大的可能是，他们会回去做作业，但是这并不意味着他们会认真学习。

相反，这意味着这样的一个事实，这两个学生在老师站在身边的时候会停止讲话。但要弄清楚这两个学生是否真回去做作业了，你需要等一两分钟。

假设两分钟过去了，你从教室的远端发现这两个学生还在做作业。这时候是谁在掌控他们的行为？

就把他们现在正在做的行为看作你与他们互动的结果吧。既然他们选择遵循你的安排（做作业）而非他们自己的安排（讲话），那就是你在控制他们的行为。

权力就是控制。谁在控制谁？谁在发号施令？谁能随心所欲？

现在假设这个和邻座讲话的行为向另一个方向发展。当你两分钟后再看向他们时，那两个你站在他们身边时就很"乖"的学生再次讲话了。

现在谁在控制？他们在做你想要他们做的事情吗？或者他们正在做自己想做的事情？

正如你所见，这种互动的结果公开可见。课堂任何一个学生抬头都可以看到你是否能让这两个学生表现良好。你无处可藏。

> 你随心所欲的艺术

权力就是控制，控制就是权力。但是，这两个概念并不意味着"黑暗力量"。相反，它们描述的是谁在领导谁在跟从。具有更大权力的人领导，权力更小的人则跟从。

但是，某些人在试着领导的时候会激怒每个人，让人们抗拒他们的领导，他们缺乏领导所必需的技能。

还有一些人是天生的领导。他们优雅地领导，而人们心服口服地跟从。他们肯定有领导技能。有技巧的领导是一种艺术——让你随心所欲的艺术。

领导力通常被描述为"利用人们把事情做好"，这是一种为了达到一个社会目的而利用社会权力的艺术。在这种意义上，领导力与这些概念比如"高效管理"和"交际手段"是同义词。

在政治科学里面，交际手段通常被描述为"使其他人做到你想要他们做的事情并为此感激你的艺术"。有技巧的交际绝对是社交权力的艺术，也是你作为老师谋生的艺术形式。

你在课堂上整天都试着让学生做到你想要他们做的事情并为此感激你。你在孩子们最美好的年轻岁月里把他们关在学校里，还整天要求他们完成一个又一个的作业，而且你想要他们喜欢上这些事，想要用尽全力并期待明天再做一次。

这会检验你的社交技巧极限，你绝对需要时时使用你的皮质层。

力量冲突

> 两种力量

看起来我们有两种权力——社交力量和原始力量，它们互相竞争并控制我们的行为。

原始力量是我们与生俱来为了生存而拥有的力量，它是斗－逃反射的直接表现。在社交场合原始力量表现为不安，它是侵略性的。

与之相反，社交力量不是自然的，而是习得的。它不是直觉式的，而是技巧性的。它微妙而复杂，是非对抗性的。

两种力量类型	
原始力量	社交力量
•斗－逃反射	•社交技能
•作用和反作用	•领导力和管理
•反射式行为	•习得性行为
•脑干	•皮质

我们身体内部这两种力量类型的冲突集中体现的事实就是，你无法同时使用两者。我们在不安时降档到脑干层面，与此同时我们就失去了皮质层面，而且我们要失去它 27 分钟。

> 平静就是力量

这两种掌控我们行为的不同力量类型之间的竞争揭示了我们关于社交力量最基础的原则：

平静即力量。

不安即弱点。

当你平静时，你可以带着你所有的智慧、经验和社交技能来解决问题。当你变得不安而降档时，你无法充分应用所有的这些知识。

"我的生活掌握在任何一个使我发怒的傻瓜手里。"

> 谁在控制谁？

为了比较一下原始力量和社交力量，问问你自己下面这两个问题：

• 当你烦躁不安时，谁控制了你的大脑和身体？

• 当你平静时，谁在控制你的大脑和身体？

在你可以树立威信之前，你一定要控制形势而不是让形势控制你。你控制不了自己，你就永远控制不了一个课堂。

所以，对于树立威信最难接受的一课是，它首要解决的事情是情绪上的。除非你在面对挑衅时能保持平静，否则你的梦幻管理策略可能帮不了你什么。在你被脑干控制时，他们运用着皮质。

而生物学游戏是快速进行的。你曾经冒过火吗？它持续了多久？在大多数老师觉察到时，游戏就已经结束了。

平静是一种技能

> 它和呼吸有关

当你抬头看到扰乱行为时，你会触发斗－逃反射，没有什么训练可以阻止反射发生，但是你可以抑制它。

肾上腺素集中并进入血液只需要几秒钟，这只给了你很短的机会窗时间来踩刹车。

在这个短暂的时间里你可以用一种习得的反应来覆盖斗－逃反射，这种习得性反应就是放松——斗逃的生理学反面。

但是在面对挑衅时到底如何放松？首先，你可以通过合适的呼吸来放松。放松的呼吸是任何减压训练项目的一部分，它应用于待产训练、焦虑症和抑郁症治疗、瑜伽和棒球裁判训练。

放松的呼吸是缓慢和相对空虚的。它是一种你看电视或读杂志时的呼吸方式，它能降低你的心率和血压。让你的肌肉放松，使你的脸变得更平静和无表情。

平静是可以学习的

放松呼吸和其他任何技能一样是可以学习的——在高效的教导和练习、练习、练习下，它可以最终代替斗－逃反射成为你应对学生挑衅行为的主导方式。

你在放松时越有技巧，在应对某些令人不安的事物时就能越快地放松。到你掌握时，放松几乎可以成为自动自发的反应。

> ## 情绪可以传染

如果你保持平静，你会对你周围的人产生一种平静效应。如果你感到不安，你会倾向于扰乱周围的人。在训练中，老师们学到的是，情绪具有传染性。所施即所得。

在管理课堂扰乱行为时我们的目标有两个：

- 使学生回归平静。
- 让他们回到任务中。

这两个目标是一枚硬币的两面。为了让学生回到任务中你就必须使他们平静下来。肾上腺素使人们胆战心惊。如果你对一名学生提高声音，他们就会紧张一阵。

如果学生不安，他们就不能集中注意力。如果他们不能集中注意力学习，他们就可能会去找其他事情做。最可能做的就是某种扰乱行为，这些扰乱行为随即变成了你的下一个纪律问题。

我们的目标是大事化小，而不是小事化大。如果保持平静，我们就能在保护自身的同时解决问题。如果我们变得不安，我们就成为了自己最大的敌人。

第15章
保持一致：我们的思想

- 一致性不分程度等级。你要么一致要么不一致。
- 如果一个学生在扰乱课堂而你没能干预，你就刚教会这个学生他们的瞎闹是可接受的行为。
- 所以当你看到不可接受行为时，你会进退两难。你要么行动成功使你的规矩变成现实，要么行动失败使你的规矩变成空谈。
- 结果就是，任何时候你的课堂都是纪律先于教学。
- 你脑子必须非常清楚你的行为界限在哪里。没有清晰的头脑，就不会有清晰的行为。

说不就不

> "掌控"状态

在课堂里你说了算。你建立规矩并划定行为界限。如果不是你说了算，那就没人说了算。

通常你必须对不当行为说"不"。当你这样做的时候，你是想要问题停止，如果问题没能因此停止，小问题就会变成大问题。

你该怎样去说"不"然后执行下去？或许我妈妈的故事会有所帮助。她以前是一名老师，据我所知，她写了一本关于树立威信的书。

> 我妈妈的一个故事

当我还是个小孩子的时候，我们住在斯莫耶家边上。汤米·斯莫耶是我的玩伴，我们小孩都很爱斯莫耶夫人（他的妈妈，我不关心她的名字是什么）。

不仅因为斯莫耶是一名很好的女士，还因为她是一位强迫症烘焙师。下午在玩耍的时候斯莫耶夫人经常打断我们，并打开她家后院的纱门喊道："孩子们，快进来！"这意味着我们将被她烘焙的某样东西招待，或许是巧克力烤松饼或者是更好的布朗尼蛋糕！

但是有些日子斯莫耶夫人会打开纱门说："汤米，快进来！"这意味着她刚烘制了一块馅饼，只准备给她家人吃。

一个下午我们在后院玩的时候，我闻到了从斯莫耶夫人厨房传来的姜饼味道。我爱姜饼！我等不及我的那一份了。当晚饭时间邻近时，斯莫耶夫人打开纱门说道："汤米，快进来！"

我的心一沉。我想要吃姜饼！生活太不公平了！为什么我不能也有姜饼吃？我要公平。

所以，我穿过车道冲进我母亲的厨房，她正在准备晚餐。我以每个孩子开始和家长商量的方式讨价还价，首先抱怨第一级。

"妈，我能吃点什么吗？汤米有姜饼吃。"

我的母亲从炉子那里转过头说：

"弗雷德，我要在 45 分钟内把这顿饭准备好。现在，我不想坏了你的胃口。"

这是很清楚的交流信息。但是我还很年轻，我把商量升级到了抱怨第二级。

"但是妈，我不能吃点什么吗？我们没有姜饼吗？我饿了。"

我的母亲说："弗雷德，我可不会时不时给你点心吃，然后看着你等下坐在餐桌旁像鸟啄食一样不好好吃东西。"

我的母亲总是喜欢用鸟打比方来描述我的吃饭习惯。我显然没有说服成功，但是我知道要做些什么。于是我进入了抱怨第三级。

"但是这不公平！汤米有姜饼。我不能有吗？"

厨房的气氛突然改变了。我的母亲放下锅铲然后慢慢地转过来看着我。

她目不转睛地看着我，在围裙上擦了擦手。然后她说：

"弗雷德，我说了不，不就是不。"

我不能就此放弃。归根结底，生活不公平。

"但是为什么我不能？汤米有……"

我被打断了。我的母亲瞪着眼睛盯着我，说：

"弗雷德，我可不会站在这里听你没完没了。（'没完没了'在我的母亲的字典里的意思是，你真是胡搅蛮缠。）你要么现在就出去，玩到我叫你进来，要么再开口就坐到楼梯那里去。"

我的不公平感肯定很深刻。

"但是，为什么我不能……"

这是最后的半句话。我的母亲站到我面前盯着我，手指着楼梯。我知道一切结束了。我感觉内心有什么在枯萎。我沉默着被拉到楼梯那里坐下去。

母亲做完饭，爸爸下班回家了。我的哥哥汤姆从朋友家回来，问我为什么坐在那里，然后被人快速打了一个手势叫走了。

母亲摆好餐桌，然后叫爸爸和汤姆去吃饭。当他们坐好的时候，母亲转向我，她的声音里没有一点情绪的痕迹，说道：

"弗雷德，你现在可以加入我们了。"

我松了一口气！我感到不止一点点受宠若惊，同时我学到了在试图纠缠我母亲的时候要三思而行。

> **靠此为生的规矩**

我不知道儿时有多少次被发配坐到楼梯上，我确信不止一次。从这些经历中我学习到两个让我后来的成长更为容易的重要教训：

1 号规矩——不就是不。

2 号规矩——我可不会站在这里听你没完没了。

> ## 懦弱的家长

很多年后我加入罗切斯特大学医学中心，训练实习生和博士后如何接待众多家庭。儿童门诊的大部分病例都与顽童行为有关。一个典型的家庭通常会有一名 37 岁左右的父亲、一名 35 岁的母亲、一名 3 岁的独生子女。你认为他们家中谁在当家？

这些病例的"治疗"会涉及对父母进行行为管理的训练。它包括说看做教学法和许多的练习及即时反馈。

你可以想象，纪律管理的基石之一就是"不就是不"。经过练习，我的客户甚至能很老练地说："我可不会站在这里听你没完没了。"

但是，一些家长就是不会自己参与设立行为界限。在开始前我会问："这周进行得怎么样？"然后他们就会开始找各种借口。

"呃……我们在超市，然后他老是把罐头丢到架子下。我捡回得越快，他扔得越快，然后它们都被扔下去了。我不知道怎么办。"

"呃……我们在酒店里，我们已经点好食物的时候他开始扔硬面包。我们又不能离开，对吗？"

"呃……我们在祖母家，我不想吵架。她是个老妇人，她很容易变得不安。"

"呃……那是他的生日聚会，当他开始到处乱跑撞到其他孩子的时候我不知道怎么办。我可不能在他的生日聚会上把他关到自己房间去，是吗？"

这些父母就是不能说"不"然后"执行"。这些父母的在诊所的外号叫作"窝囊废"。你会在整个职业生涯中与众多"窝囊废父母"打交道。

一致性

> ## 某种一致性

树立威信的意志部分的重点在于对一致性要有清楚的理解——设定儿

童不当行为界限的一致性。一致性是每个人都知道但是只有少数人才能真正理解的词语。我们都知道一致性对育儿来说很关键，但是它到底是如何起作用的？

我的窝囊家长之一说过："但是，琼斯博士，我认为我们相当一致。"我将这句话告诉我的同事，他们哈哈大笑。当另一个窝囊家长说："但是，琼斯博士，我认为我们大部分时候都很一致"时，我们笑得更欢了。

窝囊家长没能理解的是一致性不允许有梯度。你要么一致，要么不一致，没有两者之间这回事。没有诸如"很一致"或者"非常一致"或者"极度一致"这种说法。

＞　建立顽劣行为

在前面章节里我们讨论过顽劣行为通过强化错误而建立。无论何时在你"大部分时候"一致时，就会发生强化错误。

例如，假设我的母亲曾经相当一致而不是绝对的一致。五次中有四次做到了不就是不。但是，五次中有一次她"心软"了。也许她有一个好的借口——她很忙或者焦虑或者分心了。总而言之在脆弱的时刻，她脱口而出：

"好吧！吃点姜饼，到外面去，离我远点！我厌倦了你的没完没了！"

如果我的母亲心软了，她会教会我下列这些经验教训：

"当进展变得困难时，哭闹也会变得困难。"

"如果你开始没成功，那就闹、再闹。"

"不要放弃！保持希望！今天你会走运的。"

当父母心软时，他们教会了孩子们吵闹有用。孩子们学到了，他们可以通过吵闹达到目的。但是，首先，他们必须要通过顽劣行为拖垮他们的父母。

＞　一致性的反讽

一致性的讽刺之处在于，你在失败前越接近一致，结果就会越糟糕。

如果父母很容易心软，孩子则不需要为了成功成为世界级的吵闹者。但是，如果父母不是很容易心软，孩子就必须要学会全力以赴。家长让孩子为了赢而努力，反而将孩子训练得既无情又固执。

课堂的一致性

> 关注小扰乱行为

在课堂上我们可以从关注小的日常扰乱行为比如"和邻桌说话"开始。我们有两个理由：

- **小扰乱行为的代价更大。** 正如我们在前面章节提到的，小扰乱行为在课堂的发生率比大扰乱行为高得多。结果，它们占据了绝大部分失去的学习时间并引发了老师绝大部分的焦虑。
- **大扰乱行为由小扰乱行为发展而来。** 一个危机有时会突如其来地发生，但大问题总是由小问题恶化产生。例如，当我们看到一名七岁小孩表现得像个暴君时，我们强烈怀疑这个孩子已经"逍遥法外"多时。相似的是，当我们看到一个学生在教室里表现反常时，我们会怀疑这个问题不是从昨天开始的。

在教室最常见的扰乱行为是与邻桌讲话。在应对教室捣蛋行为时，80% 的时间你处理的都是邻桌讲话行为。

当然，不同的课堂框架有不同的规矩。但是，将"与邻桌讲话"作为我们的扰乱行为原型是因为它既普遍又简单，而且它具有讨论所需的所有要素。

所以，我们假设在接受调查的课堂中，学生们清楚地知道他们要自己独立做作业。当老师抬头看到教室远处两名学生没做作业而是聊天时，这清楚地代表着捣蛋行为。

> **教学前的纪律**

在考虑你采取的措施前我们先来处理你的优先选择。在教室里，无论你在什么时候做决定都必须牢记下列优先选择：

纪律要先于教学。

这不是可选可不选的选项。这是高效管理的基石。

大部分老师都能轻易接受将纪律置于教学之前。要知道，这么做仅仅是符合逻辑。下面这句话说得通吗？

"如果学生们在瞎闹，他们当然没在上你的课。"

或者这样？

"在开学之初就搞定你的规矩和常规。如果没有，你就会在后面的十八周追着那些孩子跑。"

实际上，大部分老师至少在逻辑层面上会认同纪律应该优先于教学。那么，为什么这么做的老师如此之少呢？

> **有点一致？**
> 一致性不分梯度等级。一致性只有两种状态：
> - 你一致。
> - 你不一致。

真理时刻

> **艰难的选择**

警惕！与在家相比，窝囊废行为在教室里要微妙得多。

例如，我们假设你在帮助一名叫罗伯特的学生做一份复杂的作业，比如几何证明。他在定理、公理和结论证明的某处卡住了。

你已经辅导了罗伯特几分钟，此刻你正在接近结束。再给个30秒，罗伯特就可以自己做了。

此时你从眼角逮住教室远处有两个学生在讲话而不是做作业。这不是个大扰乱行为，甚至没有干扰附近的同学。

现在，在你想象下一步如何行动时，全然坦白地面对自己。

- 你想要中断目前你已经花费几分钟并已接近结束的这个教学互动过程吗？
- 你想要在处理这个问题前先完成对罗伯特的辅导吗？

在培训时，一屋子资深教师会一齐回答："完成对罗伯特的辅导。"

你当然想要完成对罗伯特的辅导！不管怎么样，你已经投入了情感、智力和时间。你如此接近成功，罗伯特几乎已经搞懂了。

结果，大部分老师会继续帮助罗伯特。在这个"真理时刻"，大部分老师会选择教学优先于纪律。

＞ 学生的角度

现在，让我们从学生的角度看看这个情况。在学年一开始，他们就在试图搞清楚你是什么样的人。

全班同学刚刚看到你做了一个选择。他们看到你抬头观察到两个学生在捣蛋，然后他们看到你回到了罗伯特那里。

从学生的角度，回答这个问题：

"在教室里，纪律管理是放在首位还是放在次要地位？"

你也可以这样公开告诉全班：

"同学们，你们还记得我在开学时说过的高标准和课堂学习时间的话。好吧，你们都知道了，嘴上说说很容易。"

"你们刚看到的就是现实。你们可能也注意到了，当我不得不在纪律和教学之间选择的时候，我会选择教学。我发现纪律管理有点……哦，我怎么说好呢……不太方便。结果当我忙于教学时，只要捣蛋行为不要太烦人我会选择睁一只眼闭一只眼。"

"我当然希望没有纪律问题，但是，你们可以看到，处理这些问题不值得我花时间去处理。除此之外，我真诚希望我们可以一起创造有序而富有成效的一学年。"

> **进退两难的境地**

当你抬头看到你的规矩被打破时，你就处于进退两难的境地。如果你行动，你的规矩就变成了现实。如果你没能行动，你的规矩就是一句空话。

这就是你的真理时刻，搪塞会付出高昂的代价。如果你模棱两可，你就变成了一个"窝囊废"，窝囊废会变成吸引顽童行为的磁石。

看到就行动

> **不要思考**

在你应该采取行动的时候思考是致命的行为。如果学生已经越线，你要么做些反应要么有所保留。

在事情发生后再开始想怎么办已经太迟了。你必须知道当即之下怎么做。

在这个节点上思考，只产生了犹豫，而不是作为。为了减少犹豫，不要思考。要牢记纪律总是先于教学！

如果你停下来在这一刻思考，你留下来辅导罗伯特的想法就会被合理化。这时头脑中会产生一些无关紧要的想法：

- 扰乱行为有多大？这个其实无关紧要。当你看到不可接受行为时，你要么处理它要么不处理。而且扰乱行为一般都很小——大多数情况是和邻座说话。
- 这个任务有多重要？这个也无关。如果它不重要，你不会教它。

问题当然是小问题，这节课当然很重要，纪律管理当然不方便。但是你不能对扰乱视而不见。每一次都要做到不就是不，否则它就会毫无意义。停止犹豫并做你的工作，否则不要对你自己开玩笑了，承认你真的是一个窝囊废。

> **不要咨询你的感觉**

纪律管理是一个在你头脑之外玩的游戏，但不在你的直觉之外。你的界限由你对不可接受行为的定义决定，它与你的感觉无关。

本质上感觉是不一致的。如果你基于自己的感觉进行应对，你永远无法达成一致。

例如，你没法应对扰乱行为，因为你感觉自己"失去了耐心"。你的耐心是由下列因素决定的：

- 你昨晚睡得怎么样。
- 你是否因为生活中其他事物而烦恼，比如生病的小孩或者夫妻关系问题。
- 班上其他孩子五分钟内做的事情。

所以，你的头脑必须很清楚你的行为界限在哪里。没有这种清晰的头脑，你就不可能有清晰的行为。

课堂规矩

> **你指定规矩**

你的课堂规矩不由我制定，而是由你制定。不同的课堂框架有不同的规矩。尽管我们将邻桌谈话行为当作扰乱行为的原型，但对某种特定行为设置一条反对的规矩绝对是说不通的。例如，伙伴教学如果没有规矩就会变得糟糕。

课堂规矩在不同条件下是不一样的。在你课堂管用的规矩，在少管所不一定管用。

但是我也观察了足够多的学校，知道同一栋教学楼里老师和老师之间的期望非常不同。规矩在不同地方可以不一样，但是让每个人都自己制定规矩是危险的——纯粹会变成一种个人喜好。

全体教职员工如果就规矩进行讨论并就基础原则达成共识就再好不过了。教员间对学校程序手册的讨论一般可以拓展为课堂标准。

曾经参与过这一过程的教师们通常把它描述为整个学年最富有成效的教工活动。它不仅在达成共识方面有用，而且还能将学校的价值观传达给新的教师成员。

> 选择你的战斗

新手老师通常认为课堂规矩是某种行为愿望清单。更有经验的老师则知道每一个课堂规矩都附带了一个高昂的代价。

如果你想要一致，每次你看到一个违规行为就要进行反应。所以，达到一致性就要求你遵从下列的"规矩的规矩"：

永远不要制定一个你不愿意每次都执行的规矩。

执行总是会要求你停下手头的工作。所以，在你制定一个规矩前，想象你自己正在执行它，并且每一次都如此。然后，问你自己："值得付出这个代价吗？"

坚定和关怀

> 对付拉里

当你在教室划定界限时，你正在为学生建立行为边界。从发展心理学中，你知道孩子们通过挑战边界来建立现实认知。如果边界从不变化，当孩子接受界限作为他或她的一部分现实认知时，挑战就会消失。如果边界发生变化，这个孩子就会持续挑战。

你的很多学生会来自"不并不意味着不"的家庭。窝囊的家长创造了会反复挑战你决心的孩子，因为他们习惯了获胜。

如果他们没能获胜，他们就会缓慢地消失，因为他们期待最后能赢。如果你像他们父母一样不一致，这些孩子永远不会"消失"。

> **窝囊废行为会偷偷接近你**

教室里的窝囊废行为会偷偷接近你。尽管与拉里的对峙是戏剧性的，但一般的捣蛋处理程序可一点也不戏剧性。通常它看起来只是无辜的闲聊。

这种对你规矩的挑战既不直接也很温和，它很容易诱使你对这个问题"睁一只眼闭一只眼"，然后继续进行教学。但是，当你对闲聊视而不见时，你就默许了自我驱动的邻桌谈话行为。当问题再次发生时不要感到惊讶。当你最终"发觉"并干预时，你是在试图压制一个你自己参与建立的行为。

> **不一致和严苛**

没有成家的新手教师在应该严肃对待一致性的时候特别困难。他们的主要重心放在了关系建立上面。执行规矩则倾向于靠后。

已成家的老师知道所有的"婴儿无上威力"。他们学会了把坚定、一致和温柔结合在一起，去指定稳定的边界。对于那些缺少这种平衡技巧经验的老师来说，边界不能移动、一致性没有等级梯度的要求似乎太严苛了。

然而，你关怀的能力最终要看你保持一致的能力。行为问题的管理要遵循下面两条途径之一：

如果你一致，你能用越来越小的代价去管理不当行为。

如果你不一致，你必须用越来越大的代价去管理不当行为。

不一致产生了强度越来越大的争斗。到某个程度时，以同一种挑衅行为去反复处理同一个学生会变成一种针对个人的行为。归根结底，你为自己的不一致而付出的代价就是你的教育能力降低。

第 16 章

设限：我们的行动

- 为了预测其他人接下来会做什么，我们直觉式地阅读各自的肢体语言。
- 无论我们想不想，肢体语言都"发送"出我们真实的想法、感觉和目的。学生像读一本书一样阅读我们。
- 因为我们发送了自己的目的，所以学生们真的能阅读我们的头脑。通常在我们行动之前，他们就知道我们准备做什么。
- 在本章，我们将检验树立威信的肢体语言——学生借以了解他们是否要拿我们当回事。

行动意味着承诺

> 关注行动

思想自由而言语廉价，但行动会让你付出代价。某些重要的东西必须得花你的时间。所以，行动意味着承诺。

在前两章我们把重点放在课堂最普遍的扰乱行为之一——和邻桌谈话上。在学到面对挑衅要放松时，我们处理了自己的情绪；在学到保持一致的重要性时，我们处理了自己的思想。

本章我们将检验自己的行动，将继续管理扰乱行为原型——邻桌讲话行为。在接下来的章节里将讲述，在学生行为一直升级到恶劣顶嘴甚至更严重时，我们该如何应对。

> 关注肢体语言

在刚开始对天生老师进行观察时，我们看不到他们正在做的事情。它太微妙了以至于对我们来说仿佛是隐形的。天生者也没察觉到他们所正在做的事情，他们没法描述它。

　　只有在经过数月的观察、数小时的头脑风暴和相当多的试错后，我们才看到了威信。然而，它对于学生来说一直可见，他们从儿童早期就开始解读了。威信主要通过肢体语言进行传递。

＞ 肢体语言具有遗传性和普适性

　　全人类都使用同样的肢体语言。快乐、悲伤、愤怒和厌烦在任一大洲看起来都一样。肢体语言的文化差异与它们的相似之处相比不值一提。

　　这种行为的统一性只可能来自先天。肢体语言是一种生物学，它是人的本性。

　　我们把肢体语言带来意识层面上来，这样我们就能用它帮助学生成功。本章我们开始破译这种语言。

破译肢体语言

＞ 肢体语言传达感情

　　在孩子们会说话前很长一段时间，他们的眼睛会跟随我们并学习我们。他们阅读我们的感情。他们知道我们是平静还是不安、快乐或悲伤、满意或不满意。

　　我们从没失去过这种能力。我们能阅读朋友和爱人们的肢体语言并立刻知道他们的感受。我们可以通过面部表情、姿势和行走方式来分辨。

＞ 肢体语言传达目的

　　我们也会为了解其他人接下来做什么去阅读肢体语言。最普遍的例子是体育。进攻方阅读防守语言，而防守方阅读进攻语言。别的选手接下来会做什么？细微的肢体信号给我们透露了秘密。

例如，假设一名篮球运动员接到传球并准备传给一名队友。这时，持球的球员立刻把视线转向传球目方的那名队友。

你能想象得到球会去哪里吗？防守方也能。在球员转身传球的那一秒，你认为防守者能把手伸到传球路线上去吗？

教练说，"你发送了传球的信号！"肢体语言比任何东西都能发送我们接下来要做事情的信号。

因此，课堂的学生不仅仅是阅读你的肢体语言，他们还在读你的心。他们通常在你行动之前就知道你要做什么。

> 肢体语言传达变化

肢体语言发出了人们感情和目的的变化信号。你怎样辨认出一个朋友今天很悲伤？我们抓住了变化的信号。是耷拉的姿势、低垂的眼神吗？

这些信号在学习理论里面有一个名字。因为它们是帮助我们分辨变化的刺激信号，所以它们被叫作分辨性刺激。

就树立威信而言，学生如何能分辨出，为了应对扰乱行为，你的承诺已经由教学变成了纪律管理？他们将通过研究你的肢体语言去寻找线索。

> 信号清晰度

下面就是它运行的机制。如果你发出的所有信号都在说"我放弃教学了，我要管管纪律"，那么甚至你的狗和猫都能读懂它。另一方面，如果你发出一半信号说"我要管管纪律"而另一半信号在说"我要继续教学"，那么没人能确定你的目的。

当行为边界不清楚时，孩子们就会挑战它来试探边界在哪里。如果缺乏清晰度，你就是在迫使学生去挑战你。

正如你所见，问题最后还是要归结到信号的清晰度。如果你想要在首次应对捣乱行为时就让捣乱学生"表现良好"，你最好给出清晰的信号。就树立威信而言，信号清晰度把我们带到了矛盾心理的话题上。

> **矛盾心理**

当我们矛盾时，我们处于"三心二意"状态。我们在两个争议的选择之间分裂了。

当该树立威信的时候，每一个老师面临的双选是什么？永远是在纪律和教学之间进行选择。哪一种更值得你花时间？

混合信息

如果你正处于矛盾中，你的肢体语言会发出两种心理状态的信号。当你同时发送两个信息时，你发出的是混合信息。混合信息代表了矛盾的肢体语言。

致使老师分配课堂时间和精力犹豫不决的选择是什么？像往常一样，矛盾介于纪律和教学之间。

在帮助一名学生时，我们抬头看到教室远处在发生一些轻微的扰乱行为，此时我们分裂了，一部分自我想要继续教学，而另一部分自我知道我们应该去处理纪律问题。

因此，老师们在需要清楚、坚定和令人信服的时候很容易发送出混合信息。这样的后果是捣乱的学生会继续挑战。

无处可逃

> **孩子们像读书一样阅读我们**

肢体语言是构成我们自身的一个不变常量。它在一百万年中都没有发生变化。你也没办法通过一个意志行为改变它。

在教室里学生研究你，而且每过一天他们都会变得更加精明。任何时候他们都知道是否需要严肃对待你。他们完全知道什么行为可以蒙混过关，以及怎样做才是你的忍耐极限。

不要认为你能愚弄一个孩子。身体的语言不会说谎。一个娴熟的运动员也许能够假装向右或向左，但是在树立威信时，你不可能持续欺骗坐满整个教室的孩子。

关于肢体语言你有两个选择。你可以为管理课堂去学习肢体语言，或者你可以无视它，然后让学生总是先你一步行动。

> 学习一种语言

我们正在学习一门新语言。最终我们会学得够多，足以有效表达自己。毕竟，肢体语言是一种对话形式。

我们参与对话时要么有意要么无意。我们的目标是成为有意的参与者。

我们将像学习任何一门新语言一样学习肢体语言——从简单词语开始。然后我们将学习短语，再然后是句子、段落。

> 最差的情况

在一开始，肢体语言看起来像一门技术。我们问自己："这是答案吗？""这会阻止孩子们在我的课堂上捣蛋吗？"

当新知识面对旧习惯时，我们的防卫心理会让我们进入戒备状态。我们倾向于在拥抱变化之前先去对抗它。

我们通常用"是的，但是"来抵抗变化。这种"是的，但是"一般采取的形式是假设最差情况。

"是的，但是我的班上有一个孩子他……"

"是的，但是我试过这样并且……"

"是的，但是你不知道我们班孩子来自什么样的家庭……"

让我重申一下，我们正在学一门语言，而不是课堂问题的一揽子解决方案。我们将要学习的是如何在一个永不会结束的游戏中成为一名高效玩家。

我们将使用两个典型学生之间发生的典型情况——和邻桌谈话——来

描述肢体语言典型对话的画面。这种情况的唯一特别之处是它占据了 80%
的课堂丢失学习时间。单单因为这么一个理由，这种普通情况就是关键的。

海因斯小姐和拉里——概要

＞ 拉里胡闹

海因斯小姐是我的五年级老师。大部分男孩都喜欢她，虽然没人愿意
承认。她年轻漂亮、好心善良——但是她可不是傻瓜。

拉里在这个班里。我确信你还记得前面章节里的拉里——那个会让你
一年之间仿佛老了三岁的学生。我和拉里一起上的学。我还能在我脑海里
回忆起他。

一天海因斯小姐被意外叫去了行政办公室，整个班级没人管了。拉里
看到警报解除了，开始大出洋相。

海因斯小姐离开得越久，他的卖弄就越放肆。持续一段时间后，海因
斯小姐看起来似乎要一直不在了。终于，拉里站到海因斯小姐的讲台上跳
起了舞。

突然从走廊尽头传来哒哒的高跟鞋声音。拉里眨眼间从讲台上跳了
下来！等到海因斯小姐出现在门口时我们都已经双手叠好坐在各自座位上
了。海因斯小姐能从走廊尽头就树立威信。

＞ 海因斯小姐对付拉里

一天海因斯小姐正在活灵活现地向全班描述什么，她眼角逮住拉里在
捣蛋。海因斯讲了一半突然停下来，然后把头转向拉里，同时说："请你
注意。"

全班立马都安静下来，所有的眼睛都望向拉里，好像在说，又是你。
如海因斯小姐期待的那样，拉里坐正了身体，面向前方，看起来非常温顺。

停顿了一会儿后，海因斯小姐转向全班，继续讲课，好像什么都没发生过一样。

海因斯小姐中断讲课并且不带一点情绪就惩罚了拉里。海因斯小姐有教学手段。她是我小学时仅有的几个在学年结束时不想"杀了"拉里的老师之一。

保持成本低廉

＞　盯着学生回去做功课

你有没有像海因斯小姐一样转向捣乱学生，简单盯着他们，让他们回到做功课上去？大部分老师会回答："是的。"

这听起来不像是刚刚树立威信，而且也不像是你从来没有用过。如果你得到过这样的结果，很有可能是你曾经在树立威信上做得不错。

另一方面，你曾经不得不走到捣乱学生身边去纠正他们吗？大部分老师也会回答"是"。

现在，我来问你一个实际的问题。哪一种方式代价更小？显然，穿越教室的代价非常昂贵，而"盯着"则非常便宜。

＞　集中于"转向"

考虑到成本，我们应把注意力放在与捣乱学生的互动之始——转向那一下。如果转向非常有力，学生通常会"冷静"下来，也能省去你穿过教室的麻烦。如果转向不那么有力，你需掌控的情况就要复杂得多。

为了分析我们转向捣蛋学生时的威信肢体语言，我们必须通过慢动作来观察这个行动。肢体语言是微妙的，到你已经转向学生的时候，游戏通常已经结束了。

下面的部分将处理我们转向捣乱学生时的威信分辨性刺激因素。这些是学生从你肢体语言里阅读到的信号，这些信号将告诉他们是否需要严肃对待你。

停下来放松

> 首要的纪律

你从前面章节里知道了，当你看到问题时，你必须要停下手头工作来完成你的义务。如果你没能应对，你给出的信号就是对你来说，教学在首位而纪律在次要地位。

有时转向是突然的。海因斯小姐在眼角逮到拉里捣乱时突然中断了语句。以这种方式停下来是在告诉全班：

"这节课在捣乱行为停下来之前是不会继续的。"

全班都安静了，因为我们都知道这一肢体语言是什么意思。我们知道海因斯小姐正处于"纪律模式"，而拉里正处于尴尬位置。

> 慢下来

平静是舒缓的，不安则是快速的。而用活跃的方式也会让教学进行得很快。速度的突然变化会是第一个信号，学生由此得知了你在选择优先行为上的变化。

例如，当我们帮助一名学生时，我们的头脑在急转。我们在思考学生知道什么、学生需要什么、我们要如何最好地解释这个概念以及其余同学在干什么。当我们抬头看到一种扰乱行为时，斗－逃反射让我们的头脑转得更快了。

教学过渡到纪律管理需要我们很快进行。学生看到动作进行的速度，得出结论，我们急于回到教学中。

我们需要练习如何突然中断。清楚的不连贯性动作给出的信号是你已改变了念头。

> 按下"放松按钮"

海因斯小姐不仅中断了话语，她还如此快地按下了她的放松按钮，以致她的整个情绪都改变了。全班同学都开始注意。

像海因斯小姐一样，你对扰乱行为的回应应该是斗－逃反射的反面——放松。你要停下来，而不是加速。这种突然转变给学生提供了一种无法误解的分辨性刺激因素，所有事情都改变了。你正处于"纪律模式"。

你必须反复练习直到掌握为止。当你做得像海因斯小姐一样好时，你就能够快速而轻易地转变。但是在一开始你必须慢下来。

> 向罗伯特解释缘由并离开

为了慢下来，我们假设你正在帮助一名表现良好的学生罗伯特，同时你抬头看到两名学生在教室远处捣乱。这种情况下你不需要像海因斯小姐一样戏剧化地从教学转为纪律管理。相反，你可以花片刻时间向罗伯特解释理由，借此来放松和重整注意力。

你可以俯下身轻声说："不好意思，罗伯特。"然后停留一会儿再次放松地呼吸一下。当你停留并再次放松呼吸时，你可以马上做这些事情了：

- **你暂时脱离问题**：因为问题会触发斗－逃反射，将问题脱离你的视野可以消除这种触发因素。这会帮助你放松。
- **你恪守基本礼貌**：在教室里恪守基本礼貌是很重要的。这是许多学生都需要学习的东西。此外，如果你不解释缘由，可怜的罗伯特就不会知道为什么你突然不和他说话并转过身去。
- **你给自己时间重新调整注意力**：在站起来之前给自己一点时间重新调整注意力。当你站起来并转向捣乱学生时，"表演时刻"到了。在你处理之前你可能会听到些狡辩。

"什么？我可什么都没做。"

如果在听到狡辩前你都还没有放松，你就一点机会都没有了。

- **你吸一口气。**如果你向罗伯特解释了缘由并起身，你的肺就会是空的，因为你刚说了话。此时你会被迫吸一口气再去面对捣乱者。当你吸气时，你会弯曲你的横膈肌。当你弯曲这块身体最中间的随意肌时，你会没法放松你周围的肌肉。

以帝王风范转身

> 六秒之转

在培训时，作为资深组织者，我会演示两种转身。然后我请小组成员选择哪一种树立威信的成分更多一点。

- **第一种转身：**第一种转身要花三秒时间。开始时我缓缓倾身说："不好意思，罗伯特。"然后（想象一种连贯动作）：

第 1 秒：我起身。

第 2 秒：我抬起一只脚朝向捣乱学生，身体转动一半。

第 3 秒：我抬起另一只脚完成转身并朝扰乱学生摆好架势。

在完成这次转身前，受训者一般会看着我好像在说，"好吧，干得不错。我们看看下一个。"

- **第二种转身：**第二种转身要花六秒钟。开始时我以同样的方式倾身说："不好意思，罗伯特。"然后：

第 1 秒：我保持俯身并轻轻呼吸。

第 2 秒：我开始起身（差不多一半）并望向捣乱学生。

第 3 秒：我结束起身并继续看着捣乱学生。

第 4 秒：我缓慢转动肩膀和腰朝向捣乱学生。

第 5 秒：我一只脚朝向捣乱学生并且臀部也跟着转过去。

第 6 秒：我抬起另一只脚完成转向并朝捣乱学生摆好架势。

当我以这种方式转身时，小组成员总是会发出紧张的笑声。到转向结束时那个自愿当我"靶子"的老师通常会抱着他或她的双手说："好吧，好吧，够了。"

＞　速度有奇效

在你转向教室里的两个捣乱学生时是否树立了威信的区别是什么？当然是速度。准确地说是三秒钟的差距。

为了创造一些辅助转身的额外视觉图像，我让受训者想象维多利亚女王——日不落帝国的帝王——的形象。然后我问道，"这两种转身中哪一种更适合维多利亚女王？"说罢，我重复了两种转身。

小组成员的意见一致，因为慢的转身显然更具有"帝王"风范而快的转身太平常了。结果就是，在我们练习转向捣乱学生的动作时我会提示，"以帝王风范转身"。

＞　自上而下的转身

三秒钟的转身是常见的转向。六秒的转身是你必须经过练习才能学会的转身。它是不自然的。

正常情况下你转身时，你会马上转动整个身体。你抬起脚以一个动作转身。现在试试用六秒钟完成这个动作，然后看看会发生什么。在你抬起脚后，你还有五秒钟时间。你很可能会脸朝地摔倒。

戏剧教练在训练演员以帝王气度转身时，会用一种定式常规。即自上而下分四个部分依次进行转身：

头、

肩膀、

腰部、

脚。

这不但会放慢你的动作，还会帮助你在完成转身前保持平衡。如果你不以这种顺序转身，你会被迫加速动作，最后还是会以一种非常平常和没有说服力的三秒转身结束动作。

当你为了以帝王风范转身而放慢速度时，你会得到一种额外的回报。那就是你有足够的时间观察学生并思考，而学生有足够的时间来阅读你的意思。

通常情况下，当你缓慢转动你的头去看学生时，他们在你不得不转动剩余身体之前就已经捕捉到了你的"大意"和"倾向"了。这就是拉里回应海因斯小姐的方式。你做得越少，效果反而越好。

转动脚趾

> 完全转身

培训的下一个内容，我演示了转身的另外两种变化。两者都是以合适速度进行的，两者都是自上而下的转身。区别在于脚。

第一种转身是部分转身。想象我正从我的右边转向捣乱学生。我缓慢地站起来然后把头、肩膀和腰转向捣乱学生。但是，轮到我的脚时，我只抬起右脚转向学生。当我腰部以上都转过去时，左脚还留在原地。

第二种转身是完全转身。我做了之前的转身，但是这次我也转了左脚，这样两只脚都张开指向了捣乱的学生。

这一次，受训者对哪一种转身更具有威信效果还是没有疑问。部分转身是试探姿势的一种典型例子。试探姿势又把我们带回了犹豫和混合信息的话题。

你真的从心智和情感上都结束了教学，从而可以完全投入到纪律问题的处理上去了吗？说说很容易，但是身体不会撒谎。

> 一只脚进一只脚出

在部分转身中，你的双脚仅仅转动了一半。在培训时，我会以这种半转姿势放松下来说："看看我的身体，预测一下我会走到哪边？向右（纪律方）或向左（教学方）。"当然，大家无法预测，一半对一半的几率。

下一步，我提示大家，任何课堂都会有半数学生为了弄清楚你是否愿意像这样全力地解决问题而不得不试探你。要知道，他们需要了解捣乱的代价，不是吗？

人类自诞生以来就在阅读各种肢体语言。不用太奇怪，我们对于承诺的肢体语言有很多通用的表达方式。下面是一种与当前讨论内容无关的犹豫修辞手法。

"好吧，他一只脚进一只脚出。我希望他能做出自己的决定！"

使用部分转身，老师变成了这种古老表达方式活生生的例子。他们就是一只脚在教学一只脚在管纪律。你可以说他们是"墙头草"或者"既不在这儿也不在那儿"。

使用完全转身，老师解决了关于承诺的所有模糊视点。他们像这句老话一样："是时候直面这个情况了。"

在体育领域，你的身体会透露你的下一步动作。同样你的身体也会透露你的犹疑。它也会发出你在处理问题时可能会有的任何犹豫信号。

唠叨发出的信号是无承诺

唠叨是坚定的反义词。它是对纪律管理的"恶意中伤"，意思是纪律管理不值得花你的时间。身体的每一个部分都在表达缺乏承诺。看看老师在"叱骂和怒吼"时的脚，它们留在原地，公鸡姿势只会用到手和嘴。

在你的课堂制定一条在处理纪律问题时永远不要用部分转身的规矩。否则，你的犹疑会迫使你很快再次处理同样的问题。

抓住焦点

> 良好的眼神接触

在接下来的培训内容中，我模拟了转身的两个变种。这两个变种仅有的区别是与捣乱学生的眼神接触程度。在第一种转身中，我的视线扫过教室里的其他学生。我的头没动，只有眼珠动。而且这种扫视快速毫无夸张之意。我只是在转身时"检视"一下班级。

第二种转身时，我在起身和转身的全过程都盯着其中一名捣乱的学生。那些我视线范围内的受训老师对于哪一种转身更有说服力毫无异议。

> 遮遮掩掩的眼神接触

你有没有和一个不看你眼睛的人说过话？一般而言，遮遮掩掩的眼球运动可以被理解为焦虑。对此，我们可能会推论，别人在说谎或者担心什么事。

在课堂上，这样的肢体语言通常意味着老师在试着对付捣乱学生的同时，还操心着其他学生。老师的注意力正在分散。

这导致的破碎化眼神接触会损害学生对老师的认知，即老师正在冷酷、平静履行承诺的认知。捣乱学生就会冷冷地注视老师，似乎在说"怎么了？"有时候这学生会真的大声说出来。

在良好的眼神接触下，老师和学生间会逐渐建立起一种张力。在老师这一方这种张力代表着一种期望。学生能非常好地理解这种期望——回去学习。

当这种张力累积到某一点，最终使学生慢慢明白老师的态度是彻底的坚定不移时，学生一般会缩回眼神接触并回去学习。像往常一样，通过清楚的信号承诺，老师使自己免于穿过整个教室。

不费吹灰之力

> 放松你的上身

当你收缩你的二头肌时，你抬起了前臂。如果你感到不适和疲劳，你的手通常会停在你的臀部或抱在胸前。所以，如果你在被激怒时打手势，你的手势一般会高于腰部。在你的手势变得有肩膀高时，你必然是"勃然大怒"。

如果你放松你的上身，你的手会下落到身侧。但是，很多人觉得手仅仅"悬"着有点古怪。你需要有一个计划，不然你的手会在不自觉中就垂到了你的臀部。

> 找到舒适位置

当然，你可以把它们放进裤兜。这是一个看起来放松的姿势。但是，对于女人来说，很多服装比如褶裙是没有口袋的。选一个可以经常使用而且可预测的手势，而不是要根据你当天服装变化的手势。

简单地把双手放到你的背后有如下优点：

- 首先，与随意的姿势相比它是半正式姿势，所以在不停地为捣乱学生设限时这样更正式一点。
- 其次，你的手掌远离了你的衣服，这会减少粉笔灰和颜料导致的洗涤费用。
- 最后，学生看不到你的手。这在你刚开始学习放松时特别有用，因为残余的紧张情绪通常会通过手指动作显露出来。

下巴放松

> 检查你的下巴

作为帝王式转身的最后一步，我会提示"检查你的下巴"。紧绷下巴或咬紧牙关是身体最能被预测的紧张信号之一。

下巴肌肉的神经紧张会持续到我们认为自己已经放松之后。不幸的是，学生们从体育馆那一头就能看到这种信号。

> 不是笑的时候

一些老师在划定界限时会紧绷下巴，其他老师则会笑。有时这是一种犹豫的信号，因为老师在"好人"和"坏人"角色之间摇摆不定，他从未理清过这个。这种肢体语言在说："请原谅我树立威信。"

但是当我们的下巴放松时，还有另一种触发笑的因素。我们通常会无意识地笑，因为捣乱的学生使我们笑了。

> 触发机制

生物学家将"笑"称为一种"触发机制"。当一个人对着我们笑时，它能触发我们回应的笑。它是父母养育孩子过程的一部分。笑也是一种潜意识信号。在社交情景下，微笑或者潜意识信号表示我们是友好的。这种面部表情被称为"欢迎行为"。

当我们逮住学生瞎胡闹时，他们通常会抬头看着我们并给我们一个笑脸——讨好中夹杂着惊讶和无辜，这是所有孩子都会用来"摆脱麻烦"的做法。"笑脸"会触发我们回应一个轻微而无心的笑。

你可能感觉不到这种微笑。它仅仅是面部嘴巴和眼睛周围的柔化，好像说："我是你的朋友，而且一切都好。"

在试图树立威信时你最不想做的一件事就是给学生发出一切都好的信息，因为他们不会因此而改正行为，而是会放松。

> 我们没有被逗乐

这把我们带向了一个有关维多利亚女王——我们的帝王行为模范——的经典故事。据说，皇家宴会上有人讲了一则有点出格的低级笑话。因为维多利亚女王容忍不了这种幽默，她冷冷地看着那名未来的喜剧演员，这让整个餐桌都沉默了。

然后她说出了这句不朽的话："朕（We）没有被逗乐。"当然，那是"国王才能使用的朕（Royal We）"。

在试着树立威信时，你最好也将自己看作维多利亚女王。放松你的下巴。不要用微笑默许不当行为，也不要用不安来达到任何建设性目的。当学生用尽他们的滑稽伎俩来摆脱麻烦时，放松、等待并给他们一个最好的维多利亚女王式眼神："朕没有被逗乐。"

学生只有在认识到他们的伎俩不能奏效时才会考虑另外的出路。另外的出路就是你等着学生自觉地继续学习。

> **"装可爱"的各个阶段**

作为注脚，你应该知道"笑脸"仅仅是自古以来孩子们使自己摆脱麻烦的一系列巴结姿态的开始。下面是装可爱的三个阶段。看看孩子们把它们玩出了这样的艺术。

- 笑脸
- 扬起的眉毛
- 头歪向一侧

你的班上有没有学生认为自己装可爱就可以顺风顺水？显然这一套在他们的家里有用。你需要教育他们，这种把戏在你的课堂上可得不到想要的结果。

承诺和力量

> **信念的力量**

平静就是力量，但这不是你仅有的力量形式。承诺也是力量。我们现在要谈论的是具有信念力量的人们。

在培训时，老师们通常错误地把承诺的力量归类为不相干的表情方面。受训者有时把整个过程称为"用目光压倒他们"。

但是，你不是通过你的表情，而是通过你的整个肢体语言去传达信念力量。通过承诺，你只需简单地放松并等着看学生做出什么选择。他们会做出两选一的选择——要么回去学习，要么不去学习。你很快就会知道结果。

> 力量和消极性

"用目光压服他们"代表一种主动的声音——对抗的语言。威信通过被动的声音行使——平静承诺的语言。

但是，斗 - 逃反射会在你耳边发出声音，"你不能只站在那里！做点事！"老师们通常会和内心的声音搏斗。如果你的思想在对抗或者你被激怒时，你的肢体语言就会显示出来。

> 练习铸就完美

只能通过练习去掌握肢体语言。与研讨班相比，书的最大缺点是不能通过练习去建立技能。在学习树立威信的肢体语言时，这是最大的麻烦。

学习小组活动指南会构建和研讨班一模一样的技能练习活动。每一次实践练习的操作方法都包括了说、看、做教学法的每一个提示以及我的介绍评语。你能在你的学校进行同样的培训。

第 17 章
坚持到底

- 通过假装顺从，学生向你展现出足够的顺从姿态让你离开他们。

- 假装顺从和达成协议有关。捣乱的学生就是这样和某位特定老师谈定捣乱价钱的。

- 学生对回去学习的问题是"我必须要吗？"他们问的这个问题和你对此问题的回答构成了树立威信肢体语言的对话。

- 本章我们在对付利用每一个机会捣乱的学生的过程中学习的远不止"转身"。

- 树立威信肢体语言在正确行使时应做到隐而不见。这样做的好处就是它使捣乱的学生在同学面前免于尴尬。

超越"转身"

> 没有保证

上一章描述的肢体语言对话既复杂又简单。老师做的不过就是中止教学、放松、转身然后认真处理捣乱行为。

我们假设该学生看到了这个转身并回应地看着老师——一般会带着点笑意。在这之后，通常他们会回去做功课。或者，他们至少看起来是回去做功课。

但是纪律管理还是一种室内运动。篮球运动员知道怎么做假动作，扑克玩家知道怎么虚张声势。学生知道怎么同时做到这两者。

也许学生们只是想要你以为他们正在回到功课中。你如何才能知道学生下一步真正计划要做的是什么？你必须能透视未来。

幸运的是，你可以透视未来。你可以通过阅读学生的肢体语言去预测学生的行为，就像他们对你做的一样。

> **对话继续**

转身只是肢体语言对话的开始。如果学生们决定挑战你，对话会变得相当漫长且复杂。

本章我们将假设学生们不打算回去做功课。我们也将假设他们知道如何让自己看起来在回去做功课。他们喜欢骗你，这样你就能放过他们了。

这种老师和学生之间的小小意志之争是日常课堂生活的一部分。可以把它作为一种媒介去分析带有威信的肢体语言复杂对话。

预测不顺从

> **看脚**

下面两幅图里面，每幅图的学生都在老师转身后表现出回去做功课。你能分辨出哪对学生会继续学习，而哪对学生在你一背对他们时就会又开始说话？

第一对学生　　　　　　　第二对学生

这并不那么神秘，是吗？当我在研讨班让两位老师模拟这两种姿势时，全部人都选第一对学生不打算回去做什么功课。

　　课堂上能让老师预测未来的关键肢体语言特点是什么？是身体下部——膝盖和脚。

　　课桌之上的肢体语言被称为"橱窗装饰"——意图吸引潜在"顾客"的漂亮展示。本例中，学生用他们的上身假装顺从，而身体下部才透露出他们的真实目的。

　　在篮球和足球运动中，每个教练和球员都知道用上身去做假动作而用下身做真正的动作。要知道，身体必须跟着脚走。这就是为什么教练告诉球员观察身体，而不是球。纪律管理是一种室内运动，而老练的教师知道如何观察身体。

＞　假顺从

　　在橱窗展饰中，学生正在给你做顺从的样子而实际上并非如此。在第1章中，我们把这种部分性顺从叫假顺从。

　　假顺从诱使你错误地感觉事情已经完毕，这样你会过早终止监督并放弃跟进。复习一下，当你观察学生回去做功课时，假顺从可供参考的四个阶段是：

- **笑脸**：他们给你一个忏悔天使般的眼神，似乎在说："谁？我吗？"
- **摆书**：他们打开书本并回视你，似乎在问："这样有没有完成正规教育的要求？"
- **摆铅笔**：他们拿出一支铅笔并握着它在纸上写，然后回望你似乎在说："看，我正在写字。"
- **假学习**：他们开始写字，但是他们会不时抬头看你是否还在注意他们。

　　申明一下，我并不在乎学生在教室做功课时怎么坐。这里讨论的问题是你作为老师该如何去分辨学生行为是"开小差"还是课堂学习。

　　本章将扩展我们于上一章开始的对威信的分析。既然你已经转向了捣乱学生而他们看起来已经回去做功课了，你怎么样才能分辨出来他们是否会继续做功课？你是否已经达到了目的，或者只是你的学生在"愚弄"你？

> ### 做交易

孩子们喜欢和成人做交易。假顺从完全就是做交易。你可以说假顺从是孩子们和他们的家长及老师讨价还价的过程。

例如，假设你要你四岁的女儿捡起积木。她捡起一半积木然后转向你好像在说："够了吧？"

如果你说："谢谢你的帮助，我们来吃午饭吧。"那么你刚刚用你的行为定义了短语"捡起积木"。你好好地教了你女儿"完成工作"的意思。下次你要她做一件事时，如果她干了一半就算你运气不错。

而假如你坚持，察觉到你正在教孩子做的事意味着什么。你说："现在，捡起剩下的积木。"你的女儿当然会反对付出更高的代价来做事，会有些抱怨。

但是如果你在这关键节点上保持立场坚定、嘴巴紧闭，她的反对会逐渐消失。最终，你的女儿会不情愿地捡起一些积木块。

假设捡起三分之二的积木后，你的女儿再次停下并转向你，似乎在说："这够了吧？"一如往常，假顺从与做交易有关。

你女儿的肢体语言在说："我刚刚捡起了更多的笨蛋积木块，帮了你一个大忙。这可是只会为优惠顾客才做的交易啊，你应该激动。我建议你接受这个提价。"

如果你说，"哦，好。现在够了。我们来吃午饭。"你刚刚将"完成"定义成了三分之二的工作量。这孩子就知道她有一个窝囊的家长了。

孩子是小"权瘾"，他们想要达到自己的目的。姑且我们把这个叫作"婴儿的全能"吧。而且，如果他们不能完全达到目的，他们会斗争着至少达到一部分目的。就算你坚持让你女儿做完 90% 的活，她还是会保留10% 的活不干，她的小心思认为，她不是必须得这样。如果她在你一转背就"越界"去向自己证明不是必须得这样，你也不要感到奇怪。

但是如果你坚持到所有的积木块都捡完会怎样？当然，这需要时间。

而且，你也需要时不时透点气来熬过这阵抗议。但是，你的女儿最终会学习到，当你要她干一件事，你期望的是它被正确完成。这种家庭生活体现着儿童行为智慧的不朽要素：

我说什么就是什么，而且说到做到，

我们会一直做这个，直到我们做对为止。

实际上，做对是孩子的一种屈服行为——对父母意愿的屈服。因此，它意味着挣扎的停止——就现在而言。

随着时间过去，当你女儿学习到被要求去做某事时的抗议和抱怨毫无用处时，这样的行为就会减弱。在教会你的孩子不带抗议地去帮忙做家务之前，你会不得不经历很多次这样的过程。

但是如果你想要你的孩子变成一个抗议者和抱怨者，你要做的就是做一两次让步，做个窝囊废，对半途而废视而不见，因为你觉得这不值得你花时间和精力跟进，那么，你会得到一个相信半途而废也没什么不好的孩子。

在继续与课堂上的捣乱学生以肢体语言进行对话时，我们将学到很多与假顺从相关的东西。捣乱学生在试图做交易时会继续问："这样够好了吧？"他们的询问和你的回答构成了肢体语言对话的核心。

动身而不是动嘴

> **你的下一个动作**

假设在整顿了捣乱学生后，你只看到他们应付了事。你马上可以得出学生并无意愿继续做功课的结论。下一步呢？

实际上，下一个动作不是什么惊天大计。为了处理这种情况，你将不得不跟进捣乱学生。

这个反应也许显而易见，但是在这个关键时刻老师会非常普遍地在"对话"时犹豫不决。毫无疑问，这是因为走到那些学生身边既令人心烦又浪费时间。

> 小心蠢话

"蠢话"这个标签指的是家长和老师对任性孩子只说却不付诸行动的愚蠢言语。它也是公鸡姿态的一种形式。对成年人而言只靠说话就能进行的管理很有吸引力。毕竟说说容易，也许学生会因为几句空话就幡然悔悟。

我们在第 1 章描述了蠢话。复习一下，这里是一些经典的例子：

"比利，你本应该干什么？"

"比利，这是我第二次不得不跟你说话了。"

"比利，我是不是应该过去你那里？"

> 走过去，不要说

如果我们只用嘴巴就可以管理好纪律，那么所有孩子在过第三个生日前就已经被唠叨得乖乖听话了。所以闭上嘴巴，放松呼吸两下，然后走到捣乱学生那里。

现在，我来问你一个问题。你是否经历过在开始走向捣乱学生时，还没走三步他们就转头坐好并面向前方？刚刚发生了什么？

你可以想象，你刚刚已经通过肢体语言和学生交涉了。学生的问题是，"我们必须这样吗？"在他们的经验中，父母在这样的情况下通常会做点公鸡姿态然后就走开了。他们想知道，"你是不是就和其他成人一样，或者我是不是真要拿你当回事？"

显然，弄清楚的唯一办法就是试探你。他们会给你点假顺从来看这是否能帮他们摆脱困境。如果有效，他们当下就知道他们可以"耍你一顿"还能免于惩罚。

当你闭上嘴并径直走向学生，你回答了他们正在用假顺从行为询问的问题。他们问："我不得不这样吗？"而你回答："是的。"当他们在座位上转身面向前方时，他们说："我就想知道这个。我可没在这上面指望太多。"

肢体语言的扑克牌游戏

＞ 学生就是赌徒

对这种老师和捣乱学生之间的肢体语言对话最好的比方就是扑克牌游戏。如你所知，扑克牌是一种赌博。当然你没有必要为了理解这种类比而去宽容赌博。

学生是天生的"赌徒"。当他们捣乱时，他们在赌自己能脱身。但是，他们不得不通过试探老师来搞清楚课堂里这一行为的精确赔率。

如果学生轻易就能赢，他们就会整年赌个不停。但是如果他们不能轻易"脱身"，他们就必须谨慎保守地去"赌"。作为老师，你想要的是一屋子非常保守的"赌徒"。

＞ 基本规矩

扑克牌是一种很简单的游戏。你要么投注要么不投注。如果你投注，你要么跟要么提高赌注。如果你不投注，你就要弃牌。

在肢体语言的扑克牌游戏中，老师的弃牌就是在捣乱学生通过回去做功课弃牌之前就走开。如果老师过早弃牌，学生很快就会重归捣乱状态。

＞ 虚张声势

假顺从行为是学生一方的虚张声势。他们也许在赌注变高时不想留在牌局中，但是他们出得起一笔中等的加注来看你是否准备弃牌。如果你期望学生放弃牌局回到学习中，你就不得不留在牌局中面对一次又一次的加注。

唠叨和公鸡姿态代表的是老师一方的虚张声势。老师看起来在为这个问题做什么，而事实上，什么结果也没有得到。

有一个忠告给门外汉们：你没法愚弄一个孩子。孩子们从一千米外就能闻到虚张声势的味道，所以试都别试。

你要直截了当地玩这个游戏，用你的时间和精力加注。言语太廉价，它在牌桌上可得不到尊重。

逼 近

我们将放慢老师走向捣乱学生的动作，按照我们标记的逻辑顺序来检验这个扑克牌局的每一步。

就像转身一样，老师走向捣乱学生时肢体语言的对话是很丰富和微妙的。扑克牌局的比方相当不错，因为老师和学生都在决定着是加注还是弃牌。

像之前一样，我们还是假设正在和邻桌说话的学生这一例子来进行通用的逐步解释。有虐待史的学生的个人空间会相当大，在老师接近时他们的反应会"一触即发"。我们会在后面的一章里处理这类学生。至于现在，考虑的还是普通的孩子。

> 叫他们的名字

假设你正"逼近"前面图示的两个学生，叫他们塔梅卡和凯西吧。有时学生太过投入他们的对话，以至于没能注意到你。这种情况下，叫他们的名字，用一种平淡的声调，既不亲善也不怒气冲冲。

但是，老练的"赌徒"会留神老师。当你看着他们时，他们通常会在眼角逮到你。但是，此刻别因为直接的眼神接触而感到不安。

> 笑脸

假设，看到"转身"或听到自己名字后，塔梅卡和凯西给了你一个笑脸并做出了正在学习的样子。你要凭直觉去检查他们的膝盖和脚。如果他们的膝盖和脚并没有移动，你就要认识到你目前没有取得任何成绩。

> 走过去

放松呼吸两下，忽略蠢话，并缓慢地走到塔梅卡和凯西那里去。选其中一人作为关注点，最好是发起者。本案例中此人恰好是凯西。

走到她课桌的边上，这样你几乎可以用腿碰到她的桌子。放松地站直并放松地呼吸两下。检查一下你的下颌。

现在该凯西作出行动了。她有两个选择，要么弃牌转身向前并回到功课中，要么继续玩牌。

> 半个面包

在本案例的整个过程中，我们可以假设，学生通过加注来与老师继续游戏。但是，我们关注的是老练赌徒巧妙、渐进的加注而不是行为障碍学生胡乱加注的笨拙玩法。笨拙玩家会做出像顶嘴一样的鲁莽操作。

老练赌徒的下一个动作是假顺从行为。凯西加注了，把她的椅子转了半圈。我们把这种动作称作"给老师半个面包"。凯西没有给你全部想要的，她只给了一部分。在商议的语言中，她刚刚在说："我会给你一半你想要的。我在赌你现在非常想要取得进展，所以会接受我的提议。"

假设你同样老练，注意到了这个部分性姿势，甚至必要时退后一步往桌下看看脚。你对这半个面包并不满意，你认识到你刚刚被加注了。

> 用假顺从加注

到现在，你可能看得出这个模式正在显现。学生用假顺从做出典型的加码行为。假顺从是一种比反抗风险更小的策略。因此，我们必须成为部分性姿势的敏锐观察者。

> **视觉提示**

看到加注而不是弃牌后，你直觉性地加码。这种情况下你通过给凯西一个提示来加了她的注。所谓提示就是告诉她下一步做什么。

轻轻地俯身，把你的重心放到一只手掌上，用另一只手做手势让凯西把她的椅子转过来。保持俯身，等待，保持眼神接触，并放松地呼吸一下。

以视觉提示开始，因为它比口头提示更安全。像笑一样，语言是一种触发机制。让别人和你说话最可控的方法就是和他们说话。所以，口头提示会增加学生口头回复的几率。这可能会使得形势变得不必要的复杂。

> **另一种部分性转身**

一般情况下，这个学生会把他或她的椅子全部转过来。但是为了便于分析，我们假设凯西再次作出了部分顺从行为。她的椅子只转回了四分之三。

当然，你可以重复这个视觉提示。但是，我们假设在经过一两次视觉提示后，你还是只看到了部分性顺从。你选择再次加码。

> **口头提示**

现在你跟凯西说，把椅子全部转过来。和她说话增加了顶嘴的危险，但是你别无选择。用亲切的语调说一句简单的话就够了：

"请把你的椅子全部转过来。"

你可能还记得，当你还是小孩时老师跟你说把椅子全部转回来。这个老师对假顺从行为一定略知一二。

通常学生会顺从。老师明确的提示没给"装聋作哑"留下多少空间。

如果这名学生还要再加注以留在牌局里，他必然要作出公然反抗的行为。此时学生已经把假顺从行为发挥到极限了。

> **学生的选择**

这种情况下公然的不顺从通常采取的是顶嘴的形式。

"我什么都没干。"

"是他在和我说话。"

"嘿，别烦我。"

顶嘴的话，玩扑克牌的代价会戏剧性地不断增高。玩的价钱不再只是几分、几角和几元；顶嘴会把我们带向真正的赌钱游戏。顶嘴将是下面两章的主题。它够伤脑筋，值得用单独的章节讨论。

至于现在，认识到大部分学生甚至那些嘴硬的学生都是小筹码赌徒就够了。他们只是看起来很勇敢，因为他们在家和学校里一直在赢的只是些分分角角的赌局。

所以，我们假设凯西在这种情况下就像大部分学生一样得出了结论：谨慎即大勇。她根据你的提示完全转了过来，并且做起了功课。

> **手掌阶段**

此刻你似乎已经达到了目的，牌局结束了。但其实远未结束，你才刚刚到达一个关键节点，许多老师都在这里功亏一篑。

在作出口头提示后，把你的全部体重放到双手手掌上并锁定你的肘部，好像在说："随时奉陪。"放松你的手，确定你既没有撑起手指（我想要离开这里）也没有握拳（我很焦急）。

在观察和等待的时候放松地呼吸两下。观察学生学习的时间要足够长，直到你看到学生作出代表着课堂学习承诺的稳定表现为止。例如，等待足够长的时间，看着凯西写完几个句子或者做完一个数学题。

学生永远不会少做假顺从。凯西也许真的会去做功课，也许她只是假装做功课。在你观察和等待时，寻找学生还在"戏弄"你的迹象。

> 往上看－往下看

如果凯西还是更关心试探你而不是关心学习任务的完成，她会持续追踪你正在做什么。当凯西最后放弃牌局时，她才会放弃关注你，而把注意力放在功课上。

学生仍在"糊弄老师"最可预测的迹象是"往上看－往下看"。凯西飞快地往上看，似乎在说："哦，你还在这里？"当她看到你并没有放弃时，她的眼睛通常会马上回到功课上。

当你在手掌阶段观察并等待时，凯西可能会检查你几次。每次她这样做时，她的行为都是在跟你说继续坚持在那里，牌局还未结束。

> 眼神提示

"往上看－往下看"的一个变化形式是学生往上看后不往下看。这可能意味着很多事，从抗拒到简单的等待另一个提示这很难分辨。

但是，这会让你和学生的眼睛发生对视。你们彼此盯得越久，这种情况就变得越难堪。

给学生一个"眼神提示"来巧妙地应付这种情况。最简单的眼神提示是往下看学生的功课。学生一般会跟着你的眼睛往下。你实际上在说："我只关心功课。"

为了让眼神提示更具有说服力，如果你在学生的前面，就请转动你的上身，这样就能阅读他或她的作业了。这种行为更清楚地告诉她："我只关心功课。"

> 谢谢学生并保持低伏姿势

在游戏结束而且凯西完全投入功课后，谢谢她。一句简单的话就够了，也可以说得更感人一点。在你谢谢学生时你的情绪从中性变为温暖，这使得你的声调变得温和。

"谢谢你回到功课当中。"

在你谢完凯西后，保持俯身并放松地呼吸两下，使你的情绪再次变得平静。观察并等待，直到凯西再次重新投入课堂学习中并表现出稳定的学习状态。

最普遍的错误是谢完学生后马上就起身。如果你这样做了，不要对学生放弃做功课感到惊讶。谢谢学生不仅仅是一种普通的礼貌，它也是一种结束信号。它在说："这就是我想要的。"

许多学生对普通礼貌和结束信号都不熟悉，会误解这种交流。他们认为它的意思是，"你已经完成你所需要做的所有事情了，现在我已经对付完你了。"这样的结果是，我曾见过学生带着轻松的笑意往上看并放倒手中的铅笔。

所以，在谢完凯西后，保持俯身。观察并等待，直到她重新投入到作业当中去。此时她的行为在说："噢，我猜我最好继续学习，是吗？"

> ### 对第二个学生重复此过程

给两个学生同样的时间。如果你不这样，第一个学生会觉得被针对了，而第二个学生会感觉自己已经骗过你了。

缓缓走向塔梅卡，双手手掌撑住停下来。塔梅卡可能在你到达的时候正在做功课，因为她试着在你面前隐形。观察她的作业，直到你确切地感觉到她进入了"做作业"的状态。

在手掌撑住阶段，反复检查塔梅卡是如何坐的。如果她并没有完全向前坐着，再次提示她把椅子转过来。最终，谢谢塔梅卡并保持俯身姿态，就像你对凯西做的一样。等待，直到两个学生都完全在做作业为止。

> ### 典型错误

对老师来说逼近时的典型错误是离开得太快。正如你在上述实例中所见，逼近过程最大的投入是你到达后的停留动作。

等待赌局结束需要时间。学生挣扎着不愿屈服——牺牲自己的喜好

（社交），屈服于你的喜好（课堂学习时间）。他们不想放弃自己全部的喜好，所以他们会试探着看自己能得到多少。没有什么办法能加速这一试探的过程。

退　出

＞　牌局继续

甚至在看起来已经结束后，牌局可能还在继续。可以把假顺从行为重组为这个问题，"我必须要继续学习多久时间？"任何父母都知道孩子一转身就回到之前的行为可不是什么稀罕事。

我们将精心规划你的退出动作，就像规划你的逼近动作一样小心。在这种简单情景下，退出是很直接的。除了下一章我们要处理的顶嘴和"恶语"行为，其他行为不会多复杂。

＞　缓慢退出

在感谢完第二个学生后缓慢地起身，并放松呼吸两下。如果你看到"往上看－往下看"，就再次放松呼吸一下并等到两个人都明显地投入学习。

在离开凯西和塔梅卡时，你会暂时背对他们。但是，在你应对另一个学生之前，完全转过身并把脚趾对着这两个捣乱者。如果他们往上瞧一眼，他们会看到一个很愿意回头的老师。

在你开始帮助下一个学生时，突然向后转身，这样你刚离开的学生就暴露在你的直接视线里。在这个游戏的最后阶段出现"往上看－往下看"也不罕见。

＞　总结

逼近和退出背后的计划真的很简单。在你走向学生的过程中，你在有逻辑顺序的各个关键点放轻松并消耗时间，等待他们作出决定。当你管理全班时，这种移动模式看起来若无其事且并不起眼。

放慢速度

> 放慢很难

在训练中练习完逼近和退出后，我会问老师："你们是不是觉得这整个过程花了一大把时间？"他们会一齐回答："是的！"

我们平常在教室的移动速度和树立威信的差异是如此巨大，以至于必须体验过之后才能相信。在学习小组活动指南时，和你的同事一起练习。一些重复练习可以校正你的内部时钟。

然而，放慢速度尽管很难，但放松呼吸可以调整你的节奏。放松呼吸的方式是威信培训后第一个被遗忘的技能，导致的结果就是操作速度的逐渐增加。

学校培训师被要求在培训结束后的几周内去寻找受训者，收到了下列评论。

"你知道，我在运用肢体语言去设置界限，这的确有效果。但是，我不得不反复对同一批学生做这个。"

当老师们的逼近过程过快结束时，他们实际是在抵消刚刚付出的努力。学生们抬头看到老师离开了就开始想，"切，这可不像我以为的麻烦那么大。"

> 慢是昂贵的

认识不到设限序列动作的昂贵性就无法去练习它。它耗费的不只有精力，还有时间！所以，想要节省是很自然的。毕竟，纪律管理也需要经济可行。

价值高的东西什么时候便宜过？你的节约方法会决定你能否在树立威信上获得长远的成功。

假节约

> ### 叨叨不绝

老师为节省"逼近"和"退出"过程的精力和时间采用的最普遍的方法是叨叨不绝。

"菲利普和彼得！请你停止讲话并转回自己的座位好吗？"

我们都知道唠叨在长远看来不会起作用，但是它实施起来很快。

> ### 加速

另一种假节约是加速，通常是为了翻篇而无意识地去加速。我们刚讨论过，这在训练中会自然发生，除非我们继续坚持打造自己的技能。

真节约

> ### 预防为主

有时树立威信要付出的时间之多，以至于会让我们尽可能地选择不去实施它，所以预防才是问题的关键。

本书整个上半部分的首要目标是以树立威信预防偷懒行为。因此，树立威信的内容包括了：

- 房间整理，
- 管理全班，
- 表扬、提示和离开，

- 可视化教学方案，

- 具有充足结构化练习的说、看、做教学法。

与之相反，假设有一位疲劳教学的老师教了 25 分钟课。整个时间都有半数学生在神游物外，无事可做。为了排解无聊，他们会找到事情做——捣乱！

如果这位老师试图对捣乱设限，结果会是他不得不每 30 秒就去设置界限。如果被问到，这位老师会说："如果每次有学生越界我都要去设限，那我别的什么都干不了。"

> 训练拉里"弃牌"

预防的第二种形式与威信实施的方式有关。当你前后一致时，你会变得十分可预测。

例如，我们假设开学第一天，拉里在你班上。自然拉里会是第一个试探你的学生。其他所有学生都知道这个。结果，拉里成了他们的"先遣兵"。

拉里正在为一些重要的管理问题寻找答案。你会看到我在捣乱吗？你会假装没看到我吗？你会为此做什么吗？你会有效率地做这些事情吗？每个人都想要知道你真实的底子是什么，而拉里现在就想知道。

所以，一大早你抬头就看到拉里在应该做功课的时候偷懒了。和窝囊的父母待了整个暑假的拉里，在捣乱时甚至都不在乎你的存在。结果，在转身和放松呼吸后，你不得不叫他的名字。拉里抬头好像在说："谁，我？"

长话短说，你完全按照本章前面描述的通过"逼近"和"退出"设置了界限。拉里现在冷静了。然而，尽管拉里印象深刻，他还没有信服。他会再次试探你。

然后，拉里玩了一次同样的花招，再一次，你坚定地愿意付出任何代价去对付他。你帝王般地转身并叫了他的名字。拉里抬头看到了熟悉的一幕。他开始明白第一次不是昙花一现。

拉里现在必须做出选择了。他想要你留在原地，还是想要你走到他身边？此刻，孩子是权瘾这个事实帮助了你。拉里想要控制状况，他想要你留在原地。达到这些目的唯一可能的方法是什么？你猜猜——是做功课！

最终拉里足够明智地做出了决定，而你就此节省了自己穿越教室的旅程。你做出反应的规模越来越小。它由身体反应（逼近和退出）变成了口头反应（转身另加点拉里的名字）。这是巨大的节约。

但是，拉里就是拉里，他会再次尝试，只是现在他开始用眼睛关注你。可以这么说，你使自己变得"重要"。当你看着拉里时，拉里也看着你。

这次你在帝王般的转身并等待时无需点他的名字。因为拉里上次已经为这一注弃牌了，这次他很有可能再次弃牌。你的反应由身体变为语言再变为非语言。最后你已经可以用眼神就使拉里回去学习了。

迟早你可以连起身和转身都不用，用眼神就使拉里回到学习中。但是这种能力要基于拉里相信你为了创造课堂学习时间，任何时候都愿意付出任何代价。

所以，拉里的行为不基于你现在正在做的事情，而是基于你和他之间发生过的事情。你已经教育了他早点弃牌，因为他相信你愿意付出——任何时候任何地点。

如你所见，这个过程没有什么奥秘。一旦你塑造了你想要的反应，你可以逐渐隐去提示，而达到同样的效果。

> 一致性的效果：如果拉里知道他的一切花招都赢不了，为了让他知道是时候弃牌，最终需要让他看到的就是一种"无法改变的过程"已经开始的信号。

> ## 威信的自我消除

为了取信拉里，你每次都愿意预先付出，作为回报，每次你需要付出的工作量会平稳地减少。如果拉里知道他的一切花招都赢不了，为了让他知道是时候弃牌，最终需要让他看到的就是一种"无法改变的过程"已经开始的信号。

总有一天你对标准的坚定执行和你的身体存在会达成同步。你的存在本身就是一种分辨性刺激因素，不言自明，"全体管理系统要立即生效，因为我刚刚走进房间了"。

只有通过这一训练过程，威信才会最终变得不可见。不幸的是，新手老师只观察教室的话可什么都学不到。

> 管理全班也是预防措施

对预防的全新思考方式是，认识到逼近过程和管理全班是有联系的。走向捣乱学生是一种强有力的干预措施。这就是为什么他们通常在你走到一半时就表现良好了。

把管理全班看作是逼近过程的一种预防性版本。你通过管理全班预防捣乱行为时使用的肢体语言越多，你为了树立威信不得不停下手头工作的次数就越少。

伪　装

> 大交火

作为最后的思考，我们假设正在逼近一些难缠的孩子，他们也许是17岁，臭名昭著，在班上有些好友。在你以帝王风范转身并叫了他们的名字后，你缓缓地走向他们。

你可以想象他们的一些好友在你走近时会插话。

"嘿，拉里，他来了。"

这有没有让你想起《OK 镇大决斗》？

你是否感到越来越不舒服？这很正常。你刚刚犯了一个大错，把纪律管理变成了电影，而拉里的同伴就是观众。拉里现在没法退却了。你刚刚违背了树立威信最基本的原则之一：

如果你可以忍受的话就不要公开化。

你需要伪装。伪装让你在树立威信时无须暴露到公众视野之下。

你如何做才能掩饰你现在的所为，从而避免拉里因尴尬而被逼至墙角？幸运的是，你拥有所需要的所有伪装手段。逼近过程的自然掩饰就是管理全班。

> 带着伪装的逼近

假设在管理全班时，你逮住拉里在教室远端捣乱。他在你抬头看的时候也捕捉到你的视线了。

在你缓慢起身并以帝王风范转身时，你向别的同学解释了缘由。拉里之前见识过这个。但是在你巡行着走向拉里时，你要临时停下来看看另外一名学生的作业。其实你这时并不关心学生的作业，但是你要假装关心。现在，在另外一名学生身上花点时间是一种伪装——是你平时管理全班的正常互动模式。

在暂停一刻之后，你转身并漫步走向拉里，在你移动时与拉里保持一瞬间额外的眼神接触。你用肢体语言在和拉里说话，且有很大的可能拉里正非常准确地解读它。你在说："我看到你'开小差'，并且现在我心里想的就是这个。我正在像往常一样地走过来。在我到达的时候你能做点更好的事情吗？"

你又走了几步并临时与另一名学生互动。当你转身离开时，再次朝向拉里，比往常更直接一点，并与拉里保持一瞬间额外的眼神接触。你在用早前问过拉里的同一个问题再次询问他。

现在，问问自己，拉里要多蠢才会被"抓住"正在吊儿郎当？他在一英里外就可以预测到这个。如果他陷入麻烦，那么肯定是有意的。

大部分学生，甚至是拉里也不会想白找麻烦。他们只是不想做作业而是想社交。就算是拉里，参与的大部分赌博也都是小筹码赌博。

到你走到拉里跟前时，问题十之八九已经不存在了。它在你进入"警戒状态"时就蒸发掉了。当你走到拉里课桌时，你们俩心照不宣地对视了一眼，无须多言。

双赢或双输

拉里玩这个游戏玩得够久，足够欣赏你刚刚的所作所为。你的技巧和手段教会了他"不的意思就是不"，同时使他免于尴尬的境地。

多年来我学会了尊重一个简单的纪律管理事实。对于日常偷懒行为，没有赢输这回事。要么是双赢要么是双输。如果你在同伴群体前使学生尴尬，他们会通过在同一群体前使你陷入尴尬来报复你。而且，你甚至不用等到明天。

天生老师有手段。他们拥有的社交技巧能不让学生陷入尴尬境地、卷入严重后果就能达到自己的目的。这些手段大部分源自使用树立威信的肢体语言时保持镇静避免慌乱的能力。

第 18 章
消灭顶嘴行为

- 为了理解对顶嘴行为的管理，可以通过两种时间框架去思考——短期反应和长期反应。
- 短期反应以秒为单位来衡量。它与斗 - 逃反射有关。如果你被脑干控制而不能放松并保持镇静，你将一败涂地。
- 顶嘴行为具有突发性、威胁性和公开性。斗 - 逃反射和言语作为顶嘴行为的触发机制，都会引诱你去做这样一件事情——说话。
- 处理顶嘴行为的过程中的主要失误就是说话。学生为了制造戏剧性冲突会利用你所说的一切。
- 如果你在短期内闭口不言，顶嘴行为通常会逐渐消失。长期而言你可以做任何你认为合适的事情。

算计你

> 斗 - 逃反射再次出现

假设你走向正在捣乱的拉里，你按照上一章描述的那样给他一个回到学习中的提示。然而拉里不像其他大部分学生那样向前坐好，他抬头看着你说道：

"我可什么都没干。你为什么不从我面前消失，离我远点？"

全班同学的眼睛马上望向了你。每个人脸上的表情都在说，"哇！琼斯先生你会怎么处理这个场面？"

这个时候说你感觉自己很脆弱可能还是一种低估。拉里刚刚"公开化"了冲突——正好是树立威信试图避免的。他把纪律管理变成了戏剧，而他的同学都聚精会神地关注着。

没有什么比顶嘴行为更能蓄意地惹恼老师。通过在全班面前挑战你，学生实际上是在说：

"嘿，大家好！看看这里！这个老师正在试着告诉我做什么。我想要你们知道，他做不到，因为他可没掌控住这个局势，掌握局势的人是我！"

如果在这种形势下你都没发生斗－逃反射，你可能需要去咨询一下殡仪工。除非你不是活人，不然这种形势下你肯定会被激发斗－逃反射。旁边的人会深吸一口气。

> **算计你让你说话**

如果你被激发了斗－逃反射，你会想要说话。唠叨、公鸡姿势和叱骂怒吼是我们给它取的名字。此外，言语是一种触发机制。想让别人和你说话最有效的方法是你去和他说话。

当学生用言语挤兑你时，他们所做的一切都是蓄意让你说话。可有办法对付这种疯狂吗？

主要失误

> **强辩到底**

我们以学生的各种哄骗行为作为示范来开始讨论，这种行为在课堂最为普遍。它比前面描述的例子情绪上的冲突要少一点。

哄骗行为的最简单形式就是否认。否认大约需要三个神经元细胞。

"我什么都没干。"

"不是。"

我们还要处理否认的伙伴——指责。

"他当时在问我一个问题。"

"她开始的。"

最后，为了展示各种哄骗行为，我们还要加上一位出现了主要失误的老师。处理顶嘴时的主要失误是顶嘴。纵观全局，这个场景可能是这样进行的：

老师："凯西，我想要你把自己的椅子转过来并完成作业。"

学生："我可什么都没干。"

老师："你整节课都在说话，我希望你停下来。"

学生："不，我没有。"

老师："每次我抬头都看到你在和塔梅卡说话。"

学生："她当时正好在问我一个问题。"

老师："我不关心谁和在和谁说话。当我抬头看时，我希望看到你正在做自己的作业。"

学生："是，但是……"

你还没够吗？当这次对话接近尾声时，你觉得是谁看起来更傻？

你四岁时就已经学会在争论中强辩到底的社交技巧了，如果你真的非常想赢，只要坚持不懈。

> 顶嘴行为的第一条规则

两个孩子间的争吵是相当常见的情景。但是看着一个孩子和一个老师相互争吵可不止有一点难堪那么简单——由此我们得出顶嘴行为的第一条规则：

顶嘴只需要一个蠢人。

相互顶嘴需要两个蠢人。

第一个蠢人是这个孩子。孩子们有时会变得愚蠢，但是孩子们不成熟很正常，不会让我担心。让我担心的是第二个蠢人。第二个蠢人是老师，正是老师的回应把这名学生送到了行政办公室。

把一个学生踢出教室的最常见场景是这样的：

• 学生顶嘴。

- 老师回应。

- 学生顶嘴。

- 老师回应。

- 学生顶嘴。

- 老师回应。

- 学生顶嘴。

对话到了这个份上，老师通常已经认识到他们挖坑挖得太深，摆脱的唯一办法只有"利用职权压制"。这就是为什么在行政办公室转介事件中顶嘴行为是最常见的投诉。

> **戏剧中的各个角色**

把顶嘴行为看作是一本由学生编剧、制作和导演的戏剧，在这个戏剧中，你扮演了一个有台词的角色。

如果你接受了这本戏剧中有台词的角色，"表演时间"就到了。但是如果你不接受，表演就结束。由此我们得出顶嘴行为的第二条规则：

张开你的嘴巴，但是不要出声。

假设在前述的老师和学生的对话中，老师具有良好的闭嘴意识。

老师："凯西，我想要你把自己的椅子转过来并完成作业。"

学生："我什么都没干。"

老师：（沉默）

学生："呃，我没有。"

老师：（沉默）

学生："但是……"

老师：（沉默）

老师：（沉默）

学生可能会试着维持一下，但是，就像娱乐圈流传的一句话："没什么比对着死气沉沉的观众表演更糟糕的了。"当顶嘴者得不到回应后，尴尬就会来临。这个时候他们就会弃牌。马上回到学习当中是摆脱丢人现眼最快的办法。

如果你说话，你实际上是将顶嘴者从他们进退两难的境地中挽救了出来。就像扔给溺水者一条救生索。他们会通过利用你所说的一切来继续这个表演并避免"第三次气氛冷淡下来"。

> 喜剧套路

把顶嘴行为看作是一种喜剧套路——课堂喜剧二人组。喜剧史上有很多二人组：劳雷尔和哈迪、阿博特和科斯特洛、伯恩斯和艾伦、马丁和刘易斯。

喜剧二人组们都有一个通用的模式，即有一个"逗哏的小丑"和一个"捧哏的配角"。捧哏人通过说出"捧哏词"来设下包袱：

"这有多糟糕？"

"然后发生了什么？"

"你为什么要这样做？"

在课堂喜剧二人组中，学生是逗哏的小丑，而老师是捧哏的配角。小丑会利用老师说出的捧哏词。讽刺的是，不管你多恨顶嘴，当你说话时，你就变成了捣乱学生的搭档。由此我们得出顶嘴行为的第三条规则：

如果学生想要顶嘴，就要让他们干全部的活（即，一直顶嘴），

不要帮助他们干掉一半。

将顶嘴行为看作是一种自限性行为。你喂食它才能让它长大。如果你不喂，它就会饿死。或者，用这种方式看待它：你张开嘴巴就是火上加油。你想要它逐渐熄灭还是在你面前熊熊燃烧？

顶嘴的类型

很少有什么能比惊讶更可预测地触发斗－逃反射了。顶嘴自身通常就是一种惊讶，但是学生说的话也能成为一种惊人之语。

如果我们减少顶嘴行为中内在的惊讶因素，就可以减少斗－逃反射发生的几率。因此，了解到底会发生什么是有用的。

幸运的是，对我们来说，顶嘴行为是捣乱学生最没有创造力的尝试了。从巴比伦时代起顶嘴的学生说的东西都一样。

在充足的准备下，你可以用冷淡的情绪来应对顶嘴行为。当你在这种情况下放松下颌时，你看起来很无趣——这种无表情被受训者描述为"尖刻的无趣"表情。顶嘴者会发现这种反应最令人沮丧。

我们将审视学生们通常爱用的顶嘴类型。所有的顶嘴可以归类到下面三大类：

- 转移话题，
- 抱怨式顶嘴，
- 恶劣的顶嘴。

转移话题

＞　诱导老师

在课堂管理中有三个主题事项：纪律、教学和动机。从前面章节中你可以知道，这三个主题分别代表着完全不同的管理程序。尽管这些程序互相补充，但它们并没有相互重叠。

结果就是，如果学生可以诱使老师从纪律主题转移到其他任一个主题，纪律管理就会被置之不理。这是捣乱学生非常老练的一招，因为他们可以几乎不冒一点触怒老师的风险就能摆脱麻烦。

＞　转移到教学

最普遍的转移是从纪律到教学。风险最小，收益最大。

你曾这样提示和邻桌说话的学生，

"我想要你转回去做功课，"

结果只看到学生抬头看着你说，

"但是，我不明白这个题目怎么做？"

你应该额外赞赏一下这个学生，他知道如何玩这个游戏。

现在，我来给你展示一个上钩的幼稚老师。面对这个学生的求助行为，这位老师说，

"你不明白的是哪一部分？"

结束了！你输了！你可能也是在对全班同学说：

"同学们，为了让你们全体都明白，我来解释一下刚刚发生的事情。尽管和你们的邻座说话吧。如果我看到你在偷懒，而且我走到你桌前处理这个问题，你们可以这么做，无辜地看着我说，'但是，我不明白这个题目怎么做。'在我的课堂上你最糟糕的后果就是我会帮你做一部分作业。"

不要太过惊讶，课堂里大部分的顶嘴行为都会把话题转移到教学上。转移话题到教学这个计划如此有用，以至于有时我会想知道为什么学生还会采取别的计划，因为这是个不会输的策略。学生毫无陷入麻烦的危险，因为老师不会将转移话题视作顶嘴。老师似乎认为顶嘴必然是可憎的，实际则不然。

到这个点上，你可能在想，"呃，那么，什么是顶嘴？"我来给你一个简单的答案，以减少你的混乱。辨别顶嘴的方法就是认清一个事实，孩子是否张嘴了。

"那么，我该怎么做？"你可能会问。这是一个狡猾的问题，这也是学生喜欢使用"转移话题"作为他们的选择策略的另一个原因。

我会首先给你一个容易的答案。放松地呼吸两下，检查你的下颌，理清思绪，并闭嘴消耗时间。当顶嘴者燃料耗尽时，再次放松呼吸两下，然后，如果需要，给出一个回去学习的非言语提示。

有时这的确有效，但我们只能把功劳归于策略和运气。如果学生想要加码，他们不得不这样说：

"呃，我不知道怎么做！我应该怎么做？你只会盯着我看吗？"

这一招暴露了我们前述策略的脆弱之处。也许学生真不知道怎么做这个题目。或者，也许学生知道怎么做但是就是想"惹恼你"。但你如何才能知道真实情况？

这个学生让你一筹莫展，而且他对此心知肚明。结果，坚持到现在还没让步的老师到这个点会选择弃牌，说道：

"你不明白的是哪一部分？"

当试图摆脱麻烦时，学生会表现得像律师一样。他们思考，"我能使案件成立吗？"这个学生显然能很好地使案件成立。你怎么能在当他们说不会的时候硬说他们知道怎么做这个题目？

这个问题唯一令人满意的答案在本书前半部分描写的所有教学程序当中——戒除举手求助者；表扬、提示和离开；可视化教学方案和具有充足结构化练习的说、看、做教学法。通过这些程序，你可以在过渡至指导练习阶段前很好地了解学生是否知道。

结果就是，学生在辩称自己需要帮助时会完全站不住脚。他们知道这个结果，并知道你也知道结果。因此，他们甚至都不会试着转移话题。否则，如果他们尝试了，他们会缺乏说服自己的勇气去面对一丁点"尖刻的无趣"。

相反，如果你以疲劳教学的风格进行教学，那么你在过渡到指导练习阶段时完全不会知道学生知道什么。学生了解这一点。所以学生具有很好的理由去声称自己不知，而你可能还期待他们神气活现地解决自己的案子。

我们来给学生玩游戏的水平提高一个层次。学生知道我们为什么要去教学。我们想要看到他们学习。我们爱想要学习的学生。

聪明的学生在走投无路时会利用这个发现来摆脱麻烦。他们会看着你的眼睛，无限真诚地说出你正好想听的话。他们会寻求帮助，就像在说：

"神奇时刻到了。我充满了强烈的好奇心。教我！教我！"

当老师说"你不明白哪一部分？"时，浮现在我脑中的图像是一条上钩的鱼正被收竿。

> ### 转移到学习动力

尽管把话题转移至学习动力不像转移到教学上那么普遍，但它还是有一个大优点。它能给予学生控制权，它是一种权力招。

"我不做这个。"

"这太无聊了。"

"去年我们就做过这个。"

解释一下权力和控制的命题，你没法强迫学生学习，你没法强迫他们思考，你甚至没法强迫他们拿起一支铅笔。学生用自己的神经系统进行控制，学生直接命令自己的身体去思考和写作。

所以，强迫缺乏学习动力的学生去学习是一个死命题。你没法威胁他们。你能做的只有给他们一个不及格，而他们却不在乎。这种不在乎赋予了他们自己权力。

长远而言，如果想要学生投身学业，你必须给他们一个这样做的正面理由——他们自己选择去做的事情。你不得不回答这个问题，"为什么我应该这样？"这要求在动机管理技术方面真有两下子。（阅读第 9 章和第 10 章对学习动力问题的讨论）

"如果你不想做自己的功课，我们之后可以谈论这个。至于现在，我只希望起码你可以让你的邻座同学能做自己的功课。"

大部分学生会利用这个机会止损。在这个点上想升级事态就说明这个学生正在寻找发生口角的机会。

抱怨式顶嘴

抱怨式顶嘴是我之前说过的"普通"顶嘴。它是普遍、不起眼、日常的自圆其说，学生在试着脱离麻烦时用得最多。自古以来所谓的"好学生"就使用着这种类型的顶嘴。主要的类型有以下几种。

＞　否认

"我什么都没干。"

"我们没在说话。"

"我没在嚼口香糖。"

如你所见，这是一种非常简单的策略。但是，它衍生了一个重要问题。这个问题是：你看到了吗？如果你不是瞎子，就没有什么好争辩的。但是你确实看到了。

放松地呼吸两下，消耗一下时间，并保持闭嘴。一切都会过去。

＞　指责邻座

"是她在说话，不是我。"

"他们先开始的。"

"他只是在问我问题。"

指责也叫作"出卖你的邻座"，是学生在否认没起作用时使用的方式。如果你动脑筋想想，你会发现这些拙劣借口的荒谬之处。

"天，老师，我们在说话时可没偷懒。我们在进行一项同伴辅导计划来推进我们的教育深度。"

从顶嘴中寻找幽默之处是对抗斗 - 逃反射的绝佳防御手段。你用"好，对。"代替了思考"你说什么？"。

＞　指责老师

如果学生没法指责邻座同学，那么就指责老师。毕竟指责老师方便多了。

"我不得不问他因为你复习得太快了。"

"我不得不问她因为我看不清你的手写字体。"

"我不得不问他因为你没把事情说清楚。"

学生指责老师总是因为同样的理由——专业欠缺。现在，这个借口的荒谬之处更加露骨了。

"天哪，老师，我们可没在偷懒。我们在进行一个同伴辅导项目，就是为了弥补你在教学领域的方法学缺陷。"

指控一个人的专业欠缺会让他处于防卫心理状态。我讲过曾有老师吞下了这个诱饵。

"我在不到十分钟以前一步一步地复习了这个材料。劳驾你看看，它就明明白白地写在了黑板上。现在，我厌倦了……"

鱼儿上钩了。收线。

> 找借口让你离开

通过这种版本的抱怨式顶嘴，学生实际上是在告诉你离远点。当然，只有愣小子才会说，"嘿，老师，离远点。"对于抱怨式顶嘴者，这个信息会以下列的变形来进行表达：

- **短小形式**："好吧，我会做。"

- **长形式**："好吧，如果你能离我远点我会做。"

- **恶劣形式**："好吧，如果你能滚远点我会做！你这样杵在我面前我可没法学习！"

- **情感缺陷形式**："老天，你是什么东西，变态？离我远点！"

同样，放松、安静并等待。不要让自己被忽悠得犯那个主要失误。只要你在短期内成功了，长期而言你就可以做任何想做的事情。

> 称赞

有时学生会给老师一个"君子称赞"。这个学生正试着摆脱麻烦，同时通过拍马屁转移老师注意力。你可以把这个看作另一种风格的疯话。

我见过学生用这种战术摆脱了老师。我记得有个四年级的女孩说：

"哦，约翰逊夫人，多漂亮的胸针啊。"

约翰逊夫人站住，看着胸针说：

"哦，谢谢你，亲爱的。这是我收到的生日礼物。现在，做你的作业。"

约翰逊夫人脸上带着满意的笑容走远了。不久之后这个学生再次说起了小话。

非言语的顶嘴行为

这个听起来好像是一种矛盾修辞，但是对于无须冒着"动嘴"的风险就能起到顶嘴作用的控制战术来说，这是一个合适的称呼。下面是它的一些普通变化形式。

> 哭

如果其他所有招数都统统失败，试试哭闹一下。如果在家里哭能让小孩子摆脱麻烦，他们在学校也会尝试。一些家长一看见孩子眼泪往下流就开始妥协。

保持俯身、放松并等待。如果你坚持在那里，哭闹的学生最终会擦干泪水。然后他们会抬头看你是否还在。当他们认识到这一招没用后，对他们来说止损成本最低的方法就是回去做功课。

尽管这整个过程可能会需要一点时间，但将之视作一种好的投资吧。但是如果学生的眼泪停不下来的话，你也可以止损。与学生大玩动机牌时的止损方法相似，俯身过去并轻轻地说：

"我们等会再谈谈你的哭泣。至于现在，我只希望你做完你的作业。"

离开，在这名学生的头抬起来后就马上回来。想通过哭摆脱麻烦的这名学生非但没能摆脱你，还得到了一些跟进和近距离的"教学监督"。

> ## 推开你

如果你在课桌上俯身，有时候学生会推开你的手臂。这是不是件大事？

当然，你可以就此大作发挥。这毕竟是种放肆的行为。但是学生更多的是种下意识的行为而不是某种故意的策略。你没有必要小题大作。

试试"橡胶手臂"法。放松被推开的手臂并保持位置，停在那里，等待抵抗消失。

学生在无法回避一件不可移动的物体后，最终必须面对你的存在。此刻他们通常会认识到回到功课上是最容易的脱身办法了。如果你愿意，你总是可以待会儿再和这名学生好好谈谈。

> ## 鼻子上的亲吻

虽然我只经历过一次，但这是一个好故事，它突出了不作为的力量。这个故事来自明尼阿波利斯一名优秀的初中女老师，她是我在她所在学区的一名培训员。

她的班上有"酷哥乔"一样的人物——三项体育的佼佼者、长相英俊、受女孩喜欢、还有一点顽皮。他一直和哥们说着话，直到老师最后走过来，把手掌撑到他的课桌上。他抬头看着老师，靠过去，亲了她的鼻子一下。

我们当然没有在训练中练习过这一招。但是，她记住了要领放松地呼吸了两下，保持俯身并不做任何事。乔当然期待老师能起身。所有的眼睛都盯着他。让人惊讶的是什么都没发生。当什么都没发生时，事情就变得尴尬了。

一些同学偷笑起来。乔红了脸。老师只是看着他以及等待，但是她的平静表达了一种冷淡的态度，似乎在说："我可见多了这种事情。"

乔焉了。他想找个地方躲起来但是不得不勉强地回到功课中。我得到消息，他后来再也没有尝试过类似的事情。

这个故事强调了我们处理意外情况时的一般策略：

当有疑惑时，什么都不要做。

这可能不太像一个策略，但是在紧急关头，它可能会救命。你更愿意冲动地应对还是有时间去思考？

基本的短期招数

当学生顶嘴时，短期内你该如何调整自己的身体？假设你在作提示或者学生顶嘴时你正将手掌撑在课桌上，并假设是普通的小孩在抱怨式地顶嘴。我们之后再处理恶劣的场景。

当然最简单的办法是什么都不做，只保持在手掌状态。这提供了足够的接近度使得学生"感觉到你的存在"。消耗点时间并等待。

但是，如果学生为了占优势或者"逼退你"而继续说话，你可能会想要提示他们，这是愚蠢的方式。最容易的提示方法是靠得更近。

＞　在门口扎营

为了回应持续的顶嘴行为（例如学生的第二句话），弯起一只手肘并轻轻地放下去，使得你的手肘撑在桌子上。这可以使你更接近学生并增加眼神接触。

放松呼吸两下，继续闭上嘴，并等待。这一招通常会粉碎学生的希望。

＞　在后方扎营

在体育运动中（纪律管理也是一种室内运动），进攻策略可以总结为如下：两名优秀的运动员可以打败一名更优秀运动员。结果就是，成功进攻的同义词就是"二过一""人数优势"或者"大招"。不同的体育运动对此有不同的称呼。

所以，在课堂上，如果你没有吞饵，那么顶嘴的学生想二过一时你也不要感到惊讶。当抱怨式的顶嘴失败时，他们会找个队友来包超你。

"唐娜刚在问我一个问题，（转向唐娜）对吗？"

通常，第二个学生会想"息事宁人"，因为他或她宁愿消失而不愿发生冲突。如果你停在那里并安静等待，第一个学生通常会弃牌。

但是，如果第二名学生插手了，你就会面对二过一的情况。如果他们俩开始互相支持你就会遇到更严重的问题。花点时间来搞清楚状况。一般情形下，在一些抱怨式的自我开脱之后，开场白会显得比较微弱。

但是，如果从开场白就变得不可收拾，这两个学生表现出想痛击你时，你就必须改换策略了。你需要一对一地对付顶嘴者，而且你无法只用嘴分开这两个学生。

相反，你需要的是用自己的身体把学生分开。慢慢地站起身并慢慢地绕过课桌，这样你站到了课桌后面的两个学生之间。然后，慢慢地在他们之间俯身，使你的手肘撑在课桌上去面对第一个学生。这一招孤立了顶嘴学生。

一旦被孤立，顶嘴者就会弃牌。保持姿势，直到你得到学生可靠的学习承诺为止。像往常一样感谢这个学生，然后保持俯身确保他或她继续做功课。然后，转向第二名学生并重复这一过程。下一步，站在两者之间，在踱向教室前面之前放松地呼吸两下。最后像往常一样从那里离开。

实际上在你管理全班时，在后方扎营最多是以一种低调的形式发生互动。例如，如果你在捣乱学生的后面，你可能正好从容地踱过去站在两者之间。你甚至可以俯身作出提示，凸显你的存在感。我还记得小时候我的老师这样做过。在后方扎营的方式已经存在很长一段时间了。

弧线球

在你放松下来以为顶嘴行为已经结束时，学生会用某些你意料之外的东西刺激你。如果你放松下来的时间比较短，这种冲动会将你推向失控边缘。但同样，事先警告便让学生有了准备。最常见的弧线球是：最后的挣扎和恶语中伤。

> 最后的挣扎

在顶嘴消失捣乱学生回归功课后，你可以感谢这名学生，将之作为一种结束的信号来提示"事件"已经结束。但是，有时候学生不想要事件结束。这种时候，你的"谢谢你"会触发学生一种赖皮的回复，我将之命名为"最后的挣扎"。看看你是否面临过下面的这些情况。

老师："谢谢你，唐娜。"

唐娜："嗯，好的。"或

"你什么都没有帮到我。"或

"别管我。"或

"随便。"或

"谢谢你，唐娜。"（模仿式）

这些顶嘴的学生喜欢最后说这些话，而且如果你"失去控制"，他们就会火上加油。相反，你应该保持俯身，放松呼吸两下，在等待时传达一种无聊的感觉。

如果这孩子之前能安静下来，那你已经离开了。但是，你现在仍处于"手掌撑桌"或"扎营"状态。就像往常一样，如果顶嘴不能成功地激怒老师，它就会起反作用。

在该学生再次回到作业当中并显示出稳定的学习状态后，就像你之前做的那样再次谢谢他或她。学生这次很可能就保持安静了。这种"谢谢你"的话具有丰富的含义。可以称它为元信息传递。它在说：

- 那就是我想要的；

- 你现在可以松口气了；

- 我们会按我的方法做，不是吗？

像往常一样，手段的运用能使你在表现强硬时又不失温柔。此外，它让你战胜了学生的卑鄙和小伎俩。

> 便宜话

有时在你谢完捣乱者转背离开时，学生会用一种离开时才说的"便宜话"来打击你。它通常只是一个或两个屏住呼吸咕哝而出的词语，例如：

"没什么大不了。"

"噢——"

"我好怕啊。"

你需要一个计划。如果你此时试图在学生们轻笑时想要能做点什么，你可能会反应过度。

自然而然地，你不可能允许学生说出模仿式的"最后一句话"。另一方面，你的反应越简单越好。最为有效的反应叫作"即时回放"，即简单地重复逼近和离开，再加上一点小变化。

在你听到便宜话时停下来，放松地呼吸一下，然后缓缓地转身面对这个学生。这个学生此时已经知道赌博产生了反效果。赌博指的是学生认为说出最后一句话时你会假装没有听到并继续走开。

对捣乱行为开一只耳朵闭一只耳朵就像睁一只眼闭一只眼一样愚蠢。你必须去处理便宜话，而且你必须付出足够的时间去宣布这是严重的行为。

走到这个学生的课桌边，就像你在逼近过程中正常会做的一样，近到几乎可以用腿挨到，并放松呼吸两下。然后，缓慢地往下转到"手掌撑桌"阶段。现在，保持近距离并停留一段时间。你待的时间越长，学生为便宜话行为付出的代价就变得越高。如果学生能保持安静的话，你早就已经离开了。

在你得到了学生稳定的学习保证后，谢谢这个学生并保持俯身。然后起身，放松地呼吸一两下，接着离开。便宜话行为再次出现已几乎不可能。因为你已经明确了你的观点，便宜话可不便宜。

这个计划中的一个小问题是，如果捣乱的学生是同一性别，你没法分辨出说话的是谁。永远不要高估了自己，不要假装你比实际上知道得多。学生知道你不能分辨是谁说的。

应对这种情况的手段是，在两个学生之间进入手掌阶段，这样你在"大致区域"扎下了营。然后，当你谢完学生回到功课后，统一对他们说：

"我感谢你们能回到功课当中。"

如果其中一个说"我没做这个"，你可以放松自己并给他们一个尖刻的无趣表情。

> 附言

作为扎营细节讨论的附言，你应该知道的是不得不扎营的情况极为罕见。我觉得有责任描述细节，这样你就不会使自己陷入思考当中，"哦很好，琼斯博士！现在我该怎么做？"

但是，如果你确定要树立威信，那么管理是通过细微的手势和小的结果来完成的。我的一个受训者说的话代表了其他很多人的想法：

"我终于进行了扎营，只想体验它是什么感觉。当你使用这个系统其余的部分时，你几乎永远不用走到学生身边。"

恶劣的顶嘴

恶劣的顶嘴绝对会增加玩牌的代价。我们将之称作"豪赌"。学生为了获得控制权几乎在倾尽所有。

将恶劣顶嘴行为和抱怨式顶嘴行为区别开来的甚至不是言语，而是看它是否私人化。顶嘴者在骚扰着老师的神经末梢。有经验的老师知道下面这句话：

永远不要把学生所说的任何话私人化。

如果你把所说的话私人化了，你很可能会反应过度。如果你这样做了，学生就赢了。

恶劣顶嘴行为有两种主要类型：侮辱和脏话。再次提醒，熟悉这些可以减少惊讶元素。

> 侮辱

学生会使用的侮辱主题数量是有限的。主要有：

• 穿着

"说说看，这条领带你在哪搞的，琼斯先生？慈善商店吗？"

"嘿，米克尔森先生，这是你仅有的一件运动夹克吗？"

• 打扮

"嘿，吉布森先生，你的鼻毛长出鼻孔了。你知道吗？"

"哇哦，威尔逊太太！你的发根是深色的！我还不知道你染了发。哈哈哈。"

• 卫生

"嘿，不要靠得太近。你闻起来一股大蒜味。"

"嘿，菲利普斯太太，你呼出的味道比我家狗的还难闻！"

你准备好拧住这孩子的脖子没有？这就是关键所在。

放松呼吸两下。当嘻嘻的笑声逐渐消失时，这个孩子还是没有摆脱麻烦。如果你处于皮层状态，你可以制订一个计划。如果我知道你现在处于皮层状态的话，我就不会太关心你的计划。

> 脏话

孩子们用在课堂上的骂人的话很有限。很大的可能是，你对这些话都很熟悉。有一些是你日常所见的粗鄙话语，有些是直指你的要害。

现在，问问你自己，掩盖在粗鄙话语之下真正的观念是什么？像往常一样，它和权力有关。权力的问题又可以归结为控制的问题。谁控制了课堂？这又转而归结为谁控制你这个问题。

一句脏话能控制你并决定你的情绪和行为吗？如果能，那么这个学生就通过一个词语掌握了巨大的权力。

你知道如果你给了拉里这么大的权力，他就会使用它。而且，如果控制来得快并具有可预测性，他会一次又一次地使用它。

应对恶劣的顶嘴

为了理解对顶嘴行为的管理，特别是针对恶劣顶嘴行为，你必须根据两种时间框来概念化你的应对方式：短期和长期。短期的时间框很短，只有两到三秒。

＞ 短期应对

正确的短期应对，可能如你所想象的一样和斗－逃反射有关。放松地呼吸两下，保持安静，并摆出一些尖刻的无趣表情。

如果你处于皮层状态，你能做出良好的判断并选择适用该场合的长期应对方式。但是，如果你处于脑干状态，做出判断已经不可能了。结果就是，如果你在短期内能成功，那么你在长期内可能也会成功。但是如果你在短期内失败，则全盘皆输。

刻意空缺即时反应是一种强有力的肢体语言。它告诉这个学生，在所有方面，你都不是个菜鸟。你听到过这种话一千次一万次。

如果学生燃料耗尽，像逃难一样回到作业当中，你就是有策略地应付了这个事件（当然还靠着点运气）。此时你可以感恩，并考虑继续上课。

你总是能在课后找时间和这个学生谈谈。

不要担心学生们会想，"琼斯先生没对拉里的脏话做任何处理。"给他们的社交智商一点信心。他们刚刚看到拉里试着把事情"搞大"却还是失败了。他们看到你像资深专家一样处理了整件事。而且他们学到了，在这个课堂想把脏话当作战胜老师的工具是没用的。

他们当然知道讲脏话不会被轻易放过，因为你在课堂结束时说道："拉里，我想要和你谈一谈。"当然，在说这些时你需要站在门口。

> **长期应对**

你的短期应对方式不会排除任何管理选项。它直接给了你时间去思考，并避免了犯主要失误。

长期而言，你可以做任何你认为合适的事情。你知道你的选项。如果你认为学生应该被转介到行政办公室或者停学，就这样做，只是要平静地做。

如果你平静，你的行为会带着一股酷酷的职业风范。你在超然物外。

这种平静能帮助学生对自己的行为负责。当然，这会是他们最后才想做的事情。他们更想找个钉子把责任挂起来，这样就不是他们的过错了。如果你因为变得烦躁不安而有一丁点越线，你就给他们提供了那颗钉子。但是，如果只有学生表现失态，他们就很难去责怪别人。

临床层面

假设有一种情况，一名学生在一节课当中说了些糟糕的话，你使了手段使学生安静下来并回到功课当中。再假设你在课后把这个学生留下来谈话。你要说些什么？

首先，我们考虑下内容。当这个学生使用侮辱性话语或者脏话时，他或她的行为典型还是不典型？我们假设学生的行为非典型。

如果你将这个学生的话语私人化，你的烦躁会掩盖你的思考。另一方面，如果你处于皮层状态，你可以使用解决问题的技能。甚至使用一些简单的临床技能，你可以做好很多事情。

学生对某些事很不安，但是这些事可能不是因为你，因为你过去 23 个小时并没有见到过这个学生。很大的可能是，他们对课堂之外的某些事感到不安。

我当然想要在我进入"处理结果"之前就知道某些事是什么。否则，我怕我会火上加油。

> 治疗性的对话

当你在其他人离开后和这个学生对话时，你就变成了临床医生。在类似这样的简单场合当一名临床医生是需要很直接的。

人们只因为一个理由去寻求治疗：他们处于痛苦中。他们只寻求一个结果：减轻痛苦。这两个简单的现实结论给了你就课堂不当行为进行对话的出发点。

"瓦妮莎，你今天在课堂上说的话可不像你。告诉我，到底发生了什么？"

放松地呼吸两下，瓦解说其他话的欲望。这叫作"等待时间"。你不知道接下来会发生什么。你能打开大门，但是你没法让瓦妮莎穿过它。她可能说：

"没什么！我只想要离开！"

但是，在你进入"处理结果"前，争取拖延时间。沉默真的是金，因为年轻人对沉默的容忍度很低。如果你平静地等待，整个故事可能就会被娓娓道出。如果学生的嘴唇开始颤抖也不要感到惊讶。可以提前准备点纸巾。

在瓦妮莎道出她的故事后，你也许想要给她一张去休息室的通行证，这样她在向下一个教室报道前能整理一下自己。确保她知道你在放学后也有空。如果她出现在你的办公室也不要感到惊讶。

> ### 不同的关系

多年来，我有好几个受训者在面对这种场合时，都带着"打开心门"的心态。一个老师的话具有代表性：

"如果我说那个学生在课堂上对我说了那些话后我还能很放松，那我就是在说谎。我像你建议的那样把他留下来，但是我冲动地想把他送到行政办公室去。我强迫自己询问他真正的问题是什么。我稍放松地呼吸了几下。然后，他开始说出了秘密。"

"我把下一个班次的学生在走廊留了一分钟，这样他能整理下自己。那是我们关系的转折点。从那天起直到现在，他变成了完全不同的一个孩子。"

年轻人需要成年人照顾。有时，他们在家里从成人那里得到的是语言和身体的虐待。但是他们渴求可以用正面积极的成年模范来疗伤，如果你知道如何做的话。

瓦妮莎今天在班上很不安，她显然受够了。但是，她也在下意识试探你是否也像她生命中的其他大人一样对她漠不关心。她可能预料到最差的结果——一名愤怒的老师和一次行政办公室之旅。这不会使她感到惊讶。

在这种情况下能使学生惊讶的是发现有一名老师说："我能看得出你很受伤，跟我说说吧。"这让他们措手不及。有时候他们的防御会被瓦解，因为他们对任何关心他们是否受伤的人都是如此的不习惯。

有时候，通过简单的花时间去询问和倾听就能达成疗伤。不需要冒多大的风险，在你与这个孩子的关系中你能回答这个决定性的问题，"你真在乎吗？"

> **和解**

权力不是树立威信的目标。权力是到达终点的方式。它就是一种工具，可以行善也可以作恶。

树立威信的目标是和解。我们的平静心态和技能使得我们向顶嘴说不，同时潜在地加强了我们与学生的关系而不是去摧毁它。

与另一名人类互动的可能性越多，情感的强度就越大。所以，学生在课堂上的危机赠与了我们一个珍贵的机会。依靠我们的平静心态和技能，我们通常可以将这一危机转变为具有建设性的结局。

在日常的育儿中，被铭记的心灵交谈通常紧跟着某种危机——通常伴随着泪水。这些心灵交谈某种程度上是成人和儿童之间最为珍贵的时刻。它们教会了我们重要的一课，"差"的表现会带来真正的结果，也不会威胁关怀的纽带。

如果我们用脑干反应，就像学生的父母那样，我们就正好实现了学生最坏的预测。但是如果我们在脑中带着简单的询问和聆听的观念，就能打开通向一种不同关系的大门。

第 19 章
处理意外

- 有时在使用肢体语言时你获得了和期待相反的结果。你可能会想，肢体语言没起作用。但是肢体语言总是在"起作用"。
- 人们表现奇怪总有原因，如果我们知道如何阅读信息的话。对威信非典型的反应能教会我们关于这个学生的很多东西。
- 本章描述了当情感缺乏的学生或爆脾气的学生做出和我们期待相反的结果时，使用设限时的变化。也描述了多处对捣乱行为设限时的调整，帮助你保持形势不失控。
- 本章也检验了肢体语言在管理行为时的自然极限。理解这些极限可以使我们无缝衔接到其他更适合任务的程序中去。

耍手腕

> **调整**

目前对威信的描述既激动人心又具有一定限制。为了更清晰地描画师生间肢体语言的对话，课堂上的事件流被简化了。真正的课堂生活是不可预测的。

调整是任何运动的一部分——就像一个足球或者篮球运动员必须持续不断地根据对手进攻或防守中的变化进行调整一样。本章处理的就是你在树立威信一般模式时可能需要做的一些调整。

> **没有处方**

本书，特别是在本书此部分是没有"处方"的。其他大部分纪律管理项目都包含了"处方"，"如果学生这样做，你就那样做。"

"外方"非但不能为做出好的决定奠定基础，还通过强行指定结果来预先规定做决定的过程。它们实际上是阻止了特定时刻的调整。

> 基础和基本招数

有效的纪律管理不是开处方（立马见效），而是动态的。它牵涉的是复杂的相互迁就过程，我们将之视为一种室内运动。

本书既厘清了这种运动的基础，也厘清了基本的招数。但是，在这一运动中，你必须在比赛一开始就进行反应和调整。如果你的管理系统给了你足够的选择范围，而且如果你处于皮质层面，你可能就会做出好的决定。

旁观者可做不了关键选择。我坐在千里之外自己的办公室当然没法手把手教你怎么去对付一个我从未到过的教室里从未见过的学生。

但是，有一些较常见的例子。下面介绍一些在普遍框架之外的案例。希望事情到来的时候它们可供参考。

靠近会触发黏人行为

> 你期待的反面

这是开学第一周，一位一年级老师刚刚认识她的学生。当学生在自己课桌上做美术作业时，她正在管理全班。一个小男孩，看起来相当不成熟的样子，正在自己课桌上偷懒，沉浸在他自己的小世界里。老师在这孩子的桌前站了一会儿等着他注意到。

男孩没有抬头，老师弯下腰把一只手撑在课桌上以给他一个提示。当学生抬头看到他面前的手臂时，他用双手围着她的前臂并用她的袖子摩挲自己的脸。他继续这样做了差不多五秒钟。

有时候使用肢体语言时你得到了你期望的反面。如果你只知道肢体语言的基本层面，你可能会认为，"这没效果。"但是肢体语言总是有效的。

只是有时候，它制造了一个令人惊讶的结果。

> ## 霓虹信号

伊斯雷尔·戈尔戴蒙德是芝加哥大学的一名心理学家，他对临床心理障碍的症状学常有一个说法。他会说："症状就是指向自身疗法的信号灯。"他向我们这些年轻的心理学家解释道："一个人表现出一种奇怪的行为是有原因的。他们通过这种行为得到了什么？不管是什么，他们一定是非常想要它。去找到它是什么，并确保他们只能通过恰当的行为才能再次得到它。"

所以，当你班上一个孩子出现一种奇怪或者非典型行为时，这个孩子正在告诉你他或她生活里的许多事情。如果你可以破解这一信息，你就能理解那些本来无法解释的东西。你也就拥有了一个治疗项目的开端。

> ## 绒布母亲

当上述的那个孩子用自己的双手围住老师的前臂并用脸摩擦她的袖子时，使人想起了小猴子和它们的绒布妈妈的场景。这一景象印在任何上过一门心理学入门课的学生记忆里。

被剥夺母亲的小猴子会把它们碰到的最柔软的物体当作母亲的替代品。在实验中，这个物体就是绒布毛巾。它们会蜷曲在上面并在上面摩擦，试图找回它们被剥夺的身体接触。

就像小猴子一样，遭受社会性剥夺的儿童通常会以我们认为奇怪的方式去寻求注意和身体接触。结果就是，他们阅读肢体语言的方式和正常孩子不一样。

> ## 不挑剔反应

为了理解本案例中这个需要精神支持的一年级生的行为，我们将其看作是一种"注意力饥渴"。饥渴是完美的比喻。

想象你自己进入一家新餐馆。你是否要遍览整个菜单两到三遍后才会最终做出选择？这是吃饱了的人的行为。你非常挑剔。

相反，假设你一周没吃东西了。有人给了你食物——唯一的食物——一个火鸡三明治。你能想象自己说"不，谢谢。我更喜欢烤牛肉"吗？

肯定不会这样，你会"狼吞虎咽"，只要那是食物。在严重剥夺的条件下，我们变成了不挑剔的消费者。

当儿童遭受严重忽视时，他们变成了对成人靠近和注意行为不挑剔的消费者。他们不能读出肢体语言表达出来的赞成或不赞成之间的细微差别——正常儿童自动能分辨的东西。相反，他们会"狼吞虎咽"，只要是一个成人靠得足够近能提供身体接触。

> ## 处理极端的注意力寻求行为

当事情变得完全扭曲走样时，即使是最有经验的老师也会感到似乎他们不知怎么做错了某些事。但是，这些情况其实充满了信息，能够教会我们下一次用更有效的回应方式去应对这样的情况。

小男孩奇特的肢体语言诉说了他生活里很多的悲伤故事。他极端的感情需求和被严重忽视的信息写满在了上面。就像戈尔戴蒙德博士所言："人们奇怪是有理由的。"

> **戈尔戴蒙德法则**
> *"一种症状是指向自身疗法的信号灯。"*

理解了这个理由，你就可以开始一项治疗项目。不幸的是，这个治疗项目对我们来说不总是礼物。

当我们察觉出被剥夺儿童的极端需求时，我们下意识就想要治愈他们。我们想要以某种方式给予他们曾被剥夺的注意和爱来使他们变得完整。这种我们想当然的思维，会变得具有破坏性。

既然这些孩子如此需要人类的互动，那么差不多任何你与他们的互动都会变得具有强化性。小心！这会强化互动时发生的任何事情。

例如，如果因为这个男孩在抱怨或哭闹或打人，你准备像上面描述的一样去与他进行互动，你会反过来强化抱怨或哭闹或打人的行为。你互动的目的已经与此无关了。这些孩子对你的注意力不挑剔，这个事实意味着你自己的正常行为很容易就变成了错误强化行为。

所以，树立威信会产生与你期待相反的结果。这孩子没有能力辨别出不赞成的意思，他在将来也许会更经常地进行不恰当行为，就是为了获得你设限时带来的逼近行为。

当学生变大一点后，他们的注意力寻求行为会变得更加反社会。然而，不管是黏人还是出格，在你教的任何一个班上可能都会存在极端需要注意的学生。与其把你的注意力无条件给予这些孩子，你还不如保护自己。

既然树立威信会产生这些孩子矛盾性的反应，你需要用另一种不同的办法来对付他们的不良行为——不依赖树立威信的身体靠近。本书下面的部分——责任感训练——会给你提供一种替代的方式。

暴脾气的学生

> 侵入私人空间

树立威信可以被视作对学生私人空间的一种入侵。当你倾斜身子给予提示时，这种入侵是微小的，但是到你"扎营"时它就一点都不微小了。

在前面章节里我们假设的是一个典型的学生。但是，一些学生的私人空间是非典型的。他们甚至在你到达课桌之前就警惕到了。任何一个有受虐史的孩子都可以放进这个范畴来。

如果你在这些学生前面进入"撑手掌"阶段，他们可能会极为恼怒直至"失控"。你对身体逼近的使用现在就变成了累赘而不是有用的工具。

闪避反射

幸运的是，通常你可以辨认出有受虐史的学生，因为他们的肢体语言会发出警告。当你靠得太近，他们会做出一种闪避反射。闪避反射和孩子曾被打有很大关系。

闪避是指躲开打击使之打不中你。闪避反射是人类架开对头部打击的一种特征性反射。突然抬起你的手臂，使得你的前臂在你下蹲的时候保护你的头部，这样你就可以模拟闪避反射。

闪避反射的开始通常包括攥紧的拳头和胸肌以及肩部肌肉的收缩，特别是在优势侧。学生的面部表情严肃，眼睛紧盯着你。如果你是右利手，你可以这样模拟这部分的反应：举起手肘并轻微抬起右肩，同时收缩整个胸部的肌肉。

在逼近时你很少能看到学生的手，因为它们在课桌下，你通常能看到胸部和肩部肌肉的紧张，特别是当学生穿了 T 恤。这种准备抬手防护的姿势应该可以警告你。如果你靠得更近，这个学生可能会变得高度焦虑不安。

> **调整你的靠近**

你不需要接近学生课桌的边缘，你也不需要弯腰做提示，更不用手掌撑住进行停留。这些是你可以做出的选择。

在放松呼吸时，你可以站在离这个学生课桌一脚远的地方。并且你可以从站立的位置做出提示。你甚至可以轻微转动身体使得这个互动过程少一点对质意味。

记住，肢体语言不是一种像体操练习一样必须每次都以同一方式重复的技术。更准确的说，它是一种根据特定情景进行修改的交流形式。

靠近是肢体语言的一种简单形式。任何人类互动行为在两个个体靠得更近时都会变得更加剧烈。如果这一互动需要加强，靠近是很好的办法。使一个典型学生弃牌并回去做功课是一个恰当的举措。

但是，如果这个互动的强度已经高于你想要的水平，你可以通过限制靠近的距离来限制强度。时间在你这边，即使低强度互动要花长一点时间才能得到结果。

> **突发情况**

假设你倾下身子给一个年轻人提示，却只使得他窜出座位并大叫："滚开！"他的椅子摩擦地板发出吱吱声，同时他的眼睛紧盯着你。

你不会经常看到这种情况。但有一些学生能把他们的情绪压抑到最后一刻。有时这种情况会毫无预警地发生在你面前。

你要怎么做？实际上，这是一个简单的问题，并且到了本书的这一阶段，你可能已经可以给我答案了。放松呼吸两下，缓慢站起来，检查下巴并等待。遵循处理意外的一般策略，"当有疑问时，什么都不做"。你的情绪具有传染性。如果你平静下来，你会得到平静的效果。

当你放松并等待时，年轻人会给他自己需要的额外空间。一般在他平静下来的时候他会紧张地调整节奏。当这个学生站在教室中间所有人都看着他的时候，他通常会开始感到尴尬。你可能希望通过温柔地走向他的座位来减少这种尴尬。

当然，这个学生也可能会冲出教室。谁能预测得到呢？

不要觉得自己好像做错了什么。冲出去仅仅是一种原始的应对机制。应对机制的取舍揭示了这个学生的社会 - 情感发育水平。你刚刚收到了关于这个特别学生的许多诊断信息。

启动学校对于未经允许离开课堂行为的处理程序，并继续放松呼吸。你可以马上进入你的长期策略。

在你进行的时候调整

在你的教学生涯中还没有什么经验能告诉你如何避免粗鲁的突发情

况。感情需求的学生和暴脾气的学生只是两种你需要在极度激动的时候做出调整的更具有预测性的类型而已。下面是一些临时案例，可以扩展你对树立威信的肢体语言的理解。

> **多处捣乱行为**

有时当一个学生在开玩笑或者说俏皮话时，每个人都试着参与到这其中来。几秒之内，笑声或者"俏皮"的评论从四面八方都传过来了。你能怎么办？

没有任何一种管理生态位能完美处理这个困境。如果这个打趣是善意的，通常它都是，你可以"顺水推舟"。然后你可以试下下面这一招，很容易，虽然有点非常规。

在你准备设限时，试下通过讨论捣乱行为来扰乱它。简单地把你的身体置于这个行为之中并开始用有点聪明的语气来阐述。

"你说的非常有趣，马克，而且看起来全班也都这么看。但是，你的话提出了一个观点。同学们，你们还记得，我们在讨论……并且之前的事项是……我们回到詹妮弗在一分钟前提出的观点……"

到你结束这种聪明语气的语句时，你可能已经使每个人的注意力都回来了。把注意力从马克那里抢回来后，你可以把它指向你选择的任何一个主题或者学生。

> **后面传来的质问**

假设你在对付捣乱学生时处于撑手掌阶段，你听到了后面传来了质问声。

"嘿，你为什么要找她麻烦？她又没做什么。"

这种情况看起来很让人愤怒，但是它真的只是同一主题的一个变化形式。两个学生正在包抄你。这个想要二过一的队友恰好在教室的别的地方而不是坐在顶嘴者的边上。

> 我该做什么，当……
> 在任何感到惊讶的情况下，答案永远是同样
> 的：慢下来，放松呼吸两下并记住，
> 在有疑问时，什么都不做。

我们在前一章叙述过在面临夹击时你应该产生的反应。你要孤立其中一个学生，这样你才可以一对一处理。按顺序处理这两个学生，一次一个。

用同样的策略来对付身后的质问。先不要对付质问者，停留在第一个学生那里直到结束，以"谢谢你"和一些额外的监督结束。然后，慢慢站起来并以帝王式的风范转身面对第二个学生。

大部分情况下第二个学生已经沉默下来，因为"分而治之"的策略起效了。当你面对第二个学生时，放松并等着看他或她是否回到功课当中。通常质问者会回到功课中，因为在这一刻再顶撞什么都得不到。如果质问者回到功课中，你可以直接把巡步走向那个方向作为管理全班的一部分，而不是"逼近"去设限。

> 重复性捣乱

一些学生我称之为"重复者"。不管你在短期内如何有效地处理了捣乱行为，他们在你一转背的时候就会再次开始。

这些孩子一般来自"不"不意味着"不"的家庭。他们的家长只会唠叨，然后只顾自己的事情而不会跟进去确保孩子完成被吩咐的事情。

这些孩子学会了简单的暂停一会儿，待家长离开后就继续他们的行为。他们想不到有成人告诉他们停止就意味着必须真的停止自己的行为。

当你在短期内不得不对一个学生就同一行为再次设限时，你的大脑里面必须升起一面警告旗。当你第三次如此做时，你得到了一种模式。树立威信显然没有奏效，是时候改变策略了。

树立威信是系统的一部分

> 不同的工作有不同的程序

我们在前面章节描述的树立威信仅仅是一个高效纪律管理项目中的一部分。它不是万能药。

成功的课堂管理总是需要一个系统。针对不同的工作内容，这个系统必须拥有不同的程序。当你使用一种程序达到效果的极限后，你会想要无缝衔接到另一种新程序。

> 超越威信

本书下一部分叫作责任感训练。责任感训练应对的就是那些界限设置所不能应对的任务。

例如，我们的研究结果表明，一旦老师坐下来进行小组教学，课堂剩余时间的捣乱行为会翻三倍，同时课堂学习时间急剧下降。当你坐下来时，管理全班和界限设置都"没用"了。为了管理这种情况你将需要责任感训练。

这里另一种管理困境出现了。你如何训练学生在上课铃响时就做好开始上课的准备，并且在课堂过渡的时候保持努力？这两件事可以节省你每节课十分钟的时间。再一次，你将需要责任感训练。

责任感训练在纪律管理中可能会被认为比界限设置更为关键。当你训练学生变得有责任心时，他们会学会管理自己。这不就是我们真正的目标吗？此外，它的成本会更低。当学生管理自己时，你就不需要替他们去管理了。

第 20 章
指导树立威信技能

- 掌握指的是自动准确地完成任务，它关注的是在即时、精确的反馈范围内进行技能练习。
- 在本书的训练里，指导练习通过一系列分级的纪律管理刺激手段来产生掌握，在此过程中受训者在面对新感情时获得熟练度。
- 髓鞘在神经生理水平的记忆形成中的作用研究告诉我们：创造掌握需要广泛的"深度练习"。
- 通过重复活动，髓鞘层被加到神经元上面来加快神经传递的速度、容量和精确度。
- 深度练习以达到掌握程度非常耗费时间。对于课堂的提示是，我们需要慢下来以教得少而精。

学习树立威信

> ### 在事情发生之时

本章我们将检视技能建立过程的本质，以此我们可以明白该如何帮助同事学会树立威信。通过这些内容，我们将加强对我们职业中这一最基本教学技术的掌握。

树立威信是渗透在任何成人和儿童关系中最复杂以及最微妙的技能之一。本书此部分包括了分别针对我们的感情、思维和行动的章节以及针对顶嘴行为和处理意外的额外章节，这种章节的设置本身就证明了它的复杂性。

在日常生活的范畴内，树立威信是迅速发生的——动态并实时。家长或老师给出的信息可能快速及微小到诸如一个暂停或眉毛一扬。在经历某些痛苦之后你可能有时间反省自己本应该怎么做，但是在事情发生的当时可没有反省的时间。

相反，你必须行动——马上！你到底要怎么做呢？你到底会如何应对这种特定的情形？

我们一般把这种行动称为技能。为了在事情发生之时提供帮助，你必须要完全地掌握这些技能。学习树立威信就是为了能够自动地使用复杂的社交技能。

> ## 指导的本质

技能建立一般被称为指导。指导和表现有关，你指导得越好，你的学生就会表现得越好——不管是体育运动、乐器、戏剧、数学还是社会研究。

指导是说、看、做教学法的最基本形式。不管在哪里它差不多都是一样的。我确信你会从自身经验里找到这个过程。

- 解释和展示你想要的表现。
- 通过持续的监督和即时反馈来使受训者慢慢排练整个过程，确保正确的表现。
- 慢慢增加表现的速度以建立流畅性——同时通过持续监督和反馈确保错误不会混入。
- 练习直至掌握。
- 教会技能的变化形式，这样表现会变得富有弹性和适应性。

> ## 指导要观察和反馈

指导者知道，他们在教学的时候如履薄冰。如果受训者表现正确，他们会收获一个好习惯。如果受训者表现得不正确，他们就会被助长一种坏习惯。坏习惯很难被打破。

打破坏习惯所需要的时间远比建立有用的技能多。所以，高效的指导者在教学中很少犯错误，以免重复教学。

在每一个技能领域，指导者对某种特别表现伴随的那些错误是高度敏感的，并且他们在观察和倾听着这些"典型错误"。跳水教练会盯着跳水过程中某个特定位置跳水者背部的曲线。篮球教练会盯着运动员在投篮之后的手型。发声教练会倾听某个提示不正确呼吸的声调。他们都在观察并倾听技能执行当中那些需要纠错反馈的细枝末节。

指导最为基本和最为重要的两个要素是：

- 在行为发生时观察的能力，
- 立即给予纠错反馈的能力。

如果在行为发生时不能看清表现，你如何知道反馈是否必要？而且，如果不能立即给予反馈，你如何能防止错误再次发生？

> **指导者是完美主义者**

在观察表现时，指导者就像一只鹰。发现一个错误，教练就要采取行动，这就是"教学时刻"。正是在此时，指导者运用他们所有的知识给学生提供提高自身表现的方法和动力。

无论这一任务的本质是什么，高效的指导者天生就不会看到表现中的一个错误却还说"哦好吧，管他的"。他们没有这样的基因。

相反，指导者是完美主义者。用绿湾包装工队传奇教练文斯·朗巴迪的话说：

练习不会造就完美。

只有完美练习才能造就完美。

练习遵守着这一格言，"坚持练习，做对方止"。当练习符合了这一简单标准后，指导者再前进到下一个技能的培养。

但是，指导过程不只是坚持直至达成想要的结果，它还要坚持到这个结果持续并优雅地达成为止。这个目标就是掌握。这一观点可以用加州大学洛杉矶分校传奇篮球教练约翰·伍登的名言来总结：

没有学会，就还没教会。

定义指导心态的是标准。指导的目的是教会某人正确地做"某事"。

达到掌握程度，你才算赢。达到掌握程度，小提琴听起来才像小提琴。达到掌握程度，戏剧才会有感染力且观众才会有反应。

当然，指导者知道，在他们通向完美的道路上，诱人的目标就在视野里彩虹的尽头。也正是这个目标推动着持续的努力以臻于完美。

> **指导要求的是完全的掌握**

在让学生做某事之前，指导者必须把他头脑里的东西展示给学生。他们必须展示正确的表现。

言外之意，这意味着指导者必须透彻地理解上述的技能。随着表现水平的进步，教练需要展示越来越细腻的表现。

所以，高效的指导需要付出高昂的代价。只有通过年复一年甚至数十年的经验积累和技巧性的指导才能达到这种高效。只具备普通指导技能的初学者还远没到黄金期。

三阶段课堂设计

在指导时，最有帮助的方法是只以一个精确模型从头到尾打包一堂课或只呈现一个技能。它可以让我们在备课时进行快速检查，看看是否有遗漏。假设我们的课堂原型是数学课，因为数学课糅合了复杂概念、身体表达和对正确表现的需求。

任何一科的课堂都倾向于有三个阶段。就像某种战术一样，有开始、中间和结束。开始是做准备。中间过程是习得——技能和概念的初始学习过程。结束时是巩固——练习至掌握程度以及指导该技能的变化形式。

> **做准备**

做准备代表着课堂的预备事务：老师下达一系列决定，告诉学生在面对新材料时需要在心中准备什么。下面列出的是典型的事项，这些事项的任意组合形式可能会出现在任何一堂课上，也许你还想再增加几个你自己的事项：

- **提高关切水平**：这堂课为什么很重要？

- **复习和背景介绍**：需要用到昨天学到的什么技能？需要什么信息来创造今天课堂的背景？

- **目的和目标**：这堂课可以带给我们什么？我们会学习到什么？你也许愿意呈现一个被称为提前组织的"前瞻预告"。

> 习得

习得是我们给课堂中间部分贴上的标签，这是最重要的部分。在习得阶段，我们需要把新事物塞入学生的头脑。

在习得阶段我们用全部三种教学手段教学，而且我们要将它们之间的整合最大化。下面的标签就是说看做循环三要素的常用名字。

- **解释（说）**：我们接下来做什么？简单提示，说得越少越好。

- **展示（看）**：这一步看起来或听起来像什么？在学习理论里展示是一个宽泛的概念，与"展现"是同义词。它可以让学生体验正确的表现，不管是计算、运动技能、乐句的划分，还是一个单词的正确发音。

- **结构化练习（行）**：正确表现真实的体验是什么样的？结构化练习的目的是建立正确的表现同时不培养坏习惯。这种练习的结构化程度如此之高，以致错误发生几率接近于零。

> 巩固

大部分情况下巩固的同义词是练习、练习、练习。它完善并固化新学习到的内容，同时将之变为长期记忆。

当然，追求完美永无止境。在掌握到满意程度前，一个职业音乐家需要对一段乐章进行多少次的练习，或者一名职业篮球运动员需要投多少次篮？

　　然而，甚至在普通教室学习的这个层次，表现都必须变成第二天性。我们必须达到本杰明·布卢姆博士所指的"自动"程度。

- **指导练习**：指导练习是习得阶段早期水平的练习，需要指导者的反馈以保持正确表现。错误很容易侵入表现中，而且初学者通常察觉不到。没有指导者的监察，错误会反复发生直到变成坏习惯。

- **独立练习**：在独立练习时你是自己的教练。首先，你必须能在错误发生时识别它。其次，你必须能重新教自己改正错误。

- **泛化和分辨**：泛化和分辨组成了一堂课的"精细调校"部分。泛化指教导某个主题的变化形式。在数学里，一个程序会有很多变化形式。在人类学里，不同的角度对一个历史事件会有不同的解读。分辨是指把错误从不正确表现中勾勒出来。

　　下图显示的是三阶段课堂设计的总体情况。习得是中心阶段里使用说、看、做教学法的主体事件。除此之外，也要注意结构化练习阶段的技能重复，以使得表现在进入指导练习前达到近乎自动化的水平。好处就是，在指导练习阶段只会偶尔需要纠错性反馈。

三阶段课堂设计

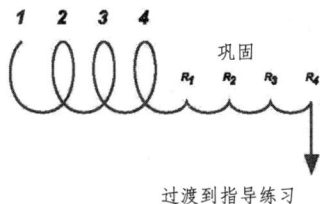

准备阶段	提高关切水平 复习和背景介绍 目的和目标
习得阶段	解释（说） 展示（看） 结构化练习（做）
巩固	指导练习 独立练习 泛化和分辨

图中：1 2 3 4　巩固　R_1 R_2 R_3 R_4　过渡到指导练习

练习、练习、练习

一个男人在纽约钻进一辆出租车说："要怎样才能进入卡耐基音乐厅？"出租车司机回答道："练习、练习、练习。"这是个老笑话，但是它有道理。就算是出租车司机也知道达到掌握的水平要付出的代价。

当然，我们都知道"练习铸就完美"。但是需要多少练习？简单的答案是，比大多数人想象的都多。马尔科姆·格拉德韦尔在他的畅销书《异类》中把"一万小时"这个数值嵌入了我们的集体意识之中。这个数值对于刚开始学习多位数除法的五年级学生来说可能有点高，但是这至少提醒了我们不要小看成功需要的努力。

让我们仔细认识一下练习，也许就能更好地理解如何才能成功地习得技能。基于不同的目标和相应的方法学，可以把练习分为三种类型：

- 结构化练习，
- 指导练习，
- 独立练习。

我们需要更熟悉每种练习类型，这样才能重点关注那些有助达到掌握水平的环节。

> 结构化练习铸就完美练习

结构化练习如此的高度结构化，以至于犯错的可能性接近于零。传统的方法一直是要慢下来，目的是通过持续监督和即时纠错反馈，逐步手把手地帮助学生学一遍。

当你观察一名高效老师时，不管其教的是什么科目，其授课最显著的特征之一就是结构化练习占据了课堂的大部分。高效老师想要学生"做对"。只有在结构化练习时，他们才能对学生的表现有足够的掌控，从而铸就完美的练习。

以乐器的学习为例，老师首先会让学生慢慢地弹奏一段，以使弹奏"清晰"。一旦弹奏清晰，学生就能慢慢增加速度。

通过更多的重复，表现变得越来越流畅和自动。但是，如果学生的速度增加得太快，错误就会立即侵入表现之中，那么这一乐段就会变得"粗糙"。

当然学生总是想要追求太快的速度。吉他新手想要弹奏"精彩乐句"，而不仅仅是音阶。篮球新手想要比赛式的训练，而不是做些传球和运球训练。

身为老师或教练永远的困难就是让学生慢下来，直到他们能在不增加错误的情况下增加速度为止。这需要老师的耐心，也需要对学生的冲动设限。但是一名好老师或好教练会确保正确表现永远不会让步给速度。

> 结构化练习能加快习得阶段

结构化练习不是开放式和探索式的练习，而是封闭式和可预测的练习。教练解释和展示技能的每一个步骤，然后帮助受训者做一遍。

结构化练习具有两个巨大的优点，可以加快技能习得的初始阶段进程：

• 它能从一开始就教会受训者形成时机和顺序正确的肌肉记忆。

• 它可以在大群体中完成。

在开发威信指导程序的过程中，我越来越认识到了结构化练习的独特力量。我可以帮助一百对搭档学习一种复杂的互动过程，这一互动过程包含五十种提示的顶嘴行为，包括老师角色和学生角色的提示，并让这个群体第一次做完就"搞定它"！这节省了很多时间。

尽管结构化练习不是特别的自然或有趣，但它对学生来说并不枯燥，因为他们在第一次做某件事情的时候会完全投入。但是，正如你想象的那样，重复一种结构化练习直到其变得陈旧之前是有次数限制的。这个问题在受训者获得一定的掌握度和信心后，可以通过由结构化练习转到指导练习轻易解决。

> ## 指导练习模拟现实

指导练习是学习的中间阶段，介于结构化练习的"手把手"和独立练习的完全掌握之间。在指导练习中，受训者能相当好地提示自己完成表现过程。但是他们仍然需要一个指导者观察和提示表现的细节，并在错误发生时纠正它们。

指导者构建指导练习的最常见方法是模拟。篮球训练时的比赛式训练就是一种比赛的模拟。教练可以让"防守方"模拟他们对手接下来的战术，这样"进攻方"就能完善破解这种特定防守的方法。

在本书的训练项目中，老师们通过练习一系列的情景模拟来精细调校纪律和教学的关键技能。例如，为了练习树立威信的设限，受训者进行一种叫作"开小差"的模拟，参与者针对课堂越来越严重的扰乱行为开发出有效应对方法。相似的还有，为了练习纠错反馈（表扬、提示和离开）的简洁给予方法，受训者进行一种叫"捣乱"的模拟，使用有效提示来应对典型的学生错误。

> ## 指导练习必须安全

在树立威信的模拟中，参与者扮演指导者、老师、学生和观察者的角色。当然，集大成者是指导者。指导者可以是学校里使用本书的职业学习协会中的任何一员。

简而言之，指导者的任务是构建角色扮演的练习，并在角色扮演时护航老师。如果角色扮演造成了老师的困扰，出现了这样的表情"现在我该怎么办"，指导者要立刻融入小组中变成全体中一员，来进行解决方法的头脑风暴。之后，老师将采用这一解决方法。这后面可以跟进更多的头脑风暴，也可以是再一次的"手把手"。

正如你所见，老师的角色不固定，其任务是扮演特定角色，然后将其作为讨论和解决问题的跳板。训练中的情绪会变得有趣，再次扮演会制造一点欢声笑语。

角色扮演总是会惊讶到我的一点，就是模拟中的观点和情绪与真实课堂体验是相似的。这种和现实的匹配使得模拟可以成为一种惊人强力的学习工具，在练习技能的同时促成自我发现。

例如，当处理肢体语言时，参与者学到他们可以在意识层面精确地阅读肢体语言，即使他们从来没有多想过。在识别姿势的含义时，老师们通常是第一次察觉到他们感情和行动中的隐藏一面。

> ### 独立练习就是现实

在指导练习中，你拥有一名指导者，他观察并帮助你。在独立练习时，可没有什么指导者帮助你。如果你需要指导，你将不得不自己指导自己。所以，独立练习意味着高度的掌握。

尽管"独立练习"这个概念被广泛使用，但它还是有点不太精确。一些老师把独立练习和"独立学习"联系起来。然而，当你观察在课堂上独立学习的学生时，你可以找到能想象的各个水平的掌握度的学生。我们用一个例子来解释清楚独立练习的含义。

假设你是一名高尔夫职业巡回赛的职业高尔夫手，并且在此之前也是一名职业教练。你站在开球处准备向 180 码*外的右狗腿洞发球。因为职业选手推杆可以达到 250 ～ 350 码，右狗腿会出现在球飞行轨迹的中间。任何一名职业教练都知道如何挥这一杆。

但是，假设你因为前一洞错失了一记三尺外的推球入洞而有点分心。你的注意力短暂游离了一下。你没能做出必要的调整，导致球直直地飞了出去——飞到狗腿远端的树木线里去了。

如你想象，在走过球道的时候你会自言自语。你知道你到底做错了什么。

---

* 1 码约为 0.9144 米。

你能想象到了明天，当你站在同一个发球点并俯视同一个球道时，还会再次自言自语——提醒自己做必要的调整来使球正确地坠落。在这一刻，你就是自己的指导者。这就是独立练习。

> **指导练习从不会结束**

除了自身具有独立练习的能力外，高尔夫职业巡回赛的职业选手都有私人教练。在锦标赛间隙的训练中，职业选手和他们的教练会花时间精细调校自己的技巧，或许还包括处理他们多年前养成并有再现倾向的坏习惯。现在我们回到指导练习中。

正如你所见，指导练习和独立练习之间没有简单或最终的分界线。如果谁有一阵没有使用一种技能，这种技能就会生疏。他们可能需要再回炉到指导练习中，让一名教练帮他们找回状态。或者，如果有人突然染上了一种坏习惯，就像棒球运动员进入低潮期一样，他们可能也需要与击球教练再练一阵子。

再举一个例子，我在多年前看过一篇杂志文章，讲的是纽约交响乐团的音乐指挥。当被一名相当幼稚的记者问道他是否还在保持练习时，这名音乐指挥爆发了，

"哦我的天，是的！我每周要上一节课。"

"一周一课！"那记者说。"你在课堂上练习什么？"

"音阶。"音乐指挥回答。

"音阶！"记者叫道，"在您这个水平？"

"哦是的！"音乐指挥回答。"就像我的老师从不厌倦重复一样，'任何人都能弹奏音符，但是很少有人能弹得好。'"

通往熟练掌握的征程永无止境。但是和初学者还是音乐指挥的表现水平无关，指导者的目标总是一致的。只有完美的练习才能造就完美。

贯穿指导练习全程的自我探索

＞　直面情绪

如果指导者坚持仔细模拟了"开小差"的过程，那么学习小组的每个人很快就能领会模拟的要领，这样学员对指导者指点的需要就会逐渐消失。很快角色交换会变得自动自发。

最后这个小组可能会决定转向"自由形式"——练习设限时老师不知道捣乱学生会创造出什么管理场景。这种自由形式的练习生动有趣，它对应的是参与者高水平的掌握度和自信，保护老师成了次要的事情。

例如，指导者会说：

"这次顶嘴行为会变得个人化。当然，你们知道不要把一个孩子说的任何话私人化。但是说得容易做到很难。所以，我们来看看这会是怎样的感觉。"

然后这个指导者和学生凑到一块构想出一种场景。其中一名学生说："我说不出来。"

指导者说："哦你当然说得出来。学生说的可比这更糟糕。你自己也听过。"

在"从头开始"的提示作出之后，序幕拉开了。此时老师要求学生回到功课中去，但老师得到的是学生的臭骂——夸夸其谈而且大声。老师睁圆了眼睛。

在指导者做出暂停手势时，小组成员爆发了。

1 号老师："我真不敢相信你说了这个！"

2 号老师："她让我这样说的。"（笑声）

1 号老师："我在放松呼吸上没做得太好。（笑声）如果有孩子这样跟我说话，我会当场把他们揪起来！"（更多笑声）

3 号老师："如果我对我妈说了这样的话，我可能一个礼拜都不能坐

下来。"（笑声）

指导者："好。如果你们谁在课堂上做了这样的事，你下个礼拜可能不得不去当服务员。"（笑声）

"所以我们还是回到基本——树立威信当中。从培训中你们知道，我们对顶嘴行为的回应可以发生在两种时间框里面。"

"短期时间框只有几秒钟。它关注的是呼吸——我们的呼吸反应对抗的是斗 - 逃反射以及紧随其后的降级行为。如果我们保持镇静，我们就能停留在皮质层面。如果我们停留在皮质层面，我们就能冷静思考。如果我们能冷静思考，我们就能做出聪明的决定。"

"但是如果我们降级——如果我们在短期内输掉这一局——我们就无法做出聪明的决定。我们所有的社交智商，所有的职业经验，所有对这种情况的理解都会被抛到脑后。"

"长期时间框就是未来。长期时间框处理的是你在开始的几秒钟之后做出的决定。正如你所知，琼斯博士不会给你们特效处方。你们了解这些孩子。你们了解当时的情况，你们了解是什么因素导致了这样，你们了解在你的学校什么样的处罚可行。这由你来决定。但是你只有在平静的时候才能做出聪明的决定。"

"如果你做出判断，认为这个孩子应该被学校停学，那么就这样去做。但是记住，你可以轻易让孩子从学校停学，无论平静的时候还是激动的时候都能做这个决定。"

"所以，既然你（指 1 号老师）知道会发生什么，那我们来更深入地演绎这一幕。下一回我们把注意力放在放松的呼吸上面。然后，简单一点，我们运用琼斯博士的拿手策略，'有疑问时，按兵不动。'我们来看看会发生什么。"

"第二次"掀开了同一个恶劣顶嘴行为的序幕。这一次老师在冷冷地站在那里看着学生的时候，更好地放松了呼吸。几秒钟过去后。

2 号老师："停！这让人太不舒服了！我想要你做些什么或者说些什么。"

指导者："如果她说了什么，你会怎么做？"

2 号老师："噢，我准备的可比这更多。"（笑声）

指导者对 1 号老师说："你的表情完美——放松的下巴，放松的眼睛。这一次你感觉怎么样？"

1 号老师："好多了。但是听到那种顶嘴的话还不气恼可不容易。我确实有点把它私人化了。我只是不太习惯成为那种语言的接受方。但是我放松得更好了，至少我还没揪住你。"（对 2 号老师说）

2 号老师："你最好不要，否则我会告诉我妈妈。"（笑声）

指导者："你们剩下的人怎么看待这种情况？"

3 号老师对 1 号老师说："你做到了面部表情的放松，不错。但是然后呢？她就这么站在那里吗？"

指导者："好，接下来可能会发生两种情况。要么这些孩子停止说话，要么他们会再次顶嘴。这两种情况我们都来练习一下。"

就像这样，一种接一种情形，先以这种方式进行，再以那种方式进行。然而，在受训者推进着界限设置的极限时，其他的学习活动也在发生。

＞　学习我们自身

有时候我们在一堂课上学到的最重要事情不是课堂内容，而是我们自己。

一些研究估算，课堂上的偶发性学习量和与当堂课直接相关的学习量一样多。对此我并不感到惊讶。在研讨班上，课间休息时老师们经常做出诸如此类的评论：

"放松并闭上我自己的嘴巴而不是争吵，这彻底地改变了我与十几岁儿子的关系。"

或者，在一个母亲不得不处理她八岁大女儿的哄骗案例中：

"肢体语言真的有效。当我叫八岁的女儿扔下玩具上床睡觉时，像往常一样，我得到的是巴结讨好最后发展为争吵。但是这次我没有像往常那样重复命令或者争论，我只是等着——放松面部，脚趾朝前，嘴巴紧闭。她嘟囔了一小会儿就停住了。她最后说：'好。好。我会的。'我简直不敢相信，这太强大了。但是我没做什么啊！"

深度学习是高强度体验的结果。诸如"开小差"一样的独立练习模拟使得课堂管理场景变得足够的真实，能在多个层次引出具有真实情感的认知体验。在这样的体验中，我们通常在学习课堂管理的同时也学习了自身。

> **作为一名教师的"成长"**

对于有经验的老师而言，新老师想成为学生的朋友就像一个笑话。特别是在小学阶段，老师们爱着学生，自然想要这种爱能被回应。他们认为学生可爱，于是自然就倾向于对儿童式的任性和自恋视而不见。

当然，这些学生会轻易击败这些老师，因为他们不需要成为老师的朋友。他们的朋友是自己的同伴——他们通过牺牲老师来炫耀的对象。

对于那些以幼稚方式对待孩子的新手老师，你将如何让他们成为可以树立威信的熟练老师——就像天生老师一样？你必须要改变旧的思考方式，还需要学习新的习惯。

学习树立威信针对的是新手老师给自己套上的角色——家长。而这一角色不可避免的方面就是要行使交际权力。

行使权力这个概念让大部分的新手老师感到不安。产生这种不舒服感是由于在教师培养时很少讨论这个话题。

后果就是，年轻老师对于权力处理没有任何认知概念。当被迫面对"权力"这个词汇时，他们倾向于去想象一些强大权力的普遍表现形式，比如"唠叨、威胁和惩罚"。已经成家的中年新老师在这方面遇到的问题就少得多。

对于年轻老师来说，舒服地行使与孩子有关的交际权力很重要。但是为了理解权力，他们必须知道：

- **这无可避免**：任何人际互动中都会有权力的交接。支配与顺从一直都在起着作用（大部分人都感觉不舒服的两个概念）。一名家长要孩子做某事，孩子说"好"权力就此交接。如果孩子说"不！我不想做"，权力的交接就驶向了相反的方向。

当一个人想要另一个人做某事时，权力的交接回答了这个简单的问题。"他们会做还是不会做？"正如你能想象得到的，成人在任何时候试图让孩子遵从教导时，权力就在起作用。欢迎来到权力的课堂。

- **权力的使用既具有建设性也具有毁灭性**：一些家长富有爱心、内心坚定和坚持一致。在养育的范畴内，他们具有创造清晰行为界限的社交技能，只偶尔会做一些温和的对峙。这样长大的孩子会变得令人尊敬并具有责任心，就像他们生来如此一样。

其他的家长在儿童早期没有坚持做到一致，因此他们的孩子从没有学到过"不就是不"。在这样的家庭里，权力的天平被膨胀的婴儿期全扰乱了。

他们的选择是什么？家长可以让渡权力，在这种情况下长大的孩子没有明确的界限，并且骄傲地无视成人权威。或者，家长可以投身于对支配地位的斗争中，这种情况下长大的孩子会与成人权威发生战斗。

任何老师在任何坐满学生的教室里都会遇到这些后果。正如你所见，当需要让孩子们做课堂所需要做的一切事情时，对使用权力没有清晰理解的老师会随波逐流。

假设把一名22岁的新手老师放到一个八年级班级里，事情会变得糟糕——或者不会。如前面所提到的一样，我观察过的最好的老师之一就是一名新手老师。这名老师显然非常谨慎地投了一次胎。但是其余在"天然"家长的养育下长大的新老师怎么办——他们试图弄清楚这份工作的权力公式，同时又承受着相当多的误解。一些老师在圣诞节前就放弃了工作。

年轻老师需要审视自己对行使成人权威的直觉反应——他们通常自己

都非常不熟悉的一面。他们不得不接受家长的角色，他们有责任让年轻人做被要求的事。

在本书指导练习的典型——树立威信模拟练习中，年轻老师当然要面对自己的感情并分享自己的焦虑。除了要掌握树立威信中的"怎么做"之外，这种对于感情的面对也是"开小差"游戏的一个目的。在实际模拟范畴内的表现练习快速推进了对自我的探索。

更深入地理解技能建立

> 教师教育的困惑

当涉及教学方法论时，教师教育就成了巴别塔。教习方法论课程的教授们对学术地位的追求，使各种理论蓬勃发展。

每十年就会出现一种新的"正确教学方法"，并将之前的所有东西都抛入了垃圾桶。一名未来的老师（师范生）可能会学到不同教授所教的各种互不相容的教学理论。

涉及技能建立和学习所需练习量的理论有这样的三大类：

- **传统**：本章前述的指导和技能建立的常识。
- **反传统**：这种观点将传统模型里达到掌握所需的大量重复视作"练到死"。持这种观点的教授告诉师范生，传统方法代表的是扼杀好奇心和创造力的"呆板学习"。

他们提出来的替代方法多种多样，但是有一点共同的就是，它们都忽略了传统方法"练习、练习、练习"的特点。减少练习时间当然会减少上一堂课所需要的时间，这样一定时间内教的课就会更多。但是损失的是自主学习。

- **探索和发现**：这种观点的特点是哈蒂博士描述的"引导者"（第 8 章）。

信奉这种观点的老师提供给学生最少的指导，让他们探索"真实问题"并构建自己的解决方案。对这一群人来说，"练习、练习、练习"甚至都不在讨论范围内。

鉴于教师教育中观点如此之多，如果能有一些可以从混乱中整理头绪的硬数据就再好不过了。幸运的是，近些年来我们已经有了一些坚实的答案。

综述这些研究发现来帮助我们理解教学和学习的过程是非常重要的。特别是在一堂典型课堂的教学中，需要花多少时间在重复——"练习、练习、练习"上？也即是说，在转向下一个技能之前，老师需要花多少时间在这个技能上面？

> **神经科学的一次革命**

对技能建立的描述，无论是科学、体育、音乐、电影还是课堂教学，听起来总是差不多。如前面提到过的一样，它们的学习需要同样的、永恒的、常识性的理解。

为什么对这么多领域的教学和学习过程的描述听起来如此相似？它们是不是都在试图描述同一种基础性的神经生理事实——一种确定了两种基本参数的事实，包括学习的习得和达到掌握水平的练习层次？

> **髓鞘和掌握**

我们对教学和学习的理解，正发生着一起由神经科学领域新研究所驱动的革命。实际上，这一研究如此关键，以至于它把学习理论重新定义成神经心理学。

这种对学习的革命性理解描述了掌握在细胞水平发生的机制。它描述了新手的笨拙尝试如何随着时间的过去变成了大师行云流水般的完美表现。它从根源上使我们理解了教学当中什么有效和什么无效。

对这一革命的准确描述包含在丹尼尔·科伊尔的精彩著作《天才的密

码》里面。科伊尔先生把科学文献浓缩为深度练习和高效指导在达成掌握过程中的作用。这里简要介绍一下。

> **深度练习**

一项技能的深度练习发生在你尽可能地把注意力集中在学习某事时——放慢你的表现、观察它、纠正它，并一次又一次地纠正它。它是有意识的练习，而非无心的重复。

深度练习是艰苦的劳动，它令人筋疲力尽。然而，任何一个能掌握一种技能——从小提琴到排球——的人都曾经投身于一个又一个小时的深度练习。只有这种程度的练习才能让人与众不同。

> **深度练习改变脑细胞**

每当我们重复一个动作或一个念头或一种感觉时，一种精确计时的信号会经由一种叫作神经回路的神经元链进行传递。

激发这一回路可以刺激被称为少突神经胶质细胞和星形胶质细胞的"支持细胞"，使之在神经元伸向临近神经元细胞的长纤维上包裹额外的一层绝缘体。

这种绝缘体叫作髓鞘——使大脑呈现其特征性外貌的白色物质。神经越活跃，包裹在其外面的髓鞘就越多。包裹的髓鞘越多，信号传导得就越快。因为被以同一方式激发许多次且包裹良好的神经细胞，其信号传递的速度比没有被包裹的神经细胞快 100 倍。

这种用绝缘体包裹神经的过程缓慢且费力。少突神经胶质细胞可能不得不围绕一根神经纤维运动 40 或 50 次才能完整地包裹一层绝缘体。想象一下给一条包含数以千计脑细胞的神经回路加一层绝缘物质所需要的工作量。难怪掌握一种复杂技能需要在漫长时间内进行大量的练习。

在神经细胞和少突神经胶状细胞悄悄工作的时候，髓鞘缓慢地使原本传输速度为每小时 2 英里 * 的神经网络交通进化为每小时 200 英里的飞速

---

* 1 英里约为 1.609 千米。

传递速度。然而速度并不是深度练习唯一的副产品。

增加的髓鞘还能缩短不应期——在同一神经纤维上信号与下一个信号之间的等待时间。通过长时间的深度练习，不应期可以缩短 30 倍。结果，增加的速度和缩短的不应期结合起来可以将总体的信息处理速度增加 3000 倍。

但是髓鞘不仅仅能加快信号传导和缩短不应期，髓鞘还能调节速度，加速或偶尔减慢信号传导速度，使它们在正确的时间激发突触——相邻细胞之间的连接。

时机很关键。为了激发一个神经元，输入的脉冲必须要强到足以超过神经元的激发阈电位。但是，要记住神经回路是复杂的网络，信号来自多个方向。

我们想象一个简单的例子，两个神经元必须把它们的脉冲结合起来才能激发第三个神经元。这两个输入的信号必须要在几乎同一时间到达——彼此相差在 4 毫秒之内——否则它们会被视为两个小刺激而非一个大刺激，从而使得第三个神经元不能被激发。

为了制造出想要的反应，信号必须以正确的速度传输且于正确的时间到达。髓鞘就是大脑控制速度的方式，它使得神经回路可以执行一种复杂技能。

> **深度练习造就完美**

每次我们通过重复一个念头或一种乐器的重复演奏来激发一种回路时，我们就刺激了少突神经胶质细胞向一条神经纤维移动，抓住它并开始包裹髓鞘。随着髓鞘层的增厚，反应的时机、速度和精确度都极其微小地增加了。

根据科伊尔所言，髓鞘为我们理解技能提供了一种崭新的模型。技能是包裹在神经回路上并能随着重复使用而增长的细胞绝缘物质。这是一种通用的过程，可以普遍应用在思考、感觉和身体技能上面。

能够制造髓鞘的深度练习具有自身的结构。这一结构定义了自然发生的学习过程。在试图掌握一种新技能时，我们通常只是在直觉上接近这种结构。

例如，假设要学习一种乐器的新曲子。在开始的时候，这一曲子看起来惊人的复杂，尤其是需要极长的时间、在复杂时机以闪电般速度进行的演奏。为了处理这种复杂性和速度，我们一般要将乐曲分成更小的乐段，并放慢演奏速度，使得我们的手指能够跟得上思考。

更进一步分析，深度练习可以分为三个阶段：

- **整体吸收**：对于一首乐曲，我们会一直听，直到能在脑中将其奏出为止。也就是说，我们在头脑中创造了一个能够模仿的模型。

- **将该技能分为小块**：在开始学习的时候这些片段真的非常小。但是随着我们学习的进行，可以将小片段合成更大的片段。通过这样做，我们将能流畅演奏。

- **放慢**：准确性就是一切。我们放慢表现直到做对为止。然后我们可以逐渐地增加速度继续正确地做。但是我们绝对不能为了速度牺牲准确性。相反，为了能有效地长出髓鞘，我们必须重复性地只刺激一个回路。如果我们的重复行为分散到一系列回路上，练习就会变得没有效率。

练习的最佳点位于我们能力的边缘地带，此处需要完全集中注意力，以建立正确表现并消除错误。从生物学的意义上来说，没有什么可以代替专注的重复行为。你所能做的事——说话、思考、阅读、想象——在建立技能上没有什么比其更有效。为了生长髓鞘，你必须一次又一次地刺激同一个回路。

但是髓鞘是一种时刻处于分解和修复循环的活组织。单单出于这个原因，日常的练习就有意义。用弗拉基米尔·霍洛维茨的话来说："如果一天没练习，我自己会注意到。如果两天没练习，我的妻子会注意到。如果三天没练习，整个世界会注意到。"

　　但是，深度练习有很多维度。实然，它是一种聚焦性的重复行为，但它还包括对相关心理过程的练习，比如集中注意力和忍耐焦虑，这些过程使得深度练习成为可能。深度练习被描述为专注的、渴求的，甚至是绝望的行为。如果我们进行一段时间的深度练习，就会感到疲劳，甚至筋疲力尽。

　　这种练习只可能来自于对某些东西的极度渴求。所以，任何对技能发展的研究都必须要处理动机这个维度。"渴求"从何而来？

> **动机之源**

掌握某个特定技能或技能集的动机可以有三种方式：

- **激发模型**：有多少年轻男孩曾对自己说："我就想要像迈克尔·乔丹／埃里克·克莱普顿／内尔·阿姆斯特朗一样"？有多少年轻女孩曾说："我就想像塞雷娜·威廉姆斯／碧昂斯／萨莉·赖德一样"？认定某个偶像并想要成为他／她点燃了我们的想象力和情感。它创造了新的身份——理想的未来自我。它使我们变得饥渴。

- **成就文化**：不是所有的年轻人都会被成为某个个人英雄的压倒性渴望所俘虏。还有第二条途径通往深度练习所需的动机。我们被允许进入具有某种特定卓越定义的特殊世界。

这个特殊世界可以是篮球、滑雪或者学术成就。一旦进入，每一个这样的世界都充满着关于归属该群体、关于努力获得掌握和地位、关于克服困难以达到最终目标的提示。每个这样的世界都聚集着那些大成就者。这些个体掌控着最高地位，并成为那些想要达到同样成就者的老师和导师。

- **玩**：还有一条通往动机的额外通道，虽然只有科伊尔先生间接提到过，但是值得一提。每个种族的年轻人都爱玩。玩对他们而言就像是唯一有意义的事情一样。而事实上，也许就是如此。

　　每个种族的儿童游戏都是在演练这个种族的生存技能。不需要了解最终目标，他们放肆地奔跑、打斗、翻滚并挣扎。每个种族的儿童都是"游戏迷"。

我们如何才能激励儿童去练习高度技术性的社会生存技能——数学、写作、辩论？知道我们都是游戏迷能够让我们打开通往产生深度练习之动机的大门。很少有东西不能通过某种游戏来学到。哪种形式的游戏最适合于掌握这个特别的技能？这对于任何老师都是一个需要回答的非常重要的问题。

> **不同类型的练习**

最后，需要注意的是，并非所有的指导和练习都是相同的。有两种截然相反的类型：

- **一致性 – 回路技能：** 诸如演奏一段小提琴乐曲或解答一个基本数学题目或者执行一个篮球战术这样的线性技能。正确的表现容易被理解，而指导过程聚焦在建立此种表现上面。

- **弹性 – 回路技能：** 有时执行某一技能更像一种广阔的、互相连接的概率网络，而不是达到目标的线性路径。科伊尔给出的例子是"室内足球"——一种在巴西发明的由于大城市室外空间限制而转入室内的足球。通过缩减距离，室内足球加速了比赛。这样迫使踢球者在比赛中，只需一眼就要掌握全局并做出迅速决定和闪电般快速地运动。

室内足球中教练扮演的是一个相对消极的角色。这是由于比赛的速度使然。因此，跨越某个特定点之后（例如，基础的、基本的招术等），教练不再教比赛了。比赛自己在教比赛。然而，就像传统指导一样，相关的神经回路一次又一次以极高速度和强度进行激发，比赛本身给予即时反馈，正如人们所预料的，比赛的兴奋和氛围保证了深度练习。

这些不同类型的练习提醒我们，技能建立过程可以采取范围广阔的方法。指导过程中创造的空间是无限的。

课堂教学的影响

＞　练习要花时间

对髓鞘的认识告诉了我们达到掌握没有快速通道，没有捷径。所有东西都不是白来的。

练习要花时间，它很昂贵。许多教育界人士谈论掌握的时候没能理解这个代价。如果你想要理解掌握的代价，可以学着演奏一门乐器。如果你说"我没有时间"，那么你刚上了有关掌握的第一课。

＞　通过做来学会让你减慢速度

在通过说、看、做教学法给每堂课整合入足量的练习后，你能注意到的第一件事情就是，它会减慢你的速度。当学生通过做来学时，耗费时间的主要事情就是"做"。

换一种稍微不同的说法，从做中学决定了教学的节奏。它可以决定教一堂普通的课需要多少时间。这决定了一定时间内可以教多少节课。这随之又决定了一门课程的范围和教科书的厚度。

＞　课程表的影响

制订一个课程表的逻辑性方法是以上一堂课的平均时长为单位来划分一门课所需的整个时间。这种计算会让你知道一学期需要教多少节课。

随后你需要制订最佳的内容范围和适合这一范围的上课顺序。但是你会马上注意到课程的范围被严重限制了。你没有时间去教那些你本以为很重要的课。

所以，正是"从做中学"的慢，迫使我们作出艰难但现实的课程选择。在所有我们想要教的东西当中，有多少是我们真正有时间去教的？在这一限定范围内，什么东西是最重要的，而哪些东西有序的放在一起可以组成最好的课程？

＞ 广而不深

但是，一旦你淘汰了重复次数足以达成掌握的"从做中学"，一学期上课的数量就再也不存在任何实际限制了。盖子掀掉了！你可以去教一切东西！

不需要优先考虑。不需要做出困难抉择。

当然，后果就是课程表会是广而不深。而教科书的大小和价格也会随着教学大纲的扩展而扩展。教科书出版商会爱上这个！

＞ 内容覆盖

在过少时间内教学过多课程内容的涵盖性术语是"内容覆盖"。美国教育界中内容覆盖代替系统性的技能建立已经到了一个恐怖的程度。简单的内容覆盖后学习程度只能达到熟悉，而非掌握。

在过少时间内教学过多内容对标准产生了一种即刻而深远的效应。无法达到掌握的熟悉程度是平庸的别名。

肤浅习得的内容将被很快忘记。可以预见的长期后果是学生的熟练度缓慢而稳定地衰减——特别是在基础技能领域。

它会变得有多糟糕？这里有一个例子。这些年来当我和六年级的老师一起吃午餐时我会习惯性地问下面这个问题，

"在你的班上将乘法表记到 12 的学生有多高的比例？"

我之所以首先要问这个问题，是因为有一群参加培训班的六年级老师在午餐时抱怨他们的学生缺乏数学技能。我选择问乘法表，是因为它是一种死记硬背学来的知识——不是什么深奥的概念，会不相称地挑战具体的思考者。它是学习任何数学课程的前提。

我得到的回答令人震惊。在这个国家的每个地方，培训班的六年级老师都重复着同一个回答。在郊区比例是 25% ~ 35%，市区是 10% ~ 15%。

当我读三年级时，全班在三周内就都掌握了乘法表。在那段时间里我

们生活和呼吸的都是乘法表。我们不只是训练，那样一点都不有趣。我们还成立了队伍，举行了比赛，我们将自己的名字贴满教室，在名字下面贴上一条带子宣布我们又掌握了一张新的乘法表。我们甚至在操场玩了乘法表跳房子！

一个孩子不知道乘法表，怎么去学多位数除法？他们怎么能不被分数吓坏？这孩子有什么理由想要主动学数学？孩子天性上就会拒绝那些缺乏自信的领域。

我们问自己："为什么在高中和大学没有更多的学生去主动学习数学和科学？"答案很简单，大多数这样的学生我们在小学就失去了。

＞　要学的如此多

当然加快速度总有好理由。在我大儿子帕特里克的高中微积分课上，他的学习小组在三月份之前的单元测试上获得了 A 和 B，但后来他们都突然掉到了 D。

我的妻子乔·琳内和我立即安排和数学老师见了一面。她说：

"我们不得不覆盖全部的内容，因为这些内容会出现在即将到来的预修课程考试上。我们不得不加快步伐。"

学不好微积分如何能帮助学生准备好大学预修课程考试，这令我们费解，但是这位老师非常坚定。一些家长选择请家教，而其他家长在他们的孩子溺水时只能束手无策。

慢下来！

＞　教得更少更好

如果我要给如何在美国教育中增加学习量开一张简单处方的话，它会是，慢下来！教得更少则更好！学好 10 节课比忘掉 100 节课更好！否则，

用马德琳·亨特的话说，

"如果你的目标是覆盖内容，那你可能也会把内容给埋了。"

教得更少则更好的背后是有道理的。如果基础教得好，老师在后面年级里不需要经常停下来、回顾和重新在现场教那些第一次没有教好的东西。如果我们在短期内放慢下来，长期看来反而可以教得更多。

但是这种思路和美国教育界的盛行风气背道而驰。看看国家课程指南或者高中教科书的厚度吧。为了覆盖所有内容，我们不得不加快步伐。

> 加快步伐

这就是解决之道！加快步伐！我们不得不换档并将油门踩到底！

但是等等！问题来了——对学生而言，所有的这些"从做中学"和"练习、练习、练习"都需要时间。它会严重拖慢老师的速度！

如果我们想要加快步伐，只有一种办法。我们不得不把学生赶出学习过程。他们妨碍了我们！

这就是我们的做法。用讲授代替所有耗时的"从做中学"。然后，不进行那些花哨的"互动"，我们只是告诉他们需要知道什么然后与之一刀两断。

在学生被动的情况下，我们还要赶上高速运转的课程表，这时我们讲授所覆盖的内容量只会被我们说话的速度所限制。是这样吗？所有重要的东西我们都讲到了吗？

> 所有重要的东西

不久前我读过一篇文章，作者收集了关于各种"专家"观点，他们认为的与一个高中生所需"关键知识"相关的所有主题。合并在一起的话，这些主题代表了七年半的教育。

当看到这张清单时我震惊了！它遗漏了所有我认为关键的东西。他们没有学到一丁点儿希腊和罗马的东西，文艺复兴在一开始的时候就结束了。

那些孩子不会知道迪马吉奥的卡拉瓦乔。七年半的学习后这些可恶的小子还是那么无知！

或许，是不是我们指向了错误的方向？或许我们的工作应该是选择一些精心挑选的知识样本并用它来教会孩子首先学会思考，然后清楚地用语言和写作的方式表达自己的想法。

> 它会被考到

在培训班上，有时老师在认识到合适的教学会拖慢速度的时候会感到焦虑。他们会说：

"但是我本应该在课程大纲里面覆盖所有的内容。它们都会出现在标准化考试里！"

我试图通过解释没有孩子会因为学得更扎实而得到更低的分数来安慰他们。我告诉他们管理者不会打扰有效率的老师。但是老师们总是被迫教得更多、更快。他们恐惧地奔跑着。

双重文化危机

> 瞄准顶端

讲授式授课对班级的后一半学生造成的损害最大。顶尖的学生完成阅读任务、做笔记、做家庭作业并为考试学习。这些课堂外的努力为"从做中学"提供了"做"。但是大部分孩子不会自找这么多麻烦。

如果你想要教学的效果体现到大部分，而不仅仅是小部分学生上，你在构建能产生学习的作业时就必须发挥更积极的作用，而且作业还必须在课堂上完成。

如果在学生还没掌握课堂内容时，你就布置了家庭作业，这些学生在家里的时候还是会挣扎着回忆你在六个小时前的课堂上讲的内容。这就是双重文化危机发生的时候。

> 失去底端学生

如果学生的家长是"学习导向型"，特别是如果他们受过大学教育，他们至少会坐下来陪着孩子，看看代数作业，重复这些历史悠久的话语。

"呃……唔……好久没有看过这些东西了。"

当我能提供帮助的时候，我会帮助他。当我帮不了的时候，就像微积分，我雇了个家教。

但是，如果孩子的家长既没受过大学教育也不是"学习导向型"，祝你好运！这就是来自社会经济阶层底端四分之一的孩子和顶端四分之一的孩子相比，从高中辍学的可能性要大六倍的原因之一。

全面审视这个问题

> 技能建立和探索

我的目的不是陈述一次一步地从做中学以及足够量的"练习、练习、练习"才是正确的教学方法。但是，它可能是教某个技能正确表现的最有效方法。不过教学方法不止于此。

学习如何通过探索和实验去学习也很重要。我的博士论文做的就是这个研究。可以说我的学术生涯研究的就是这个。

但是在做研究时，我使用的是一系列之前就学到的技能。没有这些技能的话，通过探索和实验去学习是不可能的。

> 发展的观点

为了将技能建立和探索合适地并列在一起，以一种发展的观点来看是有帮助的。婴儿和幼儿大部分时间都在探索和实验。看看婴儿在人生第一年开始发育大脑的时候做的圆圈运动。

但是当父母们教自己的小孩去做一些特定的事情比如整理桌子或者床铺的时候，他们需要很多建构。随着孩子的发育和成熟，如果父母是高效的老师，建构的需要会减少。既然要孩子掌握生存技能，建构可以被系统性地减少或去除，使孩子能控制越来越多的决定。一名十几岁的孩子被期待比七岁的孩子能做更多的决定。但是，最终他们还是要靠自己。

同样的逻辑适用于孩子从小学年级逐渐进入初中及高中时的教学过程。我们可能期待建构在学前班和小学年级被最大化，随着学生发展出指导自身学习的能力，这种建构逐渐减少。

也就是说，我不得不分享一个我在与孩子共事的数十年中得到的简单而直白的观察事实。大部分年轻人在建构自己的时间上面相当的不堪。

这可能是因为大部分父母在技能建立和自我调控行为建立所需的系统性退出机制方面相当无能。自我指导能力的缺乏以及其导致的对其他人帮助构建的依赖一般被指为"发展停滞"。

然而，又有一些"天生"家长和他们聪明的孩子带给了我们都骄傲地宣传和标榜为未来领导者的学生。你可以在七年级找到一些这种学生，他们几乎能像大学生一样主持一个研究项目。但是这样的学生太少了，大多数学生不是这样的。

> ## 担心小学年级

在思考课堂上的技能建立的时候，我最担心小学和初中年级的阅读、写作和算术。此阶段的学习所需的建构活动最多，而自律性对于培养自信心很关键，对失败的恐惧会变成纵贯一生的厌恶。但是也正是在此阶段，掌握和自信可以发展为对学习的热爱。

大部分孩子到初中时就恨上了数学。他们余下的学习生涯会尽一切可能在课程选择时避开它。

新学习领域对自信和舒适的需要主导了我们的标准，特别是在小学年级。在小学年级，掌握是唯一可接受的标准，因为接下来的一切都建立在此基础之上。熟悉还不够，能通过考试也不够，只有拥有自律性和随之而来的自信和舒适感才足够。正是在此处，科伊尔所言的研究发现才有了直接的用武之地。

> ## 亡羊补牢

此外，在小学年级，特别是小学低年级，老师通常不得不弥补失去的时间。一些孩子进幼儿园就知道怎么去阅读，但是其他人既不认识字母也不能标上颜色。能力强的小学老师可以迅速地帮助后进学生进步来弥合缺口。

我和妻子有一个朋友，名叫南希·贝姆，她是圣·克鲁兹一名有天赋的特殊教育老师，她一般会带一些高难度的、存在各种各样问题的四五岁孩子，他们表现出很多说不上名字的学习和情感缺陷，但在一两年内，她就会把他们送到正常的一年级课堂去，并具备优秀的书写和阅读技能，他们会比那些从正常幼儿园来的学生做得还好。一年级老师注意到这些，但奇怪的是，他们从未问过南希是怎么做到的。

她让孩子们做功课，但是这些功课通常看起来像玩一样。学习字母表时，他们从学习在黑板上画长和短的直线开始。然后他们学习如何用自己的身体模仿这些相同的线条。接下来他们学习用粉笔和自己的身体制作长和短的曲线。在学习制作线条的时候，他们学到了线条代表的意义。然后他们一个接一个地在黑板上学会画字母表的每一个字母，同时学习字母的名字。当然，孩子们还学习用自己的手脚模仿每个字母，有时候会用到一些搞笑的扭曲动作。当他们做功课的时候，他们到处走动、叫喊和蹦跳。南希拥有使概念身体化和好玩的天赋，练习到理解程度的能力也起了作用。

> ## 一切都和效率有关

我在讨论指导时提到过，技能建立和效率有关。第一次就要做对，这样就不需要花时间去重新教学。要充分练习，真正掌握一种技能后才转向下一个技能。要建立一个坚固的技能金字塔。

　　在充分理解了技能建立后，我们的认识对于课堂教学将会产生深远的影响，对课程安排也会有深远的影响。它将使我们教得更少还更好，而非拥有一个广而肤浅的课程。

第 21 章
建立合作

- 老师在一天中需要班上每名同学进行多次合作。无论什么时候，如果学生不能合作的话，老师的工作就会变得更艰难。
- 自愿合作是一份礼物。在学生给予老师每天所需的全盘合作之前，老师必须反复替他们回答一个简单的问题，"为什么我应该要合作？"
- 对"为什么我应该合作？"这一问题的回答叫作动力。老师需要创造动力去教全班学生有责任心——甚至是那些与老师对立的和高度不负责任的学生。
- 动力系统必须在不耗费老师时间和精力的同时增加学习时间。
- 动力系统又称作责任心训练。

老师需要合作

> ### 启动 vs 终止行为

行为管理在概念上是简单的。针对一种行为，你可以做两件事情，可以增加，或者减少。如果持续增加你想要的行为并持续减少你不想要的行为，你迟早可以达到你的目的。

所以，让学生们停止捣乱只是完成了一半纪律管理工作，让学生们开始做他们应该做的事情则是另一半。

本部分内容将重点关注如何让学生做应该做的事情。你该如何训练全班同学上课铃响起时就在座位上坐好准备上课？在换课时动作迅速而不是磨蹭？在你第一次要求的时候就服从安排？你应该如何建立合作？

> **老师需要频繁的合作**

假设你想要班上所有的学生：

• 按时上课，

• 走进教室，

• 携带铅笔和纸，

• 携带书和实验手册，

• 上课铃响就立马坐到自己座位上，

• 上课铃响就开始学习。

你向 30 名学生提出了 6 个要求，而这节课才刚刚开始。

假设你是一名高中老师，在你要上的五节课里，每节课都有三十名学生。一天这么多节课里，在你开始授课前，你就已经提出了 900 个合作的要求。到这些课结束时，你将会提出数千个合作要求。

> **老师需要每个人的合作**

你需要班上每个学生的合作，而不只是少数难缠的学生。即使是你班上最好的孩子，在被要求负责任时也可能远远谈不上完美。

有时候好孩子会有点忘事。也许是他们在三年级的时候忘了带午餐钱，一个家长冲进学校给他送来。或是在五年级的时候忘了带家庭作业，家长冲进学校送过来。他们是好孩子，但是他们经常会没带家庭作业或实验手册或铅笔就来上课了。这些学生加到一起给你带来的压力以及额外的工作量和拉里造成的一样多。

> **老师需要完美**

仅仅提高学生的合作水准只是有名无实的胜利。我们假设你有四个学生反复忘记带铅笔，并假设你成功设计了一个管理计划，把这个问题减少了 50%。那么你可以把这个成果发表在任何杂志上面。

但那又怎样！你还是不得不在每堂课开始的时候遭遇铅笔麻烦。只是，现在你可以实施一个额外的管理项目来干预。这一干预的结果就是，你的工作量增加了。从实际层面来说，你的生活在该问题解决之前并没有变得更好。

所以，在建立合作行为时，我不太关心进步。相反，我更感兴趣的是通过解决问题使问题消失。我感兴趣的是使班上每名学生一直保持责任感。

纠正儿童抚育问题

＞ 考虑起点

为了看看你训练全班负责这一工作的范围有多大，请快速做一次心理调查。在你的学生今早来学校之前，你认为有多少人做了下面这些事情？

- 一起床就整理床铺。
- 挂好睡衣。
- 帮助整理早餐餐桌。
- 清理早餐碟子。
- 麻利地准备上学，不会使得自己或父母迟到。

在你的学生今晚回家之后，你认为有多少人会做下面这些事情？

- 挂好外套。
- 不用提醒就做家务。
- 帮助整理和清理晚饭餐桌。
- 不用争吵就开始做家庭作业。
- 按时睡觉。
- 将脏衣服放进提篮里。

＞ 看你能否做得更好

这是一个令人不快的统计数字，几乎一半的人都做不到上面的事情。

一点也不奇怪，这个统计数字也适用于你班上学生家长的养育技能。一些家长甚至低于平均值一个标准差，还有一些家长低于平均值两个标准差，而拉里的父母远低于平均值。他们没法不唠叨就让拉里按时坐到餐桌前——即使是孩子已经饿了而家长将食物作为强化因素。

在上学第一天，这个团体的成员会将所有日积月累的儿童教育问题带到你的班上，事实上是将它们倾倒在你的讲台上并说：

"我来看看你能不能让这孩子做事。我甚至没法让他去睡觉！"

在这个有三十名学生的班上，你被期待每天从他们身上获得的合作，比他们家长在最好的情形下可以获得的还要多，而你还想要它们唾手可得。

无责任感的快乐

> 合作是一个礼物

如果学生做到了诸如准时上课这样简单的事情，不要将之视作理所当然。他们为此已经放弃了好几样令人愉悦的活动。他们放弃了在厕所打闹，他们放弃了与朋友在更衣间聊天，他们放弃了今天和男朋友或女朋友进行第四次道别。

他们放弃了所有这些单纯的快乐，才能准时出现在你的班上。你应该心存感激。

合作管理的困难之处在于合作是自愿的。它是一个礼物，你不能强迫某人合作。如果你这样做了，你得到的是胁迫，即合作的反面。

合作要求学生这一方要做出合作的决定。所以，课堂合作管理的重点在于，给学生提供一个做出此决定的好理由。

> 美德是对美德自身的奖赏吗?

你对"美德是对美德自身的奖赏"这句话熟悉吗？我只是想让你认清

这个观点并不适用于课堂管理的实际情况。恰好相反，捣乱是对自身的奖赏。与勤奋相比，捣乱总是更容易和更令人愉悦。

想想老师在让学生做诸如带铅笔上课这样简单的事情时所面对的问题。从学生的角度思考一下。

记得开学第一天你的英语老师说：

"同学们，我们几乎每一天都要写字，我不想看到你们一个接一个地去削铅笔机那里排队。我的基本要求是，你们每天带三支削好的铅笔来上我的课。"

到了第二天，老师说：

"同学们，准备好铅笔和纸。"

一只手马上举起来。

"什么事？"

"我没有铅笔。"

"你记得昨天我说过的让你们每天带三支削好的铅笔吗？"

"我忘了。"

"呃……这里。你可以借我的，但是这节课结束后必须还给我。"

老师有没有再见过那支铅笔呢？在把铅笔给学生之前，这老师也许就已经和它说了再见。

但是，供应铅笔和管理削铅笔比起来根本算不了什么。假设拉里坐在高中第一天的第一节课的课堂上。拉里知道他卷入了什么。在欢迎会上，校长的致辞被拉里这样理解：

"新生们，我来给你们解释一下高中。我们期待你们在接下来四年里都老老实实坐到自己座位上，注意所有老师说的东西，因为它也许会出现在考试中。"

拉里在第一节课上已经坐了二十分钟，他已经受够了。拉里遭受的是诸如"坐立不安"这样的准神经缺陷。拉里看着时钟并对自己说：

"我做不到。我要活动。我必须活动一下！我还要坐 3 年、179 天、5 小时和 40 分钟。我现在需要活动！我怎样才能在不陷入麻烦的情况下离开座位活动一下？"

拉里看了一眼铅笔芯，主意来了。拉里一边举手一边折断了铅笔芯。

"请问我能削铅笔吗？"

老师回答："用你其他的铅笔。"

拉里回答："我没有其他铅笔了。"

老师指着削铅笔机说："那好吧，快点！"

这看起来可不妙。老师在开学第一天告诉学生带三支铅笔上课。才第二天，老师已经在催促学生快点了。

拉里会急吗？这是喜剧套路。

拉里也许拥有 100 米跑的州纪录，但是他走向削铅笔机的速度在好莱坞被叫作"慢动作"。在他去往削铅笔机的路上，拉里忘记了他的目的，他停下来和一个朋友轻声细语。

"拉里，请你离开他，削好你的铅笔并回到座位上去好吗？"

"什么？"

在这些岁月里，你是否曾看着孩子们交上来的作业想"未来五十年后这个国家会发生些什么"？当你看着拉里削铅笔的时候，你知道未来尽在掌握。真是令人鼓舞。

他转动着把手，然后把铅笔举到光线下检查笔尖。他又削了一点。他再次检查。拉里正在按照千分之一厘米的速度削铅笔。也许他将来可以去制造飞机引擎。

当铅笔芯终于通过了严格的质量控制标准后，拉里回到了自己的座位——以能想象最迂回的路线。

"拉里！你能离开窗户回到座位吗？"

"什么？"

当拉里终于坐好，看看他花了多少时间。肩膀需要拉伸。每一个指关节都需要压响。写字的手几次掠过纸上方好像在执行一次侦察任务。最终，他开始写了。从拉里要求削铅笔开始，已经过去了五分钟。

现在问问你自己，拉里为什么要带三支削好的铅笔上课，如果这意味着他不再有借口在想要放松双腿的时候就放松？拉里可能不是学校的优秀学生，但他可不蠢。

> 为什么我应该？

如果拉里和他的同学要给予你在一天又一天、一节又一节课上所需要的所有合作，你必须回答一个简单问题。这个问题是："为什么我应该合作？"你可能还记得第 9 章中所说，对"为什么我应该"的回答叫作动力。

在课堂上，为了学习效率你需要动力，为了遵守规矩你也需要动力。第 9 章处理的是学习效率的动力，本部分将处理遵守规矩的动力。（既然两者的基础一致，你最好重新读下第 9 章。）

目前你可以在课堂找到的动力系统从 1970 年代起就没什么变化。这些管理计划一般意味着老师做了很多工作却收效甚微。

如果我们想要回答教学日全天全班同学的"为什么我应该合作"这个问题，就必须在设计和执行课堂动力系统方面变得更加老练。这些动力系统必须同时完成多个目标，而且必须低成本。整个计划必须意味着教师工作量的减少。

为了达到这一成本效益水平，我们需要在课堂动力系统的设计上开辟新天地。为了换个视角看问题，我们思考一下如何培养负责任的青少年。

一个建立责任感的模型

> 学习对钱负责

假设你有一个正处于青少年时期的儿子，你想要他对钱负责。要知道，很快他将要管理自己的事务了。在学习对钱负责之前，他首先需要拥有的东西是什么？当我把这个问题抛给整个房间的老师时，他们一齐回答：

"钱。"

确实，为了学习理财，你必须有财可理。

青少年的钱从何而来？事实上，这是动力系统最不重要的一方面。你的儿子可以在课后工作，或者你可以以零花钱的形式给他钱。如果动力系统的重要方面到位的话，两者都没问题。

高中的时候我的父母就给我零花钱。我记得那一课。

"你的工作是上学。如果有太多课外活动，你就没有足够的时间去做家庭作业了。我们将给你点零花钱。每周日给你发。你要拿它付学校的午餐、约会、和你哥们一起聚餐的汉堡包以及冬季和春季舞会的礼服租金。"

当我的儿子们到了十几岁的时候，我和妻子乔·琳内也使用了同一个系统。它很有用，但还是会有些小毛病。想象下面这种情形。一个周五的晚餐后，我们的大儿子帕特里克向我提了个要求。

"爸，你能在周日前给我 10 美元吗？我这周手头有点紧。我会还给你的，我保证。你可以在下周的零花钱里面扣掉。"

对于外行来说，这听起来是很合理的要求。可我的回答震惊了我的儿子。

"对不起儿子，我不能借钱。我能给你钱，但是我不借钱。"

带着显然的难以置信的表情和恳求的手势，帕特里克说：

"但是，爸，你不明白。只是到周日前。"

青少年经常作出的首要假设——诸如这句话——就是：你肯定是有点蠢。

"我真的明白，儿子。但是我还是不借钱。"

"但是，爸，周六的比赛后在特雷西家有个聚会，他今天才告诉我。我需要帮助提供食物。"

当事情到了最后一分钟的时候，可怜的家伙还能怎么办？

"对不起，儿子。我不借钱。"

"啊，爸……那么我应该怎么做？"

青少年的危机策略是，让你提供解决问题的方案。然后你就得对此负责了。

"我不知道。"

"啊，天哪！我没法和你交流。"

现在我变成了解决一个社交问题的临床心理学家。

"不，儿子。你能和我谈任何事情。例如，你刚问了我关于短期债务的事情，而你知道了答案是不。"

如你所想，我们和儿子一起度过了一个坏脾气的周末。"坏脾气"通常是困难现实遭遇的副产物。

> 动力可以习得

在试图训练满教室的年轻人变得有责任感之前，我们必须清楚如何教一个年轻人变得有责任感。首先，年轻人唯一会认真对待的是现实。

你可以祈祷，你可以教，你可以祈求或者哄骗。你可以分享你的个人经历或者年龄带来的智慧。这些能博得年轻人眼睛转动一下，意思是"是，没错"。在年轻人把责任担当起来之前，他们必须直面需要负责任行为的现实情况。

高效的家长和老师不会让学生凭运气去遭遇这样的现实情况。我们可以构建一种稍微人为的、能快速有效地教会责任感的现实。这种稍微人为的现实情况被称为动力系统。例如，它能教会青少年在高中的时候对小钱负责，免得在将来再花费大钱学习同样的教训。

> 学习管理冲动

回到我儿子高中时期的理财学习。除了明白他的借钱陷阱之外，我还对帕特里克的花钱习惯略知一二。

我儿子的高中是一个开放的校园。许多学生会离开学校去吃午饭。我儿子和他的朋友会花钱去"杰克快餐店"吃饭而不是去便宜得多的学校食堂过简朴生活。在我儿子年轻的脑袋里，借债去资助"杰克快餐店"看起来很合理。

只有在这条推理思路"撞墙"的时候，我儿子才会被迫去开发新计划。下一周当他的哥们说"嘿，兴趣活动时间，我们去杰克快餐店吧"时，我儿子会不得不去考虑他上周没考虑到的因素，而不只是为马上要来的冬季舞会租礼服。

对于理财来说最重要的是要在预算内支出。我们的欲望都超过我们的支付能力，关键是学会对我们的欲望说不。但是对冲动的控制需要练习。为了对付它，我们需要一个至少和冲动一样强烈的理由。

> 我们都是动力管理者

作为父母或老师你做的几乎每一件事都会创造出某种动力。我儿子找我借债就是一个好例子。如果我说"好"，我就创造了一套动力。如果我说"不"，我就创造了另一套动力。

例如，如果周五我给了帕特里克额外的十美元，我可能会：

- 使其不能体验到任何新的"改变想法"的现实，这个现实也许可以促成长期计划。
- 借钱让他把早早用光钱当作一种增加零花钱的方式。

我可能很心软，但是我的脑子可不傻。

从这个例子你可以看到，我们一次可以让动力做两件事情。第一件是给孩子提供某些他们需要而且我们认为他们应该拥有的东西。第二件是给孩子上一课。动力系统设计得越好，教训就学得越快。

课堂目标

> ### 学生浪费时间

学生是浪费时间的专家。他们整天都在浪费时间。他们在最后一分钟冲进教室而不是在上课铃响的时候坐到自己位置上；他们在课堂时间而不是在课间休息的时候削铅笔；他们不大会在课间上厕所的时候使用通行证；他们将拖延课堂转换时间变成了一种艺术。

通过做下面两件事情你可以很容易地让学生节省时间，足够你上额外的一节课：

- 在上课铃响的时候坐到自己座位上准备好相应的上课材料，而不是"热身"。
- 将课堂转换时间从五分钟减少到一分钟。

但是对学生而言节约时间可没有什么既得利益。如果他们帮你节约了足够上额外一堂课的时间，就意味着他们要上额外的一堂课。

> ### 教时间管理

为了学习管理时间，学生首先必须拥有什么？用理财打比方，答案当然就是时间。你班上的学生必须要先拥有时间才能够学会时间管理。

我们必须把时间管理教会全班学生，但是任何一个学生都能浪费全班的时间。例如，除非每个人都坐好，否则很难开始上课。

所以，我们必须发明一种群体管理系统。此外，它还必须具有复杂的保险机制，使得每个学生特别是拉里这样的学生有理由去合作。我们将把这个群体管理系统命名为责任感训练。

兴趣活动时间

> 我们给予"零花钱"时间

为了全班都可以有时间管理，我们必须给他们"零花钱"时间。就像理财一样，这种零花钱时间的目的是给他们上一课。如果我们很好地构建了动力系统，就能够快速有效地教会学生时间管理。

当然，我们的动力将围绕一种强化因素建立——某些学生想要的东西。我们给予他们的时间必须是学生渴望或"更喜爱"的，这样作为一个群体，他们将为之努力。唯一可以填满时间的强化因素就是活动。所以，我们送给全班学生的零花钱时间可以叫作"兴趣活动时间"。

此时在培训班上总是被问到的一个问题是，"为了赚取兴趣活动时间，学生们必须做些什么？"这个问题被多年来围绕祖母法则而建立的课堂动力所制约着：想吃糖果就要先吃饭。没看到功课前就给"糖果"看起来是错的。

为了和祖母法则区分开，我们使用过"教青少年对钱负责"这个比方来从新视角看动力管理。在设计动力系统时，有时候你必须欲擒先纵。

例如，我给了儿子零花钱，他并不是通过做家务活赚的零花钱。因为我不想训练他每次在我需要点帮助时思考"你要付给我什么？"。家务活与零花钱是分离的。

零花钱的给予基于两个理由：首先，青少年需要钱，其次，我需要利用这一点教会他理财。但是钱本身是礼物，是具有教育目的的礼物，就像兴趣活动时间一样。

> 兴趣活动时间增加了学习时间

以失去学习时间作为提供给学生兴趣活动时间的代价不是我的目的。正好相反，我提供给学生兴趣活动时间是为了增加学习时间。

我提到过，仅仅通过训练全班更负责地管理两个日常：按时开课和课堂紧凑转换，你一天就可以获得几乎一节课的额外教学课时。你可以通过消除传统愚蠢行为——例如不带铅笔或没削的铅笔上课——获得额外的教学时间。如果全班学生动作快速并有责任感的话，那么有很多额外的杂务或日常事务可以增加学习时间并减少老师负担。

所以你从兴趣活动时间拨出的所有时间都是"发现的时间"。你不会从你的教学计划里面挪一分钟出来。正好相反，如果为了管理教学时间，你不给予全班兴趣活动时间，他们会像往常一样浪费时间，而你毫无成就可言。

给予兴趣活动时间还有第二个好处，以免让你以为这个项目会要你付出什么。兴趣活动时间本身并不是远离学习的时间。相反，你可以利用兴趣活动时间去布置学习。

在下面的章节里，你会发现可以以兴趣活动时间的形式上课——无论是技能训练还是考试复习还是学习词汇表。此外，既然我没办法给你额外的计划课时，它必然不需要额外的计划时间。

> ## 兴趣活动时间的时间框架

你的班级需要多少兴趣活动时间？简单来说，你需要足够的时间去做好值得做的事情。老师可以从 10 到 30 分钟开始，这取决于一周进行多少次兴趣活动时间。

一周布置多少次兴趣活动时间？我们以定义责任感训练的时间框架开始。这一项目的时间框架是从一个兴趣活动时间的开始到下一个兴趣活动时间的开始。所以，学生总是会进行项目，即使是在兴趣活动时间当中。

某个年龄学生的时间框架取决于他们能够推迟满足感以及行使冲动控制的时间量。所以，这与他们的社交成熟度而不是自然年龄有关。所以，下面的规范应该被视作你可以根据特定学生社交成熟度修改的总体指南。

幼儿园：幼儿园学生每 15 到 20 分钟就要起身活动一次，他们的冲动控制水平没什么好大书特书的。所以，幼儿园老师可以每 15 到 20 分钟安排一次兴趣活动时间。

如果兴趣活动时间要求很多计划和付出的话，进行兴趣活动时间的想法通常会让人不知所措。显然兴趣活动时间从一开始就要是老师可以低成本实施且易实施的项目。

一年级：保守而言，你可能想要在上午进行三次兴趣活动在下午进行两次兴趣活动来开始一年级的安排。但是，到年中的时候，大部分一年级班级只需要一天三次——上午 10 点左右、上午结束以及一天结束的时候。不要试图午饭前只进行一次，否则你会发现学生在 10 点半后就"失去控制"了。

二和三年级：二年级或三年级的某些时候，大部分情况下可以一天进行两次兴趣活动时间——午饭前一次以及一天结束前一次。但是，做出决定淡出兴趣活动时间的计划总是需要判断力。如果你发现学生在兴趣活动时间之前的那一小时里"不知所措"，你可以判断细化这一安排是否有点为时过早。

四和五年级：四或五年级的某一点，大部分班级可以只在一天结束前进行一次兴趣活动时间。随着学生的成熟，兴趣活动时间的频率会变少，但是如果认为我们正在试图减少兴趣活动时间的量是不准确的。

随着兴趣活动时间的频率变少，它们的时间会变长。一年级的老师可能一天三次、每次留出 10 分钟进行兴趣活动时间，而五年级老师可能只在一天结束时留出 20 或 30 分钟进行一次兴趣活动时间。

初中和高中：尽管六年级和五年级的模式通常一样，但有时候高中之前的大部分班级每周只需进行一次兴趣活动时间。老师也可以临时决定一周进行两次兴趣活动时间，分别在周三和周五。

走课制（老师不动学生动）教学的替代模式是每节课的末尾进行一次 5 到 10 分钟的兴趣活动时间。照此安排，它成为当天课堂的一部分。通常，学生会玩一次学习游戏来复习刚教的内容。

第 22 章

责任感教育

- 兴趣活动时间为责任感训练打下扎实基础的同时，它还能增加学生延长兴趣活动时间的自主权。
- 加紧奖产生了紧迫感。学生在课堂转换及其他日常活动时加快动作所节省的时间可以累积到兴趣活动时间中。
- 学生可以通过紧迫赚取时间，也可以因为磨蹭失去时间。这让学生能更主动地管理各自的行动。
- 学生如果在上课铃响时就坐到座位上准备好，可以给予其额外的兴趣活动时间，这种自动奖励可以减少"热身"所浪费的时间。
- 责任感训练给老师提供了一种有效的管理方法，即在小组教学学生们坐好后再去管理课堂。

训练的基本要点

本章重点关注责任感训练应用中的基本要点。但是，为了成功地进行责任感训练，课堂管理体系的其他要素也必须就位。所以，本章我们将看到该系统的各个组成部分如何相互配合以取得成功。

教师的角色

> 给予者

在训练学生负责任时，老师首要的任务是成为给予者。给予是为了教会给予——给予合作。

我们慷慨大方地给予。如果我们犯错，是因为给予的方向错了。如果我们给予得有点多，也无伤大雅。但是如果我们给得不够，就会有损计划。

老师将给予三个礼物：

- **兴趣活动时间**：老师给予的第一个礼物是兴趣活动时间。兴趣活动时间不会改变行为，它为奖励性兴趣活动时间的使用搭建了舞台。我们可以将兴趣活动时间视作一种"启动泵"。

- **奖励性兴趣活动时间**：老师给予的第二个礼物是奖励性兴趣活动时间。奖励性兴趣活动时间改变行为的同时还能增加学生自主权。奖励性兴趣活动时间是责任感训练的核心。

- **兴趣活动时间的构建**：老师给予的第三个礼物是兴趣活动时间的构建。兴趣活动时间是结构化的时间，不是自由时间，它是为学习而构建的时间，它的目标是让学习变得快乐。

> ### 计时员

责任感训练是教学生对他们在课堂做的每一件事负起责任，从带铅笔到课堂紧凑转换。但是，所有这些形式的责任行为都可以用同一个主题来组织：学习对时间负责。

在前一章提到过，学生是浪费时间的专家。如果学生能有效利用他们的时间，课堂的大部分捣乱行为就会立刻消失。所以，通过训练学生聪明地管理时间，责任感训练可以同时达到多个不同的管理目标。

作为时间管理的一部分，老师必须时时监督时间。在所有情况下，这都是指真实时间——班上的任何学生都可以从墙上的挂钟看到的时间。

学生的角色

> ### 做出选择

老师给予学生时间，学生决定如何花这些时间。通过做出利用时间的选择来承担相应后果，学生学习对自己的行为负责。

> **挥霍还是节省**

尽管学生被授权选择如何花自己的时间，但他们的选择范围非常有限。他们可以：

- **挥霍并变得自私**：学生可以通过在上课铃响起时离开自己座位、上课时削铅笔或者课堂转换时磨磨蹭蹭来浪费时间。这些不同的时间浪费形式并没有从学生随意的学习当中争取到多少空闲时间。

而且，这些小空闲不能被全班共享。相反，少数人享用它们而其他人却要等待。这非常自私。

- **节省并分享**：团队的成员总是可以选择放弃自私的班级时间浪费行为，但是他们必须有理由去这么做。

如果学生可以把他们往常浪费的时间保留下来使得全班可以用之做一些他们喜爱的事情会怎么样？这可以创造出节省时间而非挥霍时间的既得利益。

学生节约出来的时间就叫作"奖励性兴趣活动时间"。奖励性兴趣活动时间可以增加学生的自主权，通过节省时间来延长兴趣活动时间。

加紧奖励

> **学习加紧**

加紧奖励可以达成所有行为管理学中最困难的目标之一——训练孩子们加紧。如果可以通过磨蹭避免做功课，此时训练孩子加紧就会特别困难。

为了感受一下训练孩子加紧有多难，你可以想想你们本地高中的篮球校队。这些孩子对篮球不离不弃，他们爱打篮球。

然而，全国的教练们都习惯性地沦落到在绝望中叫喊着：

"快点，加紧！加油！加油！你们刚刚是在那里走过场！"

如果你认为让校队成员在练习时加紧很难，试试体操课、数学课，或者社会研究。

＞　家庭生活的比方

日常家庭生活中，大部分人都熟悉加紧奖。父母自古以来就在用这个了。

加紧奖在家里最常见的例子体现在睡觉日常中。在第 9 章创造动机里，我描写了小时候我父母使用过的睡觉日常。我的母亲会说：

"好了孩子们，八点半了——该准备睡觉了。洗脸、刷牙并穿上你们的睡衣。你们一上床，就到了故事时间。但是九点钟必须关灯。"

我和弟弟都很明白我们动作越快，故事时间就会越多，而且我们也知道磨蹭会减少故事时间。

＞　通过授权来养成责任感

当然，睡觉日常中的兴趣活动时间就是故事时间。那么，在睡觉日常中是谁控制了孩子们获得的故事时间量？在培训时，老师们一同回答："孩子们。"

确实，孩子们在完全掌控。如果他们选择加紧，就可以最大化地延长故事时间。

但是，如果他们选择磨蹭，就会缩短故事时间。我和弟弟因此养成了八点半之前准备睡觉的习惯，这样就能拥有足足半个小时的故事时间。

理解孩子在睡觉时间时做出的简单选择可以教会我们关于学习负责任最重要的一课——人们只会对他们掌控的事情负责。

做选择意味着我们可以部分控制自己的命运。如果我们不能控制自己行为的后果，那么选择只是一种假象，因为我们的努力毫无用处。所以，在人们学会做出聪明选择之前，他们必须：

- 拥有权力，

- 知道怎么去使用它。

作为老师的职责首先是授予学生选择的自主权，其次是教会他们作出明智的选择。所以，责任感训练是一种教学范式。

课堂转换

> **加紧奖的原理**

任一课堂的学习时间所能遭受的最严重的"大出血"就是课堂转换。一次课堂转换通常要花五分钟。

在这些课堂转换期间学生会以最不加紧的动作去上交作业、削铅笔、喝水、搬课桌椅进入或离开班级以及拿材料，他们基本上没有什么紧迫感。当然，学生们喜欢长长的、不加紧的课间休息时间，两头的上课时间要简短。他们知道，一旦转换结束，就要回到功课上去了。

如果学生选择加紧的话，他们可以在半分钟内完成一次普通的课堂转换。但是，为什么学生要加紧——如果加紧只会将他们更快地送回到功课当中？

对比一下，我们来体验一次体现了加紧奖的课堂转换。

"同学们，在你们离开座位前，我想告诉你们，在接下来的课堂转换时我想要你们做些什么。首先，交上你们的作业，放在我的讲台角上。然后，如果你们需要削铅笔，现在可以做。如果你们需要喝水，也可以现在做。"

"我想要清理委员会擦黑板并整理下书架上的书本。我想要每个人捡起教室地板上的纸片并把你们的课桌搬回到原位。"

"我会给你们两分钟完成这些事情。但是从以往的经验中我知道你们可以在半分钟内完成。所以，我来看看你们可以节省多少时间。所有节省的时间都可以加到你们的兴趣活动时间里面去。"

"我们来确认一下时间。（暂停下直到秒针经过 6 或 12 点。）好，让我们开始。"

> 对时间大方一点

尽管学生加紧的话只用花他们半分钟时间，但上述例子中我给了他们两分钟。我之前提到过，在时间上面要大方一点。如果你犯错了，犯错的方向应该就是大方的程度不够。我靠经验判断完成一种日常活动需要分配多少时间的原则是：

- 估计如果他们加紧的话要花多长时间。
- 取其到下一分钟的整数。
- 翻倍这个数字。

如果一个项目完成后要花 2 到 3 分钟去清理，则取整数到三分钟然后翻倍到六分钟。

> 错误强化

当学生从课桌上站起来时，你要立刻开始管理全班。你的首要目标是减少任何课堂转换都会存在的"错误强化"。

正如 12 章教学日常描述过的，错误强化指通过同伴群体进行传递的捣乱动力。例如，假设有三个学生站在削铅笔机边上聊天。社交的强化因素是社交。这是一种自我强化行为。

这一错误强化系统在与你的动机系统——加紧奖竞争。在此竞争中，错误动机通常会赢。

对于一种强化因素，决定其力量的主要特征之一是传达的即时性。错误动机通常能赢得竞争是因为它能被立即传达，而兴趣活动时间的传达要迟得多。

在课堂管理中你的一个主要目标是对动机进行垄断。这要通过抑制自我强化的捣乱行为才能达到。如果你不能做到，学生的错误动机总会中和掉你的管理计划。

老师垄断动机主要是通过"巡回管理"进行，即走到讲小话的学生跟前然后耐心的等待。学生会清楚意识到自己应该做什么，他们通常会给你一个心领神会的坏笑，并伴随一些便宜话。

"我只是在削铅笔。"

如果学生"上道"，你就可以踱到四个围着饮水机而站的学生面前重复这个流程。像往常一样，通过管理全班，你可以"打乱捣乱行为"。此外，通过纯粹的靠近行为，你持续地提示学生要"上道"。

在课堂转换期间进行管理全班的命门是学生对你说："我可以问你一个问题吗？"这个学生可能会成为未来的罗德奖学金获得者或者班上最大的"黏人者"。两者之间没有什么不同。你的回答总是一样：

"回到座位上再说。"

在课堂转换期间，你有远比教学要重要得多的工作要做。如果你想要完成一次快速的课堂转换，就必须花点功夫。课堂转换或许是整个教学日当中课堂管理最为集中的时刻。将它视作一种"课间休息"是典型的新手错误。

> **人人为我，我为人人**

当课堂转换临近结束时，你走向教室前面。但是，假设当你最后环视教室一周时，看到了门边地板上有一些褶皱的纸张。此时大部分学生已经就座，而一名学生站在纸张边上。你一边指着纸张一边说：

"同学们，那边地板上有一张纸。"

你可以想象那名站在纸旁边的学生会说：

"不是我的。"

简单地看着那名学生并耸耸肩。要知道，那不是你的问题。你认为坐在附近的几名同学会向那名站在纸边上的学生说什么？

"捡起来！捡起来！"

欢迎来到"人人为我，我为人人"的班级。你刚刚看到了同伴压力，以一种几乎总是伴随责任感训练的形式——催促声出现。

> 包装转换

当最后一名学生坐下来，你说：

"感谢你们清理和整理了自己的课桌，干得好。我们来核对下时间。你们节约了一分钟十七秒。我们把这时间加到我们的兴趣活动时间当中。"

你走向黑板并将一分十七秒加到兴趣活动时间当中。学生都笑了。

责任感训练将你稳固在温和的父母这个角色上面。你给予时间，你保护时间，你祝贺大家节约了时间。但是，你的温和会被责任感训练的下一部分——时间损耗所损害。

兴趣活动时间

+	−
30：00	
1：17	

老师为了快速课堂转换给予加紧奖励

时间损耗

> 主给予的，主可以收回

我们在责任感训练中给予的第一种奖励——加紧奖励让我们第一次看到了纪律管理这一系统的内在运转机制。这一系统比简单的给予奖励远要复杂。

加紧奖励的复杂之处首先来自你不可能全盘皆赢这个事实。有些时候，不管你有没有付出最大的努力，加紧奖励失效了，学生超时。这会因为一些正当的理由而发生，可能包括下列这些：

• 风暴来袭。

• 还有两天就放假了。

• 月圆的时候。

当你在课堂转换管理全班时，可以感觉到时间正在悄悄溜走。你管理全班并提示学生加紧再加紧，但是没什么用。学生似乎在以慢动作行动。

当分配的时间还剩 15 秒时，你走到教室前面。你平静地站着，面对学生并看着钟的时间流逝。然后，你一边指着钟，一边说：

"同学们，现在你们在浪费自己的时间了。"

放松并等待最后一名学生就座。然后说：

"同学们，谢谢你们整理好了教室并回到了座位上。"

紧接着，花一秒钟看一看钟表，走到黑板前记下兴趣活动时间总数中被花掉的时间。总数有两栏，一栏记录盈余时间，一栏记录损耗时间。

下面例子中的总数表示的是学生在前面两次课堂转换中节约的时间，但是在本次转换时浪费了五秒钟。这个例子相当真实地代表了责任感训练当中时间盈余和时间损耗的比例。

如你所见，这个系统很不公平，学生大占便宜。当他们获得时间时，是以分钟为单位。但是，如果他们丢失时间，只会以秒为单位。五秒钟实际上代表了一次相当大的时间损耗。通常只用花两到三秒钟就能让学生到自己座位上坐好，还会有几个同学轻声催促他们，

"坐好！坐好！"

责任感训练的时间损耗部分既有必要又是祸根。它很必要，因为责任感训练没它不能持续运转。它是祸根，因为它打开了缺乏训练的或者消极的老师滥用的大门。

兴趣活动时间

+	−
30:00 1:17 1:06	0:05

学生很少会因为磨蹭损耗时间

> 时间损耗造就了持续的成功

首先，我们来处理责任感训练的持续运转问题。责任感训练是群体管理：人人为我，我为人人。把管理转交给同伴群体有显著的优势：

- 孩子们会为他们的同伴群体做那些永远不会为你而做的事情。
- 你把某些学生对成人权威抱有的憎恨转嫁了。

但是，没有责任感训练当中的时间损耗部分的话，同伴群体会在你需要他们的时候让你失望。多数人不会因为自己的时间被少数人浪费而挺身而出。他们只是坐在那里任由此事发生。

这种多数人趋向于表现得像绵羊的行为源自学生为正义挺身而出天然的尴尬性。例如，假设在一次典型的为时五分钟的课堂转换中，一些学生准备站起来说：

"同学们，我们中有一些人正在磨蹭和浪费宝贵的学习时间。我希望每个人都加紧一点，这样我们可以回到功课中去。"

尽管这表现出了高尚的情操，但是这种"圣人行为"恰恰把他或她孤立开来，成了班上最不合群的人。

如果你想要学生执行你的课堂标准，就必须给他们一个去这样做还不被看作一群"圣人"的理由。被激发的自我兴趣就是这张通行证。责任感训练中的时间损耗部分使学生获得可行的既得利益去执行你的标准。学生不用非得成为"拍马屁的人"去说：

"坐下！你们在浪费我们的兴趣活动时间。"

当然，你不想要学生们对规矩的执行太过于热情，以致变得令人厌恶。你也不会想要任何一名学生成为替罪羊。

不要担心。这种趋势比你想象得更不可能向这一方向发展。下面是一些过度热情不会存在的理由：

- **学生不会允许这个**。他们会以一种不痛快的方式看着过度热情的学生并说这样的话："冷静点。"

- **你不会允许这个**。你要立刻就此设限，就像你对任何其他形式的捣乱行为做的一样。
- **很少有理由让它发生**。当少数人不再能伤害多数人时，你会发现学生间以粗鲁谩骂形式出现的潜在仇恨会少得多。

> ＞　时间损耗打开了滥用之门

下面，我们来处理这个事实：责任感训练当中的时间损耗条件是祸根。你可以想象一名有点消极或者疲倦的同事最后会这样对班级说，

"好了，同学们，现在只是周三，你们已经失去了一半的兴趣活动时间。如果我们继续像这样，本周就没有兴趣活动时间了！"

通过滥用时间损耗条件，这名老师显然在把责任感训练当作一种武器。如果被恰当使用，时间是以秒为单位而不是以分钟为单位在损耗，而且即使如此，时间很少会被损耗。此外，时间损耗通常在大约数天或数周后会自我消除，它之后只会以一种潜在可能而非现实情况存在于学生的头脑里面。

从学生手中夺走大量兴趣活动时间的老师必然是：

- **缺乏训练：**如果老师只听说了该系统的一部分二手信息，这很有可能，这种信息通常来自一名参加过研讨班的好心同事。既然控制兴趣活动时间带有"即时起效"的味道，老师们会忍不住在该项目其他要素不存在的时候就使用它。当时间损耗被用作应对高发的行为——诸如邻座讲话和离座这些管理全班和设限适用的行为时，额外的时间损耗就成了自然的后果。
- **极端消极：**老师可能因为很多理由变得消极，从筋疲力尽到职业倦怠再到性格问题。如果消极慢性化，时间损耗的滥用也会慢性化。如果时间过度损耗，学生会充满憎恨，合作也会减退。

管理层级

> 成功动机的基础

你总要将成功归功于动机系统，因为成功不会归于运气。一次有效课堂转换的每一个行为都需要进行细致的构建和监督。

清理委员会干干净净地擦了黑板，因为你在开学第一个月就训练他们这样做了。而且，他们知道如果他们干得糟糕的话，还会再干一遍，因为你会监督他们的工作。学生整齐地搬动了课桌而不是拖着它们穿过教室，也是基于同样的理由。

此外，你在管理全班时系统性地消除了错误动机，而且，你对所面临的每一种捣乱行为进行了设限。

为得到额外兴趣活动时间而加紧——这个动机仅仅是转换时的一个管理层级而已。实际上，这还不是主要的动机。与其说学生是因为这个动机成功地做到了，还不如说因为自身是这个动机的坚实基础而成功更准确一点。

> 一块生活蛋糕

为了理解纪律管理作为一个系统如何运行，我们首先列出纪律管理的四个层级：（见第 2 章）

1. 课堂构建，

2. 界限设置，

3. 责任感训练，

4. 后备系统。

解决一个问题的策略非常简单：

•在进入到界限设置前，尽可能多地利用课堂构建中的管理。

•在进入到责任感训练前，尽可能多地利用界限设置中的管理。

•甚至在考虑后备系统前，尽可能多地利用责任感训练中的管理。

将纪律管理看作一个四层蛋糕。我们分生日蛋糕时不会仅切开第一层蛋糕，是吗？相反，我们分一块蛋糕时会同时切开四层。

相似的是，我们不会只利用管理系统的一层。相反，将每个管理难题看作"一块生活蛋糕"。解决办法可能包含管理"蛋糕"的全部四层。

> 延迟的管理

到目前为止，在一个管理良好的课堂上，时间和精力投入最大的是课堂构建。为了管理全班，老师首先要重新布置课桌椅。此外，老师在学期初要花大代价去教日常。在教一堂课时，通过额外的课堂构建要素来执行全班管理，包括说、看、做教学法和可视教学方案以及表扬、提示和离开法。

课堂构建没有处理好的管理任务会转向下一个层次：界限设置。后果就是，正如我们在第 12 章教授日常所提到过的，没花足够时间教授课堂日常的老师会发现自己总是在为那些日常活动进行时所发生的不当行为设置界限。

课堂构建或界限设置没有处理好的管理任务会转向下一个管理层级，责任感训练。问题就在这里。

如果老师只了解责任感训练的简略介绍而缺乏其他信息，他们没有其他选择，只能把它当作"单独"的管理程序。当被单独使用时，责任感训练常被当作了万能良方。此时，老师自然就会趋向于使用责任感训练特别是时间损耗来管理每一件事——和邻座讲话、离座、在教室闲逛、磨蹭、不带铅笔——你可以随便说一个！

责任感训练的适用范围其实相当狭窄。它可以应对诸如加紧或者携带书本铅笔、即时上课这样的行为——这些活课堂构建和界限设置干不了。

如果你要让责任感训练承担起纪律管理的整个重任，它会被压垮。你会把自己逼到持续抢夺时间而非给予时间的境地。后果就是，这个系统变成了一种武器而不是一种礼物，而它的整个意图都堕落了。

自动奖励

＞　正确的地方、正确的时机、正确的东西

自动奖励用于你无法估量学生已经节省的时间数量时。例如，假设学生在上课铃响时已经就座准备上课。他们节省了多少时间？你没法知道。你只能估量时间的耗费。

学生准时的时候，自动奖励他们一个事先说好的时间量。奖励的大小取决于你，正常一般是一分钟。

自动奖励最普遍的应用场景是学生带着正确的东西在正确的时间出现在正确的地点。在训练学生准时上课而不是浪费前五分钟课堂时间准备上面，它们最为有用。

例如，假设学生在上课铃响时已经就座准备上课。像往常一样，他们坐到自己座位上的理由可不止一个。你在门口迎接了学生，学生有上课铃作业的任务，而你在上课铃作业期间管理全班的同时对捣乱行为设限。作为管理行为的最后一层，你提供了一种动机。

在为这个成功的动机奠定基础之后，课堂上的你现在可以开始用日常"自动奖励常规"祝贺学生了。

"同学们，谢谢你们坐好了。这是一分钟。铅笔准备怎么样？（学生举起手中的铅笔。）好！这是两分钟。我来看看实验手册。（学生举起来。）好！三分钟。"

然后你可以走向黑板把三分钟加到兴趣活动时间的奖励栏中。

＞　为铅笔负责

现在，我们假设上课铃响前三十秒，你班上一个女孩发现她没有铅笔。这支铅笔价值整整一分钟的兴趣活动时间。

她向附近的学生要一支铅笔，但是他们没有多余的。当你走过去时，学生说：

"我可以找您借一支铅笔吗？"

你回答：

"我不借铅笔。"

你早知道会发生什么，是吗？还有 14 秒就响铃了！这可怜的姑娘该怎么办？要是她向全班说：

"嘿，同学们！我需要一支铅笔！"

在一个 30 名学生的班级里，29 名学生对于这个女孩拿一支铅笔具有共同的既得利益，因此，她会得到一支铅笔。当全班都想要某件事发生时，它就会发生。

除了使女孩得到一支铅笔外，这一铅笔日常的美妙之处还在于这支铅笔不是你的。更美妙的是，你不用在意借这支铅笔的人是否要回了它。这不是你的问题！群体管理使它成了他们自己的问题。你不用再处于尴尬境地。

> **学习互助**

一些学生就是健忘。假设你班上一个男孩经常忘事。他是个好孩子，就是有点忘事。他忘记了家庭作业和最后期限以及铅笔和作业本。

相反的是，有责任心的人会把"便利贴"贴满自己的大脑。我的孩子在学校的时候，我的大脑被便利贴盖满了，我妻子也一样。

"今天 11 点带上点心到学校去参加布莱恩的生日聚会。"

"你要监护安妮的田野调查，大巴在 1 点钟离开学校。"

"今晚晚餐要晚一点，因为帕特里克放学后有一场篮球比赛。"

一些人从来没有学过要操心便利贴——例如好忘事的孩子。他们不会琢磨细节。你可以提醒他们十几次，但是他们还是会忘记，然后说："没人告诉过我。"

现在转换下视角，假设你是一名学生，和这个好忘事的孩子一起上科学课。你的更衣室柜子在他边上，而且你记得（因为你脑子里有便利贴）

今天是实验日。当你拿出自己的实验手册时，你记得上周班上没能得到奖励时间，就是因为"好忘事先生"忘了他的手册。为了确保这不再发生，你说：

"嘿，赫布。你拿手册没有？"

当学生在"负责"上面有共同的既得利益时，他们通常在你不在场的时候就会料理好它。课堂构建和设限都没法做到这个。

奖励比赛

> ### 比赛是一个选项

当我们在高中水平开始兴趣活动时间的实验时，一小部分老师没有明显的理由，就把每节课的累积的兴趣活动时间写在了黑板上。这些班级总是会比那些老师没有写兴趣活动时间的班级赚取更多的兴趣活动时间。一周的差异大概在 5 到 8 分钟。

作为实验，我们请求所有的老师把每节课的累积兴趣活动时间公告出来。果然，当从未公告过兴趣活动时间的老师开始这样做的时候，他们班每周的净兴趣活动时间立马增加了 5 到 8 分钟。看起来好像每节课之间都在无意识的情况下互相竞争。

为了将效益最大化，我们设计了一种正式的比赛，奖励性兴趣活动时间就是奖品。在一天五节课里，如右图一样给予奖励。注意，即使是最后一名也有一分钟奖励。如果兴趣活动时间总是被用来学习的话，你大可以大方一点。

奖励性兴趣活动时间比赛奖品	
第一名	5 分钟奖励
第二名	4 分钟奖励
第三名	3 分钟奖励
第四名	2 分钟奖励
第五名	1 分钟奖励

通过将奖励分数排名，所有人在比赛结束之前都拥有了既得利益。

> **分界点比赛**

如果所有人都参与的话，动机系统将更加强大，而如果人们退出，它就会变得弱小。基于排名的奖励（例如第一名到第五名）存在的问题之一就是第四名和第五名倾向于在他们看到追不上的时候放弃尝试。很快，不尝试会变成一种习惯。

为了减少这种趋势，我们用分界点代替了排名。分界点大致相当于一般通过课时竞争所赚取的时间，但是分布均匀。下面的例子就是一名每五节课给出 30 分钟兴趣活动时间的老师以 3 分钟增量的分界点来开始这周的工作。

分界点的美妙之处在于每个班级任何时候只需要付出多一点的努力就可以赚取额外的兴趣活动时间。这极大地增加了参与度。此外，既然课与课之间没有真的在相互竞争，他们都可以赢得"第一名"的奖励。这有助于减少退出的问题。

奖励性兴趣活动时间分界点	
赚取 45 分钟兴趣活动时间	5 分钟奖励
赚取 42 分钟兴趣活动时间	4 分钟奖励
赚取 39 分钟兴趣活动时间	3 分钟奖励
赚取 36 分钟兴趣活动时间	2 分钟奖励
赚取 33 分钟兴趣活动时间	1 分钟奖励

分界点的美妙之处在于每个班级任何时候只需要付出多一点的努力就可以赚取额外的兴趣活动时间

分层奖励

老师们通常想要给兴趣活动时间安排一次田野调查、一部电影或者某个大的项目。既然这些活动要求较长的兴趣活动时间，老师为了积攒必要的时间，倾向于存储数天或数周的兴趣活动时间。

对于责任感训练来说，这种时间范围的延长一般会带来灾难性的后果，因为孩子们会放弃。但是，你可以让全班学生为了长期目标而努力，同时通过使用分层奖励不放弃短期强化因素的力量。简单地通过同时持有两套方案达到目标。

现在假设你是一名四年级老师，想要全班学生赚取时间以便进行一次田野调查。在黑板上并排留下两个兴趣活动时间的记录表——一个是在每天结束前发生的正常兴趣活动时间，一个是田野调查。无论什么时候你在每日总计表上增加一个加紧奖励或者自动奖励，都将这个奖励加到田野调查总计表上面。只有奖励才能加到田野调查总计表上，原生的兴趣活动时间不计。

远程纪律

> 小组教学

在小组教学阶段，你坐着的时候如何管理课堂的捣乱行为？一旦你坐下来，扰乱行为发生率就会急速上升。不仅仅是你失去了"对全班的管理"，而且界限设置的成本也高得惊人。甚至在你可以开始之前，你就不得不终止教学，并站起来。你转向捣乱的学生，而他们"收敛"了。一旦你坐下来，他们又开始捣乱。这叫作"把老师当悠悠球"。

小组教学期间收集的数据显示，一旦老师坐下来，和邻座讲话以及离座的行为增加了三倍。此外，不在小组中的学生骤然减少了百分之五十的课堂学习时间。作为小组教学的代价，这种程度的捣乱行为，会转换为大部分老师已经学会接受的噪声水平。

这种源自座位管理的困境催生了一些研究，最终演变为责任感训练。一开始，我们给老师一个计时器，当他们看到教室远端有一起扰乱行为发生时，就举起来作为一种警告信号。如果捣乱学生回到功课当中，不会有时间损耗。但是，如果捣乱行为仍然继续，老师就会开始计时，持续到学生回到作业上为止。计时器上的时间会从兴趣活动时间中减去。

同伴们会马上开始"嘘"那些捣乱的学生。在研究当中，捣乱行为减少了超过 80%，而第一周的课堂学习时间翻了一倍。到第二周末时，捣乱行为减少了 95%，课堂学习时间和老师管理全班时的一致。

更重要的是，时间损耗微乎其微。到第二周末时，一小时的一节课里平均只有 15 秒的时间损耗。到第三周末时，大部分计时器都进了抽屉。在此之后，老师如果看到捣乱者只需要指指墙上的钟表就可以了。

后来我们学到了如何利用奖励使得管理行为更像一种给予而不是剥夺。但是，座位上的这种原始版本管理行为，为典型小组教学中广泛出现的捣乱行为提供了一种行之有效的替代品。简单而言，时间可以代替逼近行为。从座位上使用计时器就像将你的身体投射穿过教室。讲话行为停止了，而"游手好闲者"们为了关闭计时器简直就是跳进了座位。

> 留心更多的滥用

当你坐在座位上的时候，为了对付与邻座谈话以及离座行为，使用魔法般的责任感训练会变得非常诱人。它会引诱甚至是最好的老师使用时间损耗代替管理全班来对付高发生率的捣乱行为。但这会带来灾难性的后果。

分清楚时间损耗在不同场合使用的基本原则很重要，老师在小组教学时坐着与老师机动状态是不一样的。当你机动的时候，永远不要用时间损耗来对付诸如和邻座谈话以及离座行为这样高频的捣乱行为。当你坐好的时候，就必须使用时间损耗来对付这些行为。

如果只限于应对老师坐着进行小组教学的情况，责任感训练中使用时间损耗对付高频捣乱行为足够正当。只有当老师"越过雷池"在没有坐着的时候为了方便使用时间损耗时，才会出现问题。

为了更好地把握责任感训练当中时间损耗的合适用途，受训者要学会遵循下面的原则：

永远不要使用时间来管理你本可以用身体管理好的行为。

> **露天情景**

体育老师有时候会发现，由于距离太长很难进行界限设置。当学生在体育场或者操场另一边捣乱时，使用身体逼近来管理变得不切实际。

在露天情景教学的老师通常会发现自己比平常课堂的老师更频繁地用责任感训练当中的时间损耗代替树立威信当中的身体逼近。如果使用得当，这会起效。

加紧奖励也可以增加这种情景的加紧动作并在课堂结束时创造出更多的兴趣活动时间。我知道有些学生在换衣服时加紧动作，并会为了以下的活动主动要求任务：

- 三对三的篮球锦标赛，
- 体育设备使用许可，
- 健身房使用许可。

消除干扰

> **削铅笔**

虽然自动奖励帮助我们进行了一部分的"铅笔管理"，但课堂上削铅笔总归还是个问题。解决这一问题的第一步是告诉你的班级，在上课铃响之后你不允许削铅笔行为发生。

为了处理断铅笔芯的问题，你需要在讲台上放一个罐子，装削好的铅笔。装的应该是短而破旧的铅笔，如果你买来新的铅笔，你可以把它们折成两半，两端都削好并把橡皮头折去。那些高尔夫训练里记分的小铅笔最完美。像下面这样告知你的学生：

"如果你们上课时折断了铅笔芯，又没有其他铅笔，把你的铅笔举起来，这样我才看得到。我会向你点头，这个时候你才可以离开座位到我的讲台前来交换铅笔。把你的铅笔留在我的桌子上，从罐子里拿一支出来。课后你可以来拿自己的铅笔，并把我的还到罐子里。"

通常，这个问题就解决了。但是，有时候会有学生利用这种场合，在你的讲台前磨蹭选择罐子里最好的铅笔。首先，试着来和这个学生进行一场有点"心对心"的谈话，来看看这个问题在不需要进一步采取措施的情况下会不会消失。如果问题仍然存在，你可能需要在学生离开座位上前交换铅笔时让学生看看时间。如果学生看到你已经估计到了所有情形，他们通常不需要你真的拿走时间就乖乖表现。

> **楼道通行许可证**

楼道通行许可证使管理者知道，他们在楼道遇到的学生应不应该离开教室。学生离开教室有很多正当理由。只有在学生使用楼道通行许可证去洗手间时，它的使用才变成了问题。

使用楼道通行许可证去洗手间的欺诈性显而易见，这出于一种生物学现象——一名普通的三岁孩子都可以憋着一觉睡到天亮。这意味着为了避免尿湿自己而"需要"一张离开教室的通行证的青少年可能有一名弟弟或妹妹昨晚无意识地"憋"了八个小时尿。听起来似乎老师被欺骗了？

你需要明白地球上的每个机构都有如厕培训计划。该计划只有两个选项：

- 当你该尿的时候，就要尿。
- 当你该尿的时候，在正当休息时用自己的时间去尿。

第一个选项为滥用通行证作为离开教室的一种方法提供了一种动机。选项二移除了这个动机。

消除楼道通行许可证滥用最简单的办法是杜绝使用它去上洗手间。当然，医生开了病条的学生除外。对其他的学生来说，规矩就是——在正当休息时去洗手间。

但是，小学老师基于自己和小孩子的经历表达了楼道通行许可证的需求。这是合理的需求。

像往常一样，预防性地解决管理问题最容易。我来分享一个观察。小学老师通常在休息时带着全班进教室，直接路过洗手间也不停下来。这些老师很多都是缺乏育儿经验的年轻老师。

任何一个养过孩子的人都知道幼儿对于是不是要上厕所有多忘事。在靠近洗手间的时候我会问自己的孩子："你想上厕所吗？"而他们会说："不。"五分钟后当我们远离洗手间时，他们会被尿胀得单脚跳舞。很快家长学到了不去问。直接说："去上上试试！"

额外的动机选项

> 附加计划

在研讨班，老师们通常会默认所有计划里没有讲明的东西就应该被自动排除。后果就是，老师在课间有时会问，他们是否被允许继续使用某个他们已经发现有用的特别的动机计划，尽管其没有包含在本书里面。

澄清一点，责任感训练不是"所有"也没有"终结"动机管理。相反，它代表了效率上的突破。它使得老师让全班学生一整天在很大范围的行为上负起责任来，且不需要付出超过黑板上一张时间额度的努力。

任何你可能在班上使用的其他动机计划都可以伴随责任感训练使用。它们不会彼此干扰。

例如，小学高年级老师通常有"责任表格"用来记录哪些学生在当天因为完成基本任务赢得的星星或分数。同样，小学低年级老师通常为不能认识时间的学生使用一种类似责任感训练的分数系统。如果你有某些奏效的方法，那就使用它。有些解决课堂问题的其他想法，可以和责任感训练一齐协同使用。

> ## 告状

你该如何消除告状行为？它可以成为一个让老师"爆发"的持续麻烦。

假设有个男孩从休息时间回到教室后老是抱怨有些学生怎么陷害他或者推到他。如果你每天都去听这种告状，你就强化了它。如果你不去听告状，你又似乎有点铁石心肠并且冷漠。怎么办？

引入反应－成本管理。反应－成本管理最普遍的例子就是法律系统。好消息是这个系统给你提供了公平。坏消息是律师费很贵。

大部分人不会为 1000 美元的赔偿付给律师 10000 美元。使用法律系统的成本限制了你的意愿。所以，成本"管理"了无谓的案件，这样法庭才不会被它们所淹没。

将同样的逻辑运用到告状行为上。为了管理告状行为发生率，你需要成本昂贵到足以消除无谓的告状。

为此你需要一个告状盒。拿个鞋盒，在盖子上开个小口，并在上面醒目的标上"告状盒"。当小山米从休息时间回到教室，像往常一样抱怨着某些恶劣的犯罪行为时，你可以关心地说：

"山米，我很想听你说操场上发生的所有事情。这是一支铅笔和一张纸。我想要你把发生的事情详细地描述下来。给我写一整段，记得在顶上写上你的名字、日期和时间。你完成后，我会检查拼写和标点。你改好后，可以把它放到告状盒里面去。当我安排其他同学的时候，你就开始写。"

很多时候山米会说："哦，好吧。"然后坐下来啥都不写。告状到此为止。

但是，有时候学生真的会写下"事故报告"。当他们完成写作后，会检查一遍然后尽职尽责地放入告状盒。这会让你注意到需要马上处理的严重问题或者冲突。

在星期五你可以设置告状时间。严肃地翻转告状盒，盖子朝下掀开盒子，这样最先投放的告状信位于最顶部。拾起告状信，读出时间和日期。

"第一封告状信来自周一早晨的詹妮弗。詹妮弗，你能告诉我事情的经过吗？"

很大可能是詹妮弗会茫然地注视你。这给了你表达慈爱和祝贺的机会。

"很好。我很高兴孩子你们正在学习如何自己处理这些问题。"

把这封告状信丢进垃圾桶，然后拾起下一封，继续你的告状时间。

"我们的下一封告状信来自周二的托德。托德，你能告诉我发生了什么吗？"

很大的可能是你再次得到了茫然的目光，要给出更多的祝贺了。有时真的会有告状被学生记了起来。既然这个告状显然还有新鲜劲儿，这就是你应对的机会。你可以启动群体解决问题活动。在群体解决问题时，你可以教会学生表达感觉并解决冲突。当问题被搞定时，继续下一个问题。

如果你愿意的话，你可以很容易限制告状时间的长度。在兴趣活动时间开始前十分钟开始告状时间，并带入加紧奖励。

"如果我们早点结束告状时间，就可以早点开始兴趣活动时间。"

自然，我默认你可以分辨一次告状和一个由于被伤害或严重不安需要立即关注的孩子的区别。但是，在具备良好判断的前提下，告状盒具有反叛之美。

> 抽奖

你怎样才能让孩子们交上家庭作业？实际上，你做不到。家庭作业在家里完成，家长负责管理。但是你可以通过设置抽奖来获得中等程度的提高。

当你在门口欢迎学生时，收集家庭作业。给每个交上作业的学生一张彩票。不需要买真正的彩票，只需在纸上进行怪异的设计，复印后分成很多小张。

大部分老师会把抽奖留到一天或一周的最后时刻。用来抽奖的东西没有限制。你甚至可以用卡片制作一种"权力通行证"，赢者可以迟点交作业其至可以免交一次。

抽奖还能帮助整理课桌。首先，进行一次班级内部的整理，然后告诉学生们：

"准备小猪袭击。今天我会不止一次地站起来说，'小猪袭击！'，每个人就必须打开课桌。我会过来把彩票放进每张整齐的课桌里。"

开始的时候频繁点发动"小猪袭击"，然后逐渐减少袭击安排。

> 电脑的麻烦

为学生提供电脑的学校面临着完全新颖的管理问题——"硬件麻烦"。学生会带着没电的电池出现在课堂，或者不带电源适配器，或者连笔记本电脑都不带。

至于铅笔管理，老师们已经用过自动奖励使得学生更负责任。如果每个人都充满了电池或者都带了电源适配器，就可以给予自动奖励。

但是，这种方法的好处有限，因为，和铅笔的情况不同，学生们没有额外的电池或者电源适配器可以共享。有时候课堂构建的一个变动可以放大动机。例如，学校可以通过在每个教室放个多输出端口充电器解决电池没电的问题，这样学生可以快速给没电的电池充电。学校还可以在天花板上提供可伸缩电源线，这样学生可以在上课时充电。

个人奖励

> 拉里怎么办？

你能想象得出班上有的学生可能会毁掉全班的奖励，就是为了显示他或她的能耐吗？大部分老师都报告他们至少遇到过一名这样的学生。像往常一样，我们叫这名学生拉里。

拉里是群体动机在研究中记录糟糕的原因。对于群体动机，除非你能使每个人都负责任地表现，否则你没法激励任何人。结果，一名学生总是能毁掉群体，而每个班似乎都总是至少有一名这种学生。

> ## 保险机制

当然，我们不能允许拉里毁掉责任感训练。如果他毁掉了动机，拉里现在凭着消极和逆反就可以控制全班。

阻止这个状况需要一种保险机制。下一章将描述这个被设计用来鼓励拉里融入群体的保险机制。这一保险机制被称为忽略训练。拉里的个人计划反过来创造了一种处理特殊需求学生的通用模式。

第 23 章
转变问题学生

- 忽略训练给问题学生提供了一种自控的动机，在他们克制住某种行为一段时间的时候为他们提供一种强化因素。
- 忽略训练与责任感训练的搭配给了老师一种强大而灵活的方法，可以动员同伴群体帮助具有个体需要的学生。
- 如果参与忽略训练的学生在一定的时间内克制住了问题行为，他或她就会为群体赢得奖励性兴趣活动时间。
- 忽略训练一般会迅速地消除问题行为，同时在不受欢迎的学生中创造了一个英雄。
- 忽略训练使用起来很容易，因为它不过就是在责任感训练上面增加了一个奖励条款而已。

拉里怎么办？

> **对峙**

想象一次加紧奖励的情景，除了拉里之外，所有学生都坐到了自己的座位上准备开始计时，时间正在流逝。你指着挂钟说：

"同学们，你们现在用的可是自己的时间。"

拉里向你转过头，脱口而出：

"这整件事太愚蠢了！兴趣活动时间也很愚蠢！这烂透了！"

在你的班上有没有这样的一名学生？如果有，你并不孤单。

> **拉里是谁？**

在我们试图制订计划处理这种对峙之前，花点时间来思考一下拉里。拉里是个快乐的孩子吗？拉里受欢迎吗？

不太可能！什么样的孩子会这样对班上同学说（言外之意是）"我有力量通过毁掉兴趣活动时间来伤害班上每个人，而且我马上就要这样做"？

一般而言，拉里是个很愤怒的孩子，并被人疏远。他向你发泄，也向他的同学发泄。他经常做伤害人的事情，而且他一贯横行霸道。这样的结果就是，他在同学里面不受欢迎。

拉里会喜欢自己受欢迎吗？看看世界上有没有不喜欢的孩子。

然而愤怒是一个障碍。他看起来不知道如何才能变得受欢迎。他反复做着让其他学生持续不喜欢他的事情。他是自己最大的敌人。

＞　你的即时反应

放松地呼吸一下。以帝王风范转身。再次放松呼吸，给自己一点时间思考。你的举动告诉每个人，这件事很严肃。

慢慢走向拉里，在说话之前先等一会。让你自己的平静帮助拉里放松。你接下来说的话出乎拉里的意料：

"拉里，如果你认为兴趣活动时间很愚蠢，我们也可以算了。我不指望你会为自己不想做的事情而努力。我知道我也不会。"

拉里预料的可比这糟得多。通常他会说些诸如"对"这样无关紧要的话来发送放松的信号。

看起来拉里不把兴趣活动时间看作一种动机。你知道什么事情更好在这当口无关紧要。

与其去采取"策略"，你不如直接承认当下的现实情况。你没法让学生去喜欢兴趣活动时间，就像你没法强迫他们去合作一样。

＞　你的计划

如果你有手段处理短期情况，就去那样做。如果你保持镇静并等待，拉里可能会因为没什么更好的事情可做而坐到自己座位上。迟点你可以和拉里谈谈。

当然，你没法保证每种情况的后果。如果拉里选择升级事态，你最后可能会用到后备系统。

现在假设你成功控制了这一紧急情况。在放学前你必须要和拉里谈一次心。在谈话时，你可以用到忽略训练。

忽略训练

> ### 消除某种行为的动机

本书前面提到过，行为管理的基本策略相当简单。增加你想要的行为，并减少你不想要的行为。如果你能做到如此，迟早你就可以得到你想要的结果。

所以，存在两种动机系统就并不意外了。一种增加某种行为的发生率，而另一种减少某种行为的发生率。课堂管理中使用的绝大部分动机系统，包括责任感训练在内，是第一种。然而，降低某种行为发生率的动机可以很有帮助，特别是在处理严重或者慢性行为问题时。

降低某种行为发生率的动机系统总称为忽略训练。忽略训练具有独特的结构。

> ### 忽略训练的结构

忽略训练的结构被这个简单的事实所支配：你没法强化某种行为的不发生。如果你想这样说，听起来会有点蠢：

"我喜欢你刚才没打他的样子。"

听到这句称赞的人会马上得出你疯了的结论。

但是，你可以强化某个人一段时间内不做某事。例如，你可以强化一名学生十分钟不捣乱或者二十分钟不离座或者整节课不打人。

> **忽略训练加责任感训练**

忽略训练可以提供后备计划以外的问题行为消除方法，在搭配了责任感训练时，它尤其强大。这种组合管理计划可以动员同伴群体去帮助老师和具有特殊需要的学生。

例如，如果拉里坚持了十分钟没有说出不合适的话，你可以给全班一分钟的奖励性兴趣活动时间。这赋予了同伴群体支持拉里去努力的既得利益，并忽略了他的挑衅行为。当兴趣活动时间被公布在黑板上时，通常会爆发欢呼声。

正如你所见，群体内部的忽略训练并不仅限于改变某种行为。它使得拉里成了英雄，而你是他的啦啦队长。它给了你"同伴群体的力量"，而且它使全班都参与进来帮助一个不受欢迎的孩子，这令每个人都很振奋。

除了帮助单个孩子以外，你还可以激励全班去忽略某个行为。例如，如果在一段给定时间内没人捣乱，你可以给全班加一分钟的奖励性兴趣活动时间。这帮你消除掉了一个短暂但分散的问题行为，用设限的办法会很难处理。

谈　心

找个安静的地方，确保接下来的二十分钟内都不会被打扰。谈心通常要求具有足够的"等待时间"。当然，你可以把自己的风格带到这种谈话里面去。下面的对话只是抛砖引玉。谈心分为四部分。

> **适可而止**

"拉里，今天早上在教室前面的那一幕，你告诉我兴趣活动时间很愚蠢——在教育学里我们把这个叫作'不可接受行为'。我向你保证，如果我们两个中有一个必须离开，肯定会是你。"

"现在，我们来看看后备计划。我在学期开始时解释过，根据不同的程度，它的范围包括从口头警告到州立监狱。这可不好玩。它的目的是增加不当行为的代价，到你承担不起为止。"

"现在我们在这种情况和后备计划之间，还有另一个选择。它比后备计划有意思多了。"

"我给你解释一下。之后，如果你想要这样做，我们就这样做。如果你不想，我们就不做。"

> 头脑风暴列出激励菜单

"今天早上当你说兴趣活动时间很蠢时，我的第一个念头是我完全没给你解释清楚兴趣活动时间。所以，我再来解释一次。"

"首先，你在兴趣活动时间期间，不用非得做其他同学做的事情。你总是可以做你自己的事情，只要是有建设性的。甚至班上每个人在兴趣活动时间期间都做不同的活动也是可能的。每个人都必须保持一致的只有一件事，就是兴趣活动时间的长度。"

"所以，我们坐下来在纸上列出你想要在兴趣活动时间期间做的事情。条件限制和以往一样：必须是你想要做的事情，而且必须是我能允许的事情。"

制订计划的这一阶段被称为"头脑风暴列出激励菜单"。它改变了对话的方向，从"适可而止"转为和拉里一起寻找欢乐的伙伴。如果你们两个可以确定出一些拉里真正想要的兴趣活动，你就奠定了这个问题的双赢解决方案的基础。

在你和拉里一起头脑风暴列出兴趣活动的时候，在不放弃关注学习的前提下保持灵活性。你不会接受"踢腿"作为兴趣活动。但是管理是一种可能性的艺术。如果拉里列出的最有成就导向的活动是阅读摩托杂志，你可以将其列入清单，即使你在其他学生身上的期望要更高。要知道，那些杂志对于阅读者来说相当具有挑战性。

> 评估忽略训练的时间长度

拉里在普通的一天中表现好的时间应该有多长？如果有疑问，减少你的预期。你想要拉里每天都成功。

在普通课堂里，最普遍的时间长度是半节课（25 分钟）。即使在拉里有麻烦的日子里，他至少也能给你半节课不惹麻烦的时间。保守一点，如果 25 分钟要求太多，就缩短到"可行"的程度。

> 给拉里解释原理

头脑风暴式地列出激励清单通常能使拉里进入积极的思维状态。评估时间长度补上了最后一块拼图。现在，是时候向拉里解释你的想法了。

"在兴趣活动时间阶段，你可以做清单上的任何一件事。也就是说，如果你有兴趣活动时间的话，你就可以做。但是，不幸的是，你没有。你说它很愚蠢，而我说，'那么，就算了。'你又说，'好。'所以，我就这样做了。"

"好了，不开玩笑了，我其实想要你拥有兴趣活动时间。但是我也想要在工作的时候轻松一点并且享受教书。今天早上我们的小'口角'可一点都不令人享受。"

"我的意思是，我想要你拥有兴趣活动时间，同时我也想要有点回报。我想要的东西是你从开学出现在我班上起的每一天给予我的东西——即使是你惹上麻烦的那些天。我想要你给我半节课的得体行为。你不需要做什么特别的事情，只是冷静个 25 分钟。"

"把这个看作一种姿态，我们各让一步。如果你让一步，我会让更多步。我会回报给你兴趣活动时间，但这并不是全部。我会给你兴趣活动时间，还外加一分钟奖励时间。但是这不仅仅是你的一分钟，它还属于整个班级的同学。"

　　在你向包括拉里在内的全班学生宣布这个计划前，每次都事先预演一下，这样到时候就不会产生尴尬。一般而言，对于大一点的学生，说得越少越好。

　　第二天你就开始这个计划。一旦拉里赢得了他的第一分钟奖励时间，就像你预演的那样向全班宣布。

　　"同学们，请注意。我和拉里发明了一个计划，今天已经在实行了，拉里做得很好。成果就是，拉里刚刚为全班赚了一分钟兴趣活动时间。我会在计数表上画圈，这样你们可以看到拉里为团队赚了多少分钟。你们可以把这一分钟看作拉里送给大家的礼物。"

　　走到黑板前，将这一分钟公布在兴趣活动时间计数表上。在奖励分钟上面画一个圈，包括刚刚的一分钟以及拉里后续将为班级赚取的其他分钟数。然后说，

　　"让我们为拉里鼓掌。（带领全班给拉里以掌声。）来吧，同学们！不要害羞。你们运气不错。让我们为拉里鼓掌！（你总是可以带动全班鼓掌，只要你愿意试。）"

　　"好，拉里。我们来看看这节课结束前你能不能再给我们赢得一分钟。"

　　当这节课快结束的时候，对大家说：

　　"同学们，请注意。拉里刚刚又为大家赚了一分钟。拉里，你干得很棒。我来把你的第二分钟写到黑板上。"

　　"同学们，你们富余的两分钟完全要感谢拉里。我们来为拉里鼓掌。"（再一次，带领全班鼓掌。）

　　让我们暂时回到与拉里的对话中。这个计划还有一个细节需要向他解释。

　　"拉里，这个计划还有一个部分我需要告诉你。它就是厨房计时器。"

　　"如果任何人破坏了这个计划，这个人可能是我，不是你。我可能因为太忙于上课忘了记录分钟数。有可能我看着你走出教室的时候，想到了，

'噢不！我完全忘了拉里的分钟数了。'"

"为了不老是看着钟，我会用这个厨房计时器。我会将它设置到 25 分钟，然后忽略它。当 25 分钟到了的时候，它会响铃，这样我们俩就都知道你又赚到了一分钟奖励。"

实际上，全班同学很快会学到，厨房计时器的声音也代表着他们的一分钟奖励时间。一两天之内，甚至在你宣布之前，就会爆发出欢呼声。

最后一个需要解释给拉里听的细节。

"通过这个计划，你只能为团队赚取时间。你再也不能损耗时间了。"

"因此，万一你在课堂惹了麻烦，你将私下和我解决这个问题。在你回到班上后，我会重置这个厨房计时器，这样你又可以马上开始赚取奖励性兴趣活动时间。万一在你赚到一分钟之前就下课了，我会把你所有的时间带到第二天的课上，这样你永远不会丢掉时间。"

正如你所见，拉里就算想要损失集体的时间，也做不到。因为拉里显示过他横行霸道的弱点，我们已经简单地移除了诱惑物。

治愈之桥

> 让拉里受欢迎

我们前面提到过，拉里是既不快乐也不受欢迎的学生。但是他想要变得快乐和受欢迎。他只是似乎不知道如何去做。

这种负面情绪持续多年的话，可以造成社交技能的严重缺陷。拉里不太善于与人们相处，因为他在这上面没花多少时间。通过从一开始为他的成功搭好台子，忽略训练可以当作一种"水泵启动装置"来帮拉里学习与人相处。

如果我需要一种行为计划来让一名不受欢迎的孩子变得受欢迎。我会立马选择忽略训练。我见到过它在两周内将一名不合群的孩子送到了班级社会关系网的正中心!

> ### 改变对拉里的看法

同伴群体习惯了去注意拉里的错误行为,而注意不到他的正确行为。除非你能采取有力措施,促使同伴群体从不同角度看拉里,否则他们会继续做最坏的预期,而注意不到拉里行为的进步。

忽略训练关注的是同伴群体对拉里新行为的注意,并帮助他们从新视角看拉里。没有忽略训练外加全班共享的奖励性兴趣活动时间带来的治疗作用的话,同伴群体可能察觉不到拉里的进步,这样会无意间打消他的进步热情。与其让这种事情发生,我们还不如让拉里变成一个英雄。

在忽略训练时,我们允许年轻人存在对同伴认可的正常渴望,并将其作为一种建设性力量。我们给同伴群体机会,让他们体验自己成为治疗过程的一部分。

> ### 这很便宜

忽略训练除了很有效果之外,还很便宜。只花上谈心和在兴趣活动时间计数表上作几个标记的代价,你就能把全班学生调整为支持拉里成长的团队结构。

实行责任感训练从而推行忽略训练,这样比实行传统的个性化行为矫正计划要便宜。而且它要强大得多,因为它提供了"同伴群体的力量"。

忽略训练的使用期限

> ### 你需要多久使用一次?

刚刚学到忽略训练时,大部分受训者都预想每节课有两到三个学生会需要这个。他们设想每一个"拉里"都会是候选人。在我们准确把握忽略训练的实际应用前，需要纠正这种错误观点。

在可以完全应用课堂构建、界限设置和责任感训练之前，你都没法评估你对忽略训练的需要。唯有在三者的基础上，你才能清点遗留下来的问题。

一般而言，遗留问题的数目是零。恰当的课堂构建加界限设置加责任感训练发挥的管理影响力会远远超出你的经历。

我想忽略训练最大的问题是，它的需求如此之少，以至于到最后召唤它时，受训者已经忘记了它，而不必要地选择了后备系统。一次突然的冲突可能会强迫你使用后备系统，此时忽略训练几乎总是能提供一种更便宜和更愉快的方法，帮助你解决反复性的问题。

> **其他人不会想要吗？**

在研讨班时，总是有人问："如果忽略训练能让拉里变成一个英雄，其他学生会不想要吗？"尽管这听起来很符合逻辑，但是我不记得发生过这种事情。

有一个相关的事实可能可以解释这个，那就是使用忽略训练的机会非常稀少，而且即使被用到也只是为了对付标志性的严重问题。直白地说，接受忽略训练的学生是"出格"的。他们如此偏离常规，以至于没有同学想要被归为同一类。因此，其他学生在欣赏额外的奖励分钟时，他们也相当乐于让别人得到这种"荣耀"。

> **你要实施多长时间？**

任何一个需要忽略训练的学生都已经受创严重。因此，在你为这样一名学生安排忽略训练时，让它实施得久一点。你需要时间去治愈他们。

在区域特殊教育机构里，我们会实施忽略训练 6 到 8 周的时间，再考虑是否终止。这段时间内，我们会关注表明治愈的"软信号"。除了拉里行为上的提高之外，我们还要关注同伴群体认可的信号，例如：

- 就像其他学生一样被接纳到游戏或者活动中，
- 在食堂座位坐满之前有学生坐在他身边，
- 穿过走廊时与同学有兴高采烈的对话。

当目标学生似乎变成了班级社会结构的一份子时，我们就会考虑终止忽略训练。但是我们非常保守，如果你有疑问，就让它实施的时间长一点。

终止忽略训练

> ### 退出程序

终止忽略训练最容易的办法是使用一种简单的退出程序。最常用的两种方法是：

- 逐渐延长时间范围，
- 逐渐退出关键特征。

这两个方法之中，我会选择第二个，逐渐退出关键特征。延长时间范围可能会产生反效果，因为该学生可能会觉得你总是在改变规矩。

> ### 逐渐退出关键特征

关键特征的逐渐退出是一个简单的三步过程。用之前的那个学生为例来讨论它：

第一步：终止计时。

"我一直在设置厨房计时器，而你一直在得到奖励分钟数。你得到所有奖励分钟数的时间已经够长了，我开始问自己为什么我要费力设置计时器。"

"如果我在每节课结尾再向全班宣布你已经赚取了两分钟奖励时间，

你介意吗？这样我就可以不管计时器了。"

该学生很少会反对这种程序的变化。这个时候拉里可能也已经注意到，厨房计时器变得多余。此外，他还是可以为集体赚取同样数目的奖励时间，而且他也是在获得公众的认可。

第二步：消除强化因素的偶然性。

"你知道吗，拉里，我开始认识到课堂结束才给你奖励分钟有点不合适。我那个时候一般都在忙着别的事情，而且有几次几乎忘记了。"

"为什么我不干脆在上课一开始就给你奖励分钟呢？这样我就不会忘了。你还是会得到同样数目的分钟，我会像往常一样当众宣布。"

第三步：终止计划。

可以无期限实施第二步所描述的安排。没有迫切的需要去终止这个计划，特别是如果你担心该学生会反弹回到旧习惯。

如果你判断这个计划终于变成了不必要的负担，终止它最好的时机就是在每学期结束时。届时举行一个简单的仪式，表示你和全班学生都认可拉里的成就，然后新学期开始的时候就无须执行这个计划了。

> ### 退出失败时

退出任何管理计划都是一场精密计算的赌博，你没法大获全胜。因此，当你进行上述的退出计划时，必须要留心失败的迹象。

失败的主要迹象是该问题行为的逐渐重现。老问题重现是在告诉你这时退出过早了。

解决办法就是逆转退出程序。重新建立退出的最后一步，然后等待。一般而言，你只需要回转一步，虽然你可以回到最初的计划——如果问题行为的重现很突然的话。如果你不得不逆转过程，在再次冒险进行退出程序之前，在你已重建成功的那一步保持一段长的时间。

保护自动奖励

> 全或无

想象一个自动奖励，所有学生因为上课铃响时就入座获得了一分钟的兴趣活动时间。今天当上课铃响时，每个人都坐好了，除了拉里。

显然，你无法把奖励分钟奖给全班。群体管理是"人人为我，我为人人"。

但是假设这个问题在第二天又发生了。现在，全班同学连续两次没能得到奖励。你是否开始有种无能为力的不详预感？如果发生第三次怎么办？

之前在讨论责任感训练时，我说过我想要完美，不只是进步。我给出的理由完全客观存在。两个学生没带铅笔与四个学生没带铅笔引发的麻烦在实际意义上有什么区别？

现在，我来给你一个追寻完美的技术性理由。如果拉里可以剥夺掉全班的自动奖励，他不仅是控制了全班同学，而且他也将其他同学置于了一个消除合作计划的位置。这是一个管理灾难！

你必须得到每个人的合作，否则自动奖励的整个概念都会失败。这就是为什么群体管理在研究文献里面的记录如此糟糕的原因。它本应承诺高效率和高效应，但是班上总有至少一个拉里为了证明他的力量而毁掉这个计划。

> 将拉里从群体里孤立出来

我们需要一个保险机制来防止拉里毁掉全班的自动奖励。它被称为"将拉里从群体里孤立出来"。下面介绍两个版本。

简单版本里，你可以告诉全班，拉里离开座位不再会使他们失去奖励分钟。与之相反，如果拉里离开座位，你处理的会是他。更强大的版本在这个计划里增加了一个忽略训练的要素。在解释时简单地加上下面这段话。

"但是，同学们，如果拉里在上课铃响的时候坐好了，你们都会得到第二个奖励分钟。所以，同学们，在拉里不再浪费你们时间的同时，如果你们选择和他一起学习，他还能给你们增加时间。"

> 避免后备系统

当一个学生持续妨碍老师的管理目标实现时，老师的愤怒会使他自然地考虑使用后备系统。但是，后备系统既代价昂贵也易失败。

忽略训练的使用提供了一个极好的替代手段。你付出很少的努力就能保护大家免遭拉里的伤害。在此过程中，你用一种积极的管理方法代替了天生具备对抗性的后备系统。

帮助代课老师

如果你把责任感训练交到代课老师的手中，回来后你可能会发现你的班级损失了下个月的兴趣活动时间。在压力下，代课老师倾向于过度使用这个计划的惩罚部分。

但是，你可以给代课老师一个简化的单纯奖励版本。在离开前告诉学生，代课老师将会建一个合作学生的名单。当你回来时，名单上的每一个名字都值三分钟的奖励时间。

或者，你可以让代课老师在每个任务结束后给学生打一个 0、1、2、3 的"合作分数"。所有的分数在你回来之后都可以加上去。总分代表全班学生在你离开时因为与代课老师合作所赚取的奖励性兴趣活动时间分钟数。

搭　载

忽略训练可以扩展到纪律管理的范围之外。你可以因为任何事情让一个小孩成为英雄。就是把个人化的计划"搭载"在集体计划之上。

＞　动员动力不足者

几年前我培训的一个四年级老师，她有个男学生在其正式教育阶段的所有时间里从未完成过作业。然而，这个学生很聪明。老师决定用同伴群体对他的动力施加点影响。她在一次数学作业时对她那个"什么都不做"的学生说：

"我知道你理解这个材料。但是今天我会给你一个去尝试的额外理由。你每完成一个数学题目，我就会向全班宣布，你为每个人赚了一分钟奖励性兴趣活动时间。我很快会回来看看你做得怎么样。"

开始的时候老师提供了频繁的反馈来保持运行。每分钟奖励时间的宣布都受到全班同学热烈欢呼。两周之内，这个学生开始上交所有的作业。

＞　帮助班级被遗弃者

印第安纳州的一名四年级男孩从不洗澡，从不梳头发，从不脱衣服睡觉。他很臭。其余的孩子戏弄他，而他用打人、绊人、推人和骂人来进行报复。

绝望的老师把这个男孩置于一个忽略训练计划中：半个小时不绊人、打人或者推人。这个男孩完成得很漂亮，因为在坐到座位上时几乎不可能做这些行为，全班同学在他们的兴趣活动时间增长时一齐欢呼。男孩的负面行为减少了，同伴群体开始对他更好。最终，他也开始洗澡梳头。

一天男孩的母亲在放学后拜访老师，想明白发生了什么。她说她不再需要为了洗澡、梳头和脱衣睡觉与儿子斗争了。在告诉老师时，她感动得热泪盈眶，因为平生第一次，她的孩子被邀请参加一个生日聚会。

总　结

尽管忽略训练不是魔法，但它也接近于你可以从行为管理中所能获取的魔力。它具有拯救孩子的巨大力量——如果没有它，这孩子可能就会成为牺牲品，而且它为严重行为问题的解决提供了一种双赢策略。忽略训练几乎可以在常规和特殊的课堂里消灭掉转介行政办公室事件。

第 24 章

启动兴趣活动时间

- 当你使用拓展课程进行兴趣活动时，你是"一箭双雕"。在给予学生特殊学习活动的同时，还免费得到了动力。
- 教育中最好的一种激励手段是团队竞争。你可以通过举行队际比赛来教任何东西。
- 最好的游戏规则创造最好的课堂学习时间。减少"袖手旁观"最有效的一种方法就是让队伍间相互防守和进攻。
- 当进攻的队伍错失一个问题时，给其他队伍一个机会回答这个问题以获得额外的分数。
- 问题一提出，防守策略便在每支队伍的学生当中制造了寻找答案的同伴压力。

买一送一

> ### 你无论如何都要做

当老师宣布下面的通知时，五年级的学生刚刚坐好，准备开始上课日。

"同学们，在今天开始之前，我想要说明一下窗户边桌子上的艺术材料。这个艺术项目将是你们今天下午的兴趣活动。"

"像往常一样，我已经在每天放学前准备了二十分钟。但是，你们知道一旦开始做这样的项目，你们总是希望有更多时间。好吧，你们可以有更多时间。你们今天赚取的所有奖励性兴趣活动时间都将被加到这个艺术项目里面。"

这些学生不知道的是，如果他们的老师从没听说过兴趣活动时间的话，他们不管怎样都还是要做这个艺术项目。他们只知道这天他们所有的加紧动作都可以转化为艺术时间。

通过把学习当作兴趣活动使用，你做到了"一箭双雕"。你让学生享受一种拓展活动的同时还免费获得了动力。

> 独立 vs 分科

独立课堂的老师在一个上课日拥有的潜在兴趣活动时间比他们可以使用的要多。他们有艺术、音乐、故事时间和额外休息，更不用说特殊项目了。此外，所有的课程拓展活动都可供正在学习的单元使用，而且他们有很多。这些老师不需要花大量时间计划兴趣活动时间，仅仅需要选择这天最好的活动，然后称它为兴趣活动时间。

只有在分科设置的教学中兴趣活动时间才是一个潜在的头痛问题。艺术和音乐现在属于别的科目了，而休息也成了往事。当然，这些老师可以拿拓展课程供兴趣活动时间使用，但是他们的选择更有限，因为他们只能让学生学习一个科目。

因为手头的"免费品"更少，这些老师更经常的做法是不得不从头构建兴趣活动时间。如果你教经济学，你就不得不反复地问自己："我们该怎样从经济学当中得到乐趣？"答案最好是经济一点。我没法给你额外的计划时间。

团体竞争

> 激励手段

除了课程拓展活动之外，团体竞争或许是教育中最可靠以及最易用的激励手段。任何东西都可以通过队际比赛的形式教学，而且队际比赛可以产生杰出的兴趣活动。

我在少管所工作的时候，有一天团队竞争的力量打动了我。当我走进

其中一个教室去观察的时候，我遇到了，

"好！十七对十五！我们打败他们了！"

"轮到约书亚了。约什，下一个单词是'蚊子'。"

"你做得到。你做得到。"

"蚊子，M-O-S-Q-U-I-T-O."

"好！我们搞定了！十八对十五！"

我慢慢意识到，我正在看着少管所的一堆孩子热衷于拼写，拼写！

我拜访少管所的那段时间，正对兴趣活动时间感到困惑。高中老师告诉我，他们没有时间计划兴趣活动时间。太麻烦了。

少管所的教室让我产生了灵感。我试着回忆儿时在学校进行的比赛。

我清楚地记得我的四年级老师富兰克林夫人组织的一个队际比赛。当时天正下着雨，我们没法出去进行下午的休息活动。她将班级分为两半，我们花了二十分钟玩数学棒球。她临时起意做了这个，而我们爱上了它。

在我关于数学棒球赛的记忆中，奇怪的地方是我们只进行了一次。我记得我希望我们再做一次，但是我们再也没做过。如果有机会的话，我们会很高兴为了得到进行学术棒球赛的机会而去努力。

> **比赛规则**

认识到可以将课程放到团队比赛中后，我去研究了团队比赛规则。你知道世界上的比赛真的没有多少不同吗？棒球、美式足球、篮球、猜字游戏和知识竞赛全都一样！运用半打规则你就可以生成数百个兴趣活动。

这里是可以用来创造最佳团队比赛的东西——课堂学习时间。孩子们爱比赛，他们不喜欢待在边上袖手旁观。因此，最好的比赛可以产生最多的学习。

学术棒球赛

> 赛得越多，学得越多

我们以一场学术棒球赛的规则开始。研究棒球比赛的规则可以教给我们很多通用的比赛规则。

在棒球赛中，你的队大约占一半时间，另一个队也占一半时间。如果兴趣活动时间持续 30 分钟，你的队只占 15 分钟。通过设置局数使每个队伍轮流击球，你将所有人的兴趣活动时间分成了两半。

我们要怎么改善比赛规则使孩子们有更多时间比赛、更少时间袖手旁观？答案是防守。如果学生打防守，他们在另一队击球时就可以参与到比赛中来。

> 将棒球场扩大一倍

在场地里布置两个棒球场，用卡片或便笺纸当作垒。让学生们离开座位去"跑垒"。他们会愉快地炫耀自己，你不用关注谁上垒。

我们会带着四个难度等级的问题进行这个比赛：一垒安打、二垒安打、三垒安打和本垒打。这些问题通常是你第一反应想到的问题。如果想要简化这个比赛，你就要使每个问题值一分。

将全班分为两队。在首先击球的那个队里，选一个学生并对他说：

"击球员就位！你想要一垒安打、二垒安打、三垒安打还是本垒打？"

这个学生选一个难度，你"投"出问题。如果学生在十秒钟之内正确回答了这个问题——击中了球，他就上垒。当然，如果同队其他学生说了答案，击球员就出局。当学生击出全垒打时，他轻轻的炫耀通常会迎来队友的大笑和欢呼。

但是，如果这个学生没回答出这个问题，你就转向另一个队并说：

"腾空球！"

重复这个问题，然后在点名之前等待一会。这给我们带来了构建团队比赛的下一个要素。你是开卷还是闭卷进行这个比赛？

如果你开卷进行这个比赛，防守队一听到问题就会马上开始查找答案。结果，防守队疯狂地翻书、实验手册和笔记去寻找答案，而击球的那名学生正试着回答这个问题。确确实实存在着同伴压力，同队员都会去查阅答案，因为错失一个腾空球意味着，队友就是太懒不愿查找答案。

教室里肯定蔓延着查找答案的行为。因为孩子们不喜欢坐在边上无事可干，击球一方的队员也会开始查找答案。

在你说"腾空球！"之后，等待至少五秒钟或者直到翻书声逐渐消失为止。然后，叫一个学生的名字。不管你叫谁，你都可以借此更有效地分配问题，同时确保弱一点的学生得到他们有把握的问题。

> 得分

如果防守的学生正确回答了这个问题，他们就接到了腾空球，并使对手出局一人。但是，如果他们错失这个问题并错失了腾空球，击球手就是带着一个错误在垒，而且所有跑垒员前进一垒。

在正常的棒球比赛里，得分最多的队伍胜利，但是这个比赛不是。在这个比赛里，每个队的最终得分要以得分减去出局数来计算。接住一个腾空球抵消一次得分。在最终得分中，它等同于击出阳春全垒打。防守是重要的。

> 在队伍之间交替提问

在队与队之间交替提问。这样，一个队在一个问题上击球，然后在下一个问题时防守。通过交替的设置，每个队的击球数目都相同，而且可以使这种戏剧性的紧张达到最大化，因为所有人随时都看得到谁领先，以及需要什么难度的问题去得分。

这种交替提问的方式减少了局次。更准确地说，你在并列进行两场比赛，就像赛跑一样。这场赛跑是看哪支队在时间走完之前能更多地上垒。这种交替提问的比赛模式有一个通用名字，"乒乓球"。

比赛变化

> 棒球变成美式足球

为了将棒球变为足球，可以在黑板上画两块美式足球场，一个队一块。开始比赛时对一个学生说：

"10、20、30 或者 40 码问题。你选哪个？"

提问在队与队之间交替，他们在各自足球场里移动自己的足球。

如果一个学生错失一个问题，转向防守的一队，并说：

"擒杀！"

如果你叫起来的学生正确回答了问题，就相当于他扔给了对手一次 10 码失分。

构建学术美式足球的另一种办法是将两队放到一个足球场内，就像真实比赛一样。中学生更喜欢这种变化形式。在 50 码线开始。不像乒乓球模式，每个队有三次进攻机会得分。三次得分的进攻机会迫使学生们使用长码数问题。

如果错失一个 10 码的问题，老师就会像上一个例子一样说："擒杀！"正确的回答丢给对手一次 10 码失分。但是如果 20、30 或者 40 码问题被错失了，老师会说："抄截！"正确的回答则赢得在攻防线的球权。

当然，老师可以精心制订这些基本模式来适配压力。你可以在一次达阵得分后得到附加分问题。当迫切需要超过四十码的问题时，你可以回答困难的"万福玛利亚传球"式问题。我甚至见过老师用掷硬币来结束一次教室超级碗比赛。一个老师因为经常进行美式足球比赛，最终制作了一个带毛毡橄榄球的毛毡足球场，这样她就可以轻松改变场地位置。

> 足球赛变成篮球赛

简单地将美式足球看作一种"路径游戏"，就像学前班的"糖果世界 / 弹子棋"一样。在这些游戏中玩家为了到达"目标"沿着路径上的格子向前移动。一个美式足球场就是一条有十个格子的路径。

一旦你将在比赛场地进行的比赛想象为路径游戏，你就可以像玩美式足球一样容易地玩篮球或者足球。通过回答更难的问题，你可以一次移动儿个格子来更快地得分。

篮球就是一种需要七次"移动"才能得分的路径游戏，美式足球要求移动十次才能得分。在篮球比赛中，如果持球一方错失了问题，而防守一队回答了，他们就"抢断了球"。比赛届时就可以切换方向。

> "刽子手"猜字游戏

"它是什么？ 1、2、3 还是 4 个身体部分？"

为了应用乒乓球模式，在黑板上画两个绞架，轮流提问两个队。可以增加手指和脚趾以设置足够多的身体部分，这样比赛可以持续更久。

> 危险边缘知识竞赛

"选一个 10 分、20 分、30 分或 40 分的问题。分类栏目是……"

所有的电视知识竞赛都可以生成极好的兴趣活动。像《危险边缘》《谁想成为百万富翁？》以及《棋盘问答》都可以用来复习事实性信息。也有一些更老的电视节目，比如《明星猜猜看》和《实话实说》是历史级的，学生喜欢模仿历史人物来欺骗彼此。

> 生成问题

尽管老师一般可以即席想出问题，但是你可以以书面形式的问题让学生参与进来。例如，你可以说：

"同学们，你们知道，我们第七章的考试是在周四。我想要给你们一点课堂时间来准备考试。但是，我会让你们以下面这种方式准备。"

"拿出四张纸，从一到四给它们编号，将数字编在右上角。根据纸上的编号分别写下一垒安打、二垒安打、三垒安打和本垒打的问题。"

"你们一边写这些问题，一边翻查第七章最重要的内容。想象你是出题的老师。"

"事实上，我会在考试中用到你们出的一些问题。如果题目出得好，你们就可以在周四回答自己的问题。"

"不要把一垒安打题出得太容易，因为另一队可能得到这个问题。也不要把本垒打题出得太难，因为你们自己也许会得到这个问题。"

"在问题下面写上答案。我想要一个完整的段落。答案下面，写上信息所在的页码。"

"你们可以在这节课剩下的时间写问题和答案。我会过来看你们做得怎么样。"

除了构建了一个很好的复习活动之外，你还得到了一堆一垒安打、二垒安打、三垒安打和本垒打的问题。把这些问题保存到你的单元测试复习中。《危机边缘》是一种绝佳的复习比赛，因为这堆取自各章的问题给你提供了绝佳的《危机边缘》知识竞赛目录。

学术排球赛

> 完美适合词汇学习

在排球赛中，你的队只能在发球的时候得分。当你发球时，你可以连续得分。但是，如果你丢球了，发球权就到了另一队手里。然后，他们可以连续得分，直到丢球为止。

你不会想要使用那些需要解释答案的问题。如果一队连续得了很多分的话另一个队可以处于防守一方很长时间。对于这种问题，棒球赛可能是更好的选择。

对于排球来说，问题和答案必须要具有"速度与激情"，以防止比赛变得拖沓。提问的快节奏使得排球赛适合于词汇学习。所以，排球赛经常被外语和生物老师使用。

> **规则**

将全班分为两个队，并说：

"我首先会给其中一个队一个单词。接着，我会点出那个队里的一个人。你会有一秒钟时间给我这个词的第一个字母。如果你回答正确，我会点出同队的另一个人，他也会有一秒钟时间给我回答这个词的第二个字母。"

"如果有人失误，这个词就会到另一个队去。我会点出那个队的某人，他必须从对手中断的地方接手。第二个队可以一直留住这个词，只要他们拼写正确。如果他们错失一个字母，这个词会回到第一个队手里。给了我最后一个字母的那个队会得分，并继续回答下一个单词。"

"准备好了吗？我们开始吧。第一个词是'photosynthesis'。"

点出一个学生，你就开始了比赛。加快比赛速度，这样学生就必须时刻警惕。这个时候你是一个高能比赛的节目主持人。

对于更小的学生来说，他们的注意力范围比较窄，你可以像下面这样减少记忆和注意力的负担。将这个词给全班同学，让他们写下来。然后，在这个词被拼写的时候，每个人都可以加强记忆。

使他们保持诚实

> **完美适合数学**

什么样的比赛规则适合数学？当有人上来试图解一个代数题时，全班同学都可能睡着。

下面描述的比赛之前是一种作业检查的方法，在第 10 章介绍过，它也可以被用作兴趣活动。

像这样，把全班同学分为两队。把 A 队和 B 队互相配对，然后把每一对的桌子靠在一起。在黑板上写一道数学题，像下面这样给每道题定一个时间期限：

"好了，同学们，下面这道题你们有两分钟时间。（在黑板上写下方程。）准备好了吗？开始。"

当时间快到时，提醒下学生。

"同学们，你们还有 15 秒。"

＞　"保持诚实"作业检查

时间快到时，进行下列这些常规步骤：

"时间到了！交换作业。"

"答案是……"

"批改作业并交回去。"

"A 队有多少人做对了？"

"B 队有多少人做对了？"

"分数现在是＿＿对＿＿"

"下面这道题你们有三分钟……"

A 队的人会让 B 队的人有多余时间来做题吗？不太可能！他们会说："我要拿走！"并抢走作业。

A 队的人会帮 B 队的人作弊码？不太可能！

在交回作业后，B 队的学生会让他们 A 队的对手在没做对的情况下举手吗？你认为呢？

整个检查流程会花几秒钟，每队都会使对手保持诚实。随着每个题目的增加，分数也在增加，而紧张的气氛也建立起来了。

当然，你可以把同样的数学题目放在活页练习题上发给每个学生。但是，这会成为累赘，你还得批改这些作业。

速度游戏

> "家庭问答"

第一个举手的人才能回答问题，这就是速度游戏。就像"家庭问答"那个电视节目一样，第一个按铃的队得到回答问题的机会。

> 大学杯

大学杯是四级 / 乒乓球模式和速度游戏的混合体。在电视版本的大学杯里，两个大学分别出四个学生作为代表。分别在 10、20、30、40 分轮次给出四种难度的问题。

比赛开始的时候，A 队会被给予一个 10 分的问题。队员聚在一起讨论，然后队长宣布答案。如果他们回答正确，就可以得到 10 分。但是，如果回答错误，这个问题就会由 B 队回答。然后，B 队再回答自己的 10 分问题。如果他们回答错误，这同一个问题也会由 A 队回答。10 分轮次的比赛最后的部分是抢答题。

抢答题就是这个比赛的速度部分。主持人念出一个问题，第一个按铃的人回答这个问题。如果这个人回答正确，他就为己队赢得 10 分。但是，如果回答错误，另一队就可以先商量再回答——作为对没确定答案就按铃的惩罚。

这种比赛模式不太适合大型队伍。学生太多会让人变得消极，因为更聪明的学生会主宰比赛。老师通常组织合作学习小组来玩大学杯比赛。一些老师会在黑板上设置一个"联赛排名表"，让专人负责计算输赢率。

提前准备好大量问题可以让这种模式更易执行。既然你没法同时主持几种比赛，那么可以让学生自己主持，让他们从合适的问题目录里抽题就行。

电视比赛模式：电视比赛必须具有高趣味性，否则不会成功。寻找那些你可以应用在课堂的节目。

低年级的兴趣活动时间

> ### 使用课程进行兴趣活动时间

德布拉·约翰逊是田纳西州邓拉普的一位一年级老师，她直白地说，在学会利用兴趣活动时间之后，她再也不用上拼写课了。在第一学期末，她所有的学生都通过了二年级水平的拼写考试，其中一些学生甚至达到了四年级水平。

她是怎么做到的？德布拉每天都用拼写棒球赛进行兴趣活动时间。她公布出拼写词汇表，这样学生可以为比赛做准备。一垒安打词汇来自当周的一年级拼写词汇表、二垒安打词汇来自二年级词汇表、三垒安打词汇来自三年级，本垒打词汇来自四年级。

很快，她注意到孩子们在利用业余时间学习词汇表。不久以后，学生们在棒球赛中开始要求使用越来越难的词汇，这样他们可以打出三垒安打和本垒打。但是拼写不是她使用兴趣活动时间进行教学的唯一课程。

"我们也用来教数学、词汇课、艺术、阅读、日记写作、讲故事和分享。他们都爱读日记。很快我开始视每一堂课都为潜在的兴趣活动时间。"

> ### 多少兴趣活动时间？

"找到合适的兴趣活动时间长度需要经过反复试验。"约翰逊夫人说。在一开始，她试过一天一次，但是她的一年级学生没法坚持那么久。

"当我试着一天实行三次兴趣活动时间的时候，一切都顺理成章了。要和他们的成熟水平相匹配。"

德布拉将十五分钟作为礼物赠给全班，但是作为奖励，她总是能将兴趣活动时间延长到 30 分钟。这意味着一天进行一个小时三十分钟的兴趣活动时间！当被问到进行了那么多兴趣活动时间她是否失去了什么时，她说：

"我没有放弃任何东西。实际上，我们还节省了时间，足够去进行我没法插入日程的学习活动。"

"有时候，他们赚取了太多的额外时间，以至于我不得不把时间放到储蓄账号去。他们可以用它来观看《阅读彩虹》和《神奇校车》。"

> ### 成功的关键

当被问到一次成功的兴趣活动时间最关键的要素是什么时，德布拉说老师的参与是关键："如果你只是让学生自行其是，效果不会很好。你必须在那里和他们一起享受，以及构建。"

> 参与：老师的参与是兴趣活动时间的成功关键。你必须和学生一起享受这个活动并构建它。

用兴趣活动时间进行研究活动

> ### 用兴趣活动时间作报告

来自印第安纳州东诺贝尔中学的安·欧文的四年级班，赚取的时间经常要比他们日常的兴趣活动时间还要多。安把未使用的时间放入一个特殊账号，这样班级就可以最终赢得一整天的兴趣活动时间。全班同学用那天来做关于大不列颠的报告。

在作报告的那周，从周一到周四，平常的兴趣活动时间都被用来准备那个大日子。学生用录像带、书籍、杂志、百科全书和互联网来帮助进行研究。他们甚至会用自己的一些时间进行排练。

学生的报告表明他们通过观察安学会了说、看、做教学法。地理组让每个人制作大不列颠的地图。然后他们提供标签贴纸，让同学们标记重点区域和城市。比赛组带来了煎饼和长柄平底锅来扮演著名的忏悔日利兹煎饼接力赛。另一个组制作了幻灯片，演示英国米字旗的历史以及每一部分代表什么。然后他们给每个同学发放制作旗子的材料。

> 成本和效益

当被问到付出的所有成本时，安说："就是另一节课而已。我们本来不管怎样都要进行团队报告。"她继续说："他们统治了这个活动。他们负责赚取时间，最大限度地利用它。他们成功了，他们感受到了这一点。"

中学的兴趣活动时间

> 使用兴趣活动时间学习外语

科罗拉多州杰弗逊郡阿瓦达中学的戴尔·克拉姆在他的西班牙语课上用到了兴趣活动时间。

"我们大部分的兴趣活动时间是比赛。他们的最爱之一是篮球。两个队每队派出一名成员到黑板前，我用英语说一个单词，第一个用西班牙语写对的队获胜。胜利者可以用 Nerf（非发涨海绵）玩具篮球投垃圾桶，难度越高的投篮赢得越多的分数。"

"另一个他们喜爱的比赛是画图猜字。每个队派一人到黑板前，我悄悄地给他们一个西班牙单词。他们必须画出来，同时每个队试着猜出这个词。当孩子们猜对时，会变得很兴奋，但是如果使用英语的话会被处罚。"

> **安排兴趣活动时间**

戴尔为他的七年级和八年级班级做了不同的兴趣活动时间安排。根据戴尔所言：

"八年级学生一周有一次兴趣活动时间。我从周一开始给他们 15 分钟，到周五的时候他们会赚到半个小时以上的时间。他们最爱星期五。"

"我的一些八年级班会迫不及待，他们可等不到星期五，好像那是他们的命一样。对于他们，我们会在每堂 50 分钟的课末尾时进行兴趣活动。我告诉他们，'今天赚到它。今天就得到它。'我们会玩学习游戏，复习当天上课的内容。"

高中的兴趣活动时间

> **使用兴趣活动时间教科学课**

新墨西哥州阿蒂西亚的安妮特·帕特森在她所有的科学课上（从科学基础到化学课），使用一种她称作"标签队"的比赛，"标签队"将复习和极大的机动性结合在一起，创造了高度的兴奋感。

"首先，我将全班同学分为四个队，并把他们排好队。然后，我会给出一个信息目录的名字。可以是鸟类不同于其他动物的特点，或者地球元素的标志和化学符号。"

"一旦我给出了这个目录，每支队的第一个成员会冲到黑板前，写下这个目录的第一个例子。然后，他们冲回去将粉笔递给队里的下一个人，他也将冲向黑板。比赛的每一轮持续一分钟。拥有最多正确答案的队伍将取得胜利。因为重复答案不算数，所以每个人都会高度集中注意力。"

> ### 人人都爱玩

安妮特发现高年级学生就像低年级学生一样期待兴趣活动时间。

"当我刚开始进行兴趣活动的时候，我担心准备升大学的老生不会买账。我错得不能再错了。我想孩子们都只是喜欢玩。"

准备开始

> ### 焦虑和抗拒

"我们的高中孩子对兴趣活动时间没什么感觉。"

"我不知道怎么应用到英语课里去。"

"如果我们玩游戏，我的孩子们会玩野了心。"

诸如此类的评论每次研讨会都会出现，这反映了我们在迎接新事物时都会产生的焦虑。一个声音在心里说，"如果我尝试了，却悲惨地失败了怎么办？"

那些给它一个机会的人都会带着一种奇妙感报告，"它起作用了！"就像安妮特·帕特森所说，"我想孩子们都只是喜欢玩。"

> ### 实事求是地评估成熟度

许多中学老师担心兴趣活动时间担心得不得了，假想青少年比他们实际更成熟。那些说"我们的高中孩子对兴趣活动时间没什么感觉"的老师相信自己十七岁的学生已经快二十七岁了。

将学生看作从七岁成长为十七岁更准确一点。任何一个学生曾经喜欢的比赛，学生还是会喜欢。我看见过高中生满头大汗地玩着"偷培根"游戏，就像四年级学生一样。

成立一个兴趣活动时间银行

教师团队的每个成员都有极好的兴趣活动时间点子。如果你的同事每周轮流分享一个兴趣活动时间，你就会拥有更多的点子，多到你都没时间去用。

在你的学校成立一个兴趣活动时间银行。让团队老师在卡片上写下他们最喜欢的兴趣活动时间，并把它们存在一个文件箱里面。此外，收集兴趣活动时间点子的书籍，并将它们存放在中心位置。

第25章
应对典型的课堂危机

- 学校的后备系统被用来应对严重或反复的纪律问题，对学生的处罚具有层次结构。
- 一旦学生被转介到行政办公室，管理的成本就会变得很昂贵，因为这会占用至少两个工作人员的时间，而且通常需要开会和文书工作。
- 将问题扼杀在萌芽状态付出的成本要低得多。但是当课堂首次发生这种棘手问题时，你究竟应该怎么做？
- 大部分老师在刚进入这个职业时对这个问题都没有一个清晰的答案。因此，当事情发生时，他们必须要临场发挥。
- 小型后备反应选项提供了将问题扼杀在萌芽状态的策略。这些反应低调而私人化，然而它们能清楚地告诉学生们"适可而止"。

超越界限设置

> 什么鬼东西……？

你在黑板上写下一句话然后转过身，看到了什么东西飞过教室。

"什么鬼东西？"

你的眼睛很快随着轨迹追踪到了肇事者。你抓住了拉里，他正转过身来。他无辜地看着你。

你的脑干在嚎叫，"你这个小……"

与此同时，你的大脑皮质轻声细语："慢下来。放松呼吸。以帝王风范转身。"

> **然后呢？**

拉里想要在你面前隐身，但是他知道自己被逮住了。你的课要停顿下来了。每个人都掂量得出这件事很严肃。

当你再次放松地呼吸一下的时候，你掌握了局势。你有时间去思考："在这样的事情发生之后，我不能就这么去继续上课。我应该把他送到行政办公室吗？他现在居然就这么假装无辜地坐在那里。"

> **你有计划吗？**

在你接受训练成为教师的时候，你是否能清晰回答下面这个问题？当一个学生在你班上逞能、让你对自己说"我再也不想在这里看到这个人了"时，你到底该做些什么？

我拿这个问题在几十个地方问过数千个老师，几乎没人能举手回答。这告诉了我们一点，没有计划。我们的职业生涯没有任何直截了当、深入人心的方法，去应对任何老师最终都会面对的最可预测的纪律管理难题。

在没有行动计划的情况下，我们只能自己想办法去开发某种计划。我们去看书。我们去问隔壁班的老师。我们搜寻自己的记忆。我们去乞求、去借鉴，最终我们只能"临场发挥"。

你认为数以千计的年轻老师在他们当老师的第一年想出一个好计划的概率有多大；以及，一旦他们想出一个计划，你认为他们将来改变它的概率有多大？

后备系统的结构

> **后果的等级**

后备系统是一种以由小到大的阶梯状形式布置的后果层次结构。后备系统的逻辑已经在第 13 章的开头简单讨论过。"这种逻辑永不过时——

处罚和罪过的大小一致。罪过越大，处罚越大。"

后备系统的目标是压制不可接受行为，使其不再出现。它通过提高一种行为的代价做到这一点，到达一个临界点后，学生不愿再付出这样的代价。当你不断升级后备系统时，这个计划对每个牵涉到的人来说成本都会变得越来越昂贵。

确实小一点的后果在老师的教室控制范围之内。举个例子，你可能还记得儿时的经历，包括下课后罚学生留下来、课后和学生谈话，或者放学后留住学生。

余下的后果发生在教室之外，被称为"学校纪律规范"。这些从你还是小孩起就没有发生多大改变，包括送到行政办公室、放学后留校、学校内停课和学校外停课。

学校区域之外，后备系统就由少年司法系统和刑事司法系统接管了。没有和少年法庭打过交道的高中管理者很少。

> **学校纪律规范的问题**

在第 13 章的开头我们用"吓唬新生集会"的例子拿学校纪律规范开过玩笑。我们都知道，全体学生的 5%——拉里们，制造了学校内 90% 的行政转介事件。年复一年，我们要求学校纪律体系"杜绝"这些事件。而年复一年，我们只能沮丧地喃喃自语：

"它本应该起作用！"

"为什么它没起作用？"

"我们要怎么做才能让它起作用？"

每次我们召集特别工作组去修改学校纪律规范，不论修改多少次，什么都改变不了。首先，正如我在之前提及的，你对拉里做不了什么合法的事情，这个国家的每一名教育者几十年来都知道这一点。其次，许多我们试图去做的事情，像将拉里踢出课堂或者送他回家都会适得其反，因为这会让我们自己难堪，从而强化了他的违纪行为。

> **游戏的等级**

"后果等级"结构图将后果分为三类，小、中、大。三种等级的后备系统可以如下描述：

•大——大型后备反应需要教室外部的帮助。送学生去行政办公室、放学后留校，或者停学是最普遍的例子。

大型后备选项成本昂贵，因为它们至少要消耗两个工作者的时间，而且通常需要放学后额外的事件报告或汇报文件。此外，在你送一名学生去行政办公室的时候，在压力方面，你已经付出了昂贵的代价。

既然大型后备反应可以通过暂时摆脱拉里产生减压作用，它们就会具有令人上瘾的趋势。任何科目都有一定比例的老师会反复把学生"踢"给行政办公室，就是为了让他们消失。

•中——中型后备反应发生在教室之内。它们的固有特征除了是在老师控制之下外，还有它们是公开化的。

大部分我们可以从儿时忆起的课堂制裁都属于这个部分。将你的名字写在黑板上、被暂停上课或者课后被留下来和老师谈话，这可一点也不私人化。

中型后备反应的成本比大型的要小，因为它们只占用了一个工作人员的时间，同时很少要求额外的回忆或者文书工作。但是，这种制裁的隐藏成本是，一个被羞辱的学生一开始就会进行对抗性的报复。

•小——小型后备反应给老师提供了清晰的理论，指导他们在第一次看到一个他们再也不想看到的问题时该怎

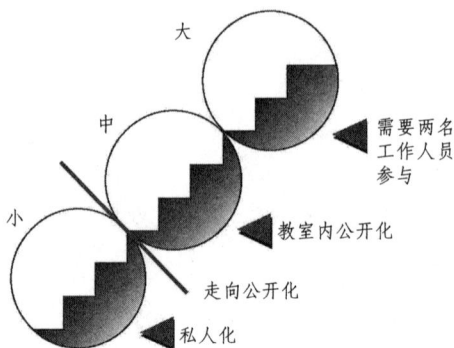

当你顺着后备系统升级时，对每一个牵涉到的人来说，这个计划的成本会变得越来越昂贵

么做。它们是你的第一道防线。

小型后备反应是私人化的。通常其余同学甚至都不知道它们的发生。因此，小型后备反应避免了受羞辱学生的报复。

小型后备反应的任务是"将问题消灭在萌芽之中"。它们实际上是在跟学生说：

"你们正在进入后备系统。响鼓不用重锤。在现在代价还很低的时候，赶紧停止你的行为。否则代价会越来越高。"

如果学生认真对待老师，停止胡闹，对每个人而言管理的成本都很低。但是，你也知道，它取决于学生会否拿老师当回事。

> ### 课堂 vs 学校纪律管理

从整体上理解后备系统对一名老师来说很重要，大部分后备系统事件都发生在老师的课堂里。但它不是课堂管理的一部分，它属于学校管理。

学校管理覆盖一切发生在教室之外的事情。包括走廊的噪声管理、垃圾和涂鸦、集合时的吵闹以及发生在食堂、操场和校车停车处的纠纷。

有效的学校管理已经在《积极课堂纪律》和《积极课堂教学》这两本书里面进行了详细介绍。因为本书讲述的是课堂管理的技能，所以我们对后备系统的讨论将重点关注课堂内老师自己可以使用的制裁手段，以防止小问题扩大化。

使用小型后备反应 / 应对措施

> ### 进入后备系统

一般而言你进入后备系统是因为下面两个原因：

- 一件突发性恶劣事件，
- 一个反复发生的扰乱行为。

尽管恶劣事件显而易见，但我们还是值得花一段时间对付反复的扰乱行为。我在第 19 章提到过，一些孩子的家庭里，父母在说了"不"之后从来不坚持到底。这样的孩子学会了在被制止的时候简单地暂停下来，当父母不关注的时候就故伎重演。

当看到这种行为发生几次之后，你的大脑里就要敲响警钟，"我们这里可能有个屡教不改者"。当你得出结论确实如此时，就该进入后备系统了。一整年玩这个游戏毫无意义。如有必要，你可以使用任何程度的处罚。

在你使用了后备系统教育了"屡教不改者""不就是不"之后，有可能你就可以将后果降回到界限设置这一水平了。但是，除非你能毫不含糊地给他们一个教训，否则屡教不改者会认为你就像他的爸爸妈妈一样是个"懦夫"。

> **伪装和围堵**

在培训时，我做了一个演示，我对受训者说：

"我要模拟管理全班。这个演示有点枯燥，因为管理全班从来都不是戏剧性的。"

"但是还是要仔细观察，因为，当我完成时，我会问你一个问题。不要猜答案。如果你知道答案，就举手。"

当我管理全班时，我简短地和一系列学生进行互动，就像任何老师在指导练习阶段会做的一样。然后，我对大家说：

"如果你们知道谁捣乱的话，就请举手。"

没人举手——甚至是就坐在捣乱者边上的那些人。然后我说：

"我来告诉你们，为什么你们不知道谁在捣乱。因为，我不想让你们知道。这不关你们的事。"

"在数学题目上接受了纠错反馈的人，请举手（两只手举了起来）。我检查过作业的人请举起你的手（又举起了两只手）。现在，陷入麻烦的人请举手。"

大家发出了一阵轻笑，坐在"陷入麻烦"的人身边的那些人意识到他们对此毫无察觉。然后我说：

"从这个演示里我们可以学到的一点就是，当你管理全班时，学生没法分辨纠错反馈和后备系统里的作业检查，它们看起来都一样。"

"当你在管理全班时，你近距离与学生说话，通常你斜着身子轻声细语以免打扰其他学生。因此，这是一种私下的交流。"

就像树立威信一样，管理全班为隐藏后备系统提供了伪装。当纪律管理隐而不见时，你极大地增强了将小事化了的能力。

> 仅仅是个警告？

我对学生所言的"陷入麻烦"是指：

"这是我第二次不得不处理这个说小话问题，我再也不想这样了。如果我再看到你说话，我们两个将会在课后进行一次小小的谈话。至于现在，我只关心你去完成作业。"

这是一个口头警告。具体词汇并不重要。届时你可以临时发挥，只要表达这个意思就可以。

但是该进行警告时，就要进行警告。我本可以在全班同学前面警告捣乱的学生，或者我本可以把这些学生的名字写在黑板上。这两者都是老师们普遍使用的警告类型。但是这样的话它们会成为公开事件。

假设你现在十六岁，在你的高中班上朋友很多，而老师在你的同伴群体面前责骂了你。对于这个老师你会有什么样的感觉？你会进行报复吗？

如果你是这个老师，学生的"报复"会成为你接下来的纪律问题。如果对一个纪律问题的"解决方法"变成了下一个纪律问题的起因，是不是有点挫败感？

> 不要公开化

正如我在第 18 章提及的，纪律管理在变成公开事件后，会倾向于要么双赢要么双输。如果你让学生在他们的同伴面前看起来像个傻瓜，他们会让你在同一个群体面前看起来也像个傻瓜。另一方面，如果你保护学生，即使是在他们越界的情况下也如此，他们可能会在你需要的时候放你一马。

如果警告变成公开事件，就变成了中型后备反应，将会不可避免地牵涉到同伴群体。如果警告是私下进行，就是一个小的后备反应，不会牵涉到同伴群体。尽可能地把警告保持在私下进行，这将给予学生更多的保护，让你冒更小的风险。

小型后备反应的功能

> 响鼓不用重锤

小型后备反应就像在跟学生这样交流：

"你正在进入后备系统。响鼓不用重捶……"

有时候你必须不断把话挑明，放出两三个这样的信号来阐明你的想法。这种交流的目的是让学生在扑克牌局里弃牌——在每个人付出的代价变高之前。

在课堂里捣乱是一种典型的小赌注牌局，学生很少会下很大的赌注。他们只是想要在做功课时消遣一下。他们经常在代价变高之前弃牌——如果他们可以体面地这么做的话。当然，如果你羞辱了他们或者把他们逼到墙角，那么所有的赌注都完了。

> 自我挫败：如果对一个纪律问题的"解决方法"变成了下一个纪律问题的起因，是不是有点挫败感？

> **对弃牌的请求**

小型后备反应是沟通交流，不是处罚。它们是"期票"。他们的目的是：

- 告诉学生他们正在进入后备系统。（例如，你受够了他们的愚蠢。）
- 请求学生弃牌。（例如，在你被迫推出真正严重的后果之前，冷却事态。）

你正在出一个学生绝对不会拒绝的价钱。大部分时候，除非学生真的愤愤不平，否则他们会作出务实的选择，让成本保持低廉。

下面列出的后备反应按照从最私下（最小）到最公开（最大）的顺序排列。大部分已经存在很长时间了，你可以把自己的一两个加进这个清单。你选择的两三个可能会根据学生和形势的不同而不同。

小型后备选项

> **预警告**

预警告显然传达的是"适可而止"的信息，而且无特定的后果。这给了你时间去观望事态，也给了学生时间去思考。一个来自孟菲斯的四年级老师，我见过的一名天生老师，向我描述了她的预警告。她说：

"学生完全知道他们'越界了'。我不会任其溜走，我会用最严肃的态度私下对峙当事者。我会看着那个学生的眼睛说，'如果我再看到这样的行为，我就会做些不得不计划做的事情了。'

"他们的眼睛会睁大。学生知道我很严肃。一般我很少会不得不'计划'做些事情。"

预警告通常会使学生爆发出短暂的紧张笑声。通过老师的姿态，学生知道事情很严肃。但是当他们琢磨话语的时候，会松一口气，意识到他们并没有真的陷入麻烦。

预警告是你经常所需要的。它起到了对学生"警醒"的作用，这些学生太忙于"捣乱"而没法认识到自己的不合规矩。如果问题继续，你总是可以转为公然的警告。

> 警告

我们已经详细讨论过警告。警告是要向学生描述如果你"再看到这样的行为"的后果。警告从来不是虚张声势。

> 拖出卡片

假设你在讲台上有一个装卡片的文件夹，卡片上有每个学生的名字、地址和家庭电话。在开学第一天精心安排一次上课铃作业活动，让学生填写这些卡片。

进一步假设，你已经警告了某一个学生，我们还是叫他拉里吧。你抬头看见他再一次做了"那件事"。你一边放松呼吸一边看着他的眼睛。他向你做出了他惯用的"哎哟，对不起"表情。

这时，你要缓缓地、不要引起任何人注意，走到讲台前，随意地拿起卡片夹。翻开，拿出拉里的卡片，并看着他。把卡片面朝上放到讲台一角。一边用你最佳的维多利亚女王式的表情再次看向他，一边把卡片夹放回讲台。然后回到你刚才所正在做的事情，最后看一眼拉里。

显然，你正在和拉里交流。他要是还不知道是谁的名字、地址和家庭电话正面朝上摆在讲台一角的话就未免太迟钝了。你刚才做的就是在扑克牌游戏里"又翻了一张牌"，现在拉里必须决定是加码还是弃牌了。但愿，他会"冷却事态"，让每个人玩扑克的代价都低一点。

> 成绩册的记录

在已经和捣乱学生交涉过一次之后，你抬起头看到问题再次发生了。你盯住学生的眼睛。

慢慢走到你的讲台上，和捣乱者进行眼神接触，坐下来，并拿起你的成绩册。在合适位置上对相关事宜写下记录，再看学生一眼。缓慢站起来，把成绩册放到讲台上，回到你刚才的工作中。随着成绩册上记下了永久性的记录，扑克牌变得越来越昂贵。

再一次，这名学生必须作出跟牌还是弃牌的决定。小型后备反应就是这样，你正在尽可能微妙地试图传达这样的信息：弃牌是一种非常聪明的选择。

> 桌子上的一封信

桌子上的信是你前往中型后备反应的最后一站。它的使用率不是很频繁，但是也能使一些老师免于更高昂的处罚代价。

在已经给了捣乱学生两次弃牌的机会之后（你选择要使用的选项），你决定再给小型后备反应一次机会（裁决）。你盯住学生的眼睛，然后走到讲台上，坐下来，开始写。

给家长写一封短信，只需要花不到一分钟，只包含五句话，覆盖下面这几点：

- 亲爱的＿＿＿，今天在班上我不得不处理了（简短描述这个问题行为）。
- 我需要你的帮助。
- 如果我们现在一起合作，就可以阻止它变成一个"真正"的问题。
- 我明天会给你打电话，届时再制订一个计划。
- 感谢你的合作和关心。

签名，然后将信放到信封里。信封写上地址，不要浪费邮票。拿上信和一条胶带走到学生课桌前。俯下身子，在课桌上把信用胶带封起来，并轻声对学生尽可能私下地说：

"这封是给你家长的信，描述了我今天在此不得不忍受的事情。如果我在（今天——对年幼学生而言；或这周，对年长学生而言）都再没看到这种行为，那么，在我的允许下，你可以在我眼前把这封信撕掉、扔掉。"

"但是，如果我再看到一次，就算我自己亲手送我也会把这封信寄回家。我说得够清楚吗？"

"现在，我只关心你把这些作业完成。我们来看看我们是否能让彼此都好过一点。"

你可以把课桌上的信称作视觉提示。它可以起到持续性提醒学生要明智的作用。

我有时候会问："如果学生直接把信撕了然后扔到地上你会怎么做？"这个问题其实就是在说："这些小处罚对某些学生没作用。"

从小型后备反应的角度来看，我再次强调一下，执行良好的后备系统中的关键变量不是你的成功。你总是可以成功，因为在一场无论价码多高的牌局中，你总是可以增加赌注。唯一的关键变量是学生付出的代价。如果学生迫使你送出更严厉的处罚，就送出去。

中型后备选项

中型后备反应包括那些公开的课堂处罚，我们自己从上学起就很熟悉。其中一些，例如公开警告和训斥，倾向于产生反效果，因为它们会产生怨恨。其他一些，例如临时停课，则可以通过提供一种毫不含糊地说"不"的方式很好地帮助老师，还不会产生对抗。

因为我们很熟悉中型后备反应，就会很容易以为我们理解它们。但是，就像课堂管理程序执行中发生的情况一样，魔鬼在细节里。为了尽量增加成功率，本部分将描述一些普遍和有效的程序中的细节。

> 谈心

当问题再次在课堂发生时，我的第一反应是和学生谈话，来查明发生了什么。尽量让学生多说。

"珍妮弗，告诉我，今天你和米歇尔在班上干什么？"

好的临床心理医生是等待的大师，他们也是让他人干所有活的大师。

"要解决这个问题，我们应该怎么做？"

有时候，在上课时间也可以进行这种私下谈话，但是，通常还是在课后。

> **课堂的临时停课**

在近几十年里临时停课被用作行为管理项目里更具惩罚性的替代处罚方式。但是，临时停课是一个细致程序被经常随意使用的绝佳例子——"就像让小队员坐板凳，对吗？"好吧，不尽然。

对于初学者，临时停课应该具有下列要素：

- 在课堂上应准备两块临时停课区域，因为问题通常会牵扯到两名学生。这些区域需要彼此隔开，这些临时停课的学生就没法彼此逗乐或者逗乐其他学生。
- 临时停课应该被考虑作为树立威信的扩展，使用同样的肢体语言，应对任何抱怨或争论进行同样的冷漠反应。
- 临时停课应该相对简短，通常不应超过五分钟。
- 临时停课应该很枯燥，必须与兴趣活动截然不同。在临时停课区域不应该有任何"私自非法"的娱乐源。

当你使用临时停课、试图在教室里找到两块隔离的区域时，你会遭遇到第一个问题。找到一块区域已经够难了。

第二个问题是年轻人对无聊的天然逆反心理。如果他们在临时停课时只是安静地坐着，并后悔莫及，整件事就会变得简单。但是，实际上，课堂上调皮的学生在临时停课时还是会调皮。

> **同事课堂上的临时停课**

如果一个学生在被送去停课后仍然继续胡闹，你可能会考虑在同事的课堂上也进行临时停课。与把孩子送到行政办公室相比，它通常会产生更可靠的结果，而且它能传达出老师自己可以掌控麻烦问题的信息。同事课堂的临时停课需要注意的是下列几点：

- 同事必须完全理解这个项目，赞成并对需要的合作感到自如。
- 同事课堂的临时停课应该持续到本节课结束或者至少 20 分钟。
- 学生应该带着一摞作业被送到同事的课堂。
- 学生不可以参与任何课堂游戏或活动。通常他或她要面对墙坐着，以免被打扰或娱乐。
- 最后，重要的是，学生应该和他的同伴群体分离，年龄差得越远越好。

最后一个条件或许最重要，因为它能保证学生不会再想重复这个经历。然而，这个条件也最常被违背。一个五年级老师把拉里送到走廊一边的五年级班要比他送到教学楼另一侧的一年级班容易得多。

但是，如果你把拉里送到隔壁的五年级班，他可能会很享受在他朋友面前炫耀的好时光。在一个教室临时停课的失败就会被传递到另一个教室。

> **放学后留校**

放学后把学生留下来会很难执行，因为涉及校车日程，更不用说你的日程了。但是，如果条件合适，它的作用会很强大。

放学后把学生留下来完成他们自己的作业对于捣乱的学生很有用。在课堂上"玩弄拇指无所事事"的学生很快就会学到，完成作业并不是个可以选择的选项。相反，它是一种"要么现在付钱，要么等会付钱"的强制任务。

放学后把学生留下来的关键步骤是他们要做学校作业而不是玩耍或当老师的"小帮手"。它不应该是种强化因素。

你必须特别警惕错误强化"钥匙儿童"（父母工作，放学后独自回家）的可能性。因为，有时候放学后和人待在一起比独自一人要更好。

放学后把学生留下来对于任何一名在放学后有其他安排的老师来说都会代价太高。一个廉价的解决方法是在解散后只把这名学生留下来 5 到 10 分钟。这会给学生留下重估损失的时间，因为拉里会看到他的哥们儿都走了，只留下他一个人。

为什么课堂后备反应有用？

> ### 传统逻辑

后备系统的传统逻辑是，作为一种压制犯错的方法，惩罚必须与罪行大小相适应。这似乎有道理，它应该有效。

不幸的是，我们的经验告诉了我们相反的道理。"拉里们"制造了他们在校时绝大部分的行政办公室转介事件。而且，不管是否使用了处罚，总发生率从未下降。

此外，我们知道一些老师一天要把学生送到行政办公室几次，对课堂毫无控制，而另外一些老师却很少提高嗓门，几乎从不需要把学生送到行政办公室。这完全是两个极端。为什么后备系统似乎会使那些最常使用它们的老师失败，而帮助最少使用的老师？

> ### 成功的关键

后备系统成功的关键不在于逻辑所提示的负面处罚的大小。相反，成功的关键在于使用后备系统的那个人。

如果，从开学第一天起，你的学生了解到不管是什么情况，你都说到做到，不就是不，那么，当你使用小型后备反应说"适可而止"的时候，它就是真有所指。另一方面，如果你没被视作在树立威信，你可以作出任何你想要的威胁，孩子们还是会进一步试探你看看到底会发生什么。懦夫可得不到尊重。

第 26 章
开发利用管理系统

- 管理系统和窍门的区别在于，它可以提供一系列完整的有效措施，能被简单地利用来解决课堂管理问题。
- 本书介绍的管理系统根据成本可分为三个等级：人际沟通技能、动机系统和后备系统，其中后备系统的成本最为高昂。
- 老师对于管理越得心应手，对后备系统的使用就会越少，对人际沟通技能的依赖就会越多。
- 总之，管理问题越复杂，解决的方案就越为动机导向。只有这样进行组织的管理系统才能避免被疏远的学生在面对后备系统时"提高赌注"。

管理系统

> 不止是窍门

"窍门"这个概念精确地描述了我们传统上进行课堂管理的方法。在职业生涯中，我们试这个又试那个，指望着一切会变好。

每年都会出现一批时尚和流行的新词汇，给我们增加几个窍门。然而从经验中我们知道，这种方法并不能带我们更进一步。作为一种职业，我们没有"比赛计划"。

> 好消息

好消息是本书描述的方法提供了这个遗失的比赛计划。它们代表了一扇通往杰出老师世界的透明窗口，它们既充满技术含量又脚踏实地。它们给"聪明工作"下了定义。

> **纪律或教学?**

多年来，我经常发现很难让管理者关注教学，并将之作为成功纪律管理的一部分。他们会表达"需要一个纪律计划"的愿望，并补充说纪律是老师抱怨的主要内容。

然而教育者知道好的纪律和好的教学是紧密相连的。但是它们如何紧密相连? 教育者只想出了很少的特性来定义这种关系。或许他们找错了地方。

他们倾向于关注教学内容，而不是教学过程。通过摆弄课程，他们希望能克服学生偷懒不用功的倾向。但是这种对纪律和教学间相互关系的描述太简单化了。

为了理解这种纪律和管理间的因果关系，我们必须深入挖掘课堂中的社会动态关系。例如，在我们戒除无助举手者之前，我们甚至没法管理全班——有效纪律管理的先决条件。而且，在能掌握整合授课中的语言、视觉和身体学习方法之前，我们也没法戒除无助举手者。

既然课堂里的所有事情都相互联系，我们就必须同时管理纪律和教学。而且，为了迅速解决纪律难题，我们的做法必须要有条理，这样我们就可以一目了然地进行回顾检查。

管理的三个水平

下图将管理系统排列成一个决策梯。你们可以看到，我们的管理选项通过两条路径进行排列: 动机和压制。

既然教育者能很好地理解动机，那我们需要花点时间在压制上面，因为它和惩罚容易混淆。压制只有在决策梯上部的中型和大型后备反应时才变成惩罚。在这之前的不当行为用非惩罚性或非对抗性的方式处理。设限和责任感训练给了老师积极应对不当行为的工具，这些工具在使纪律管理积极起来这方面是必不可少的。

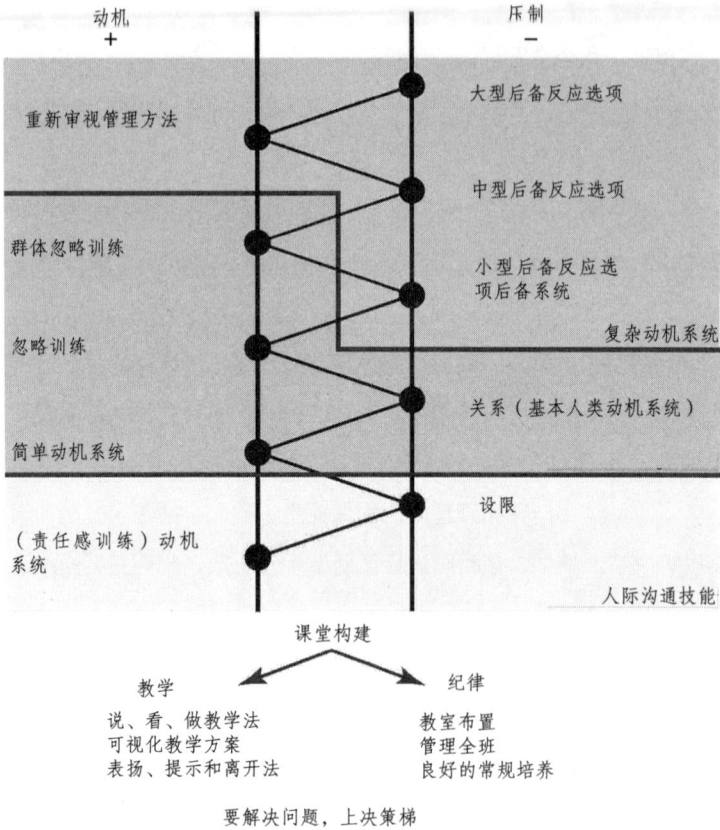

动机　　　　　　　　　　　　压制
＋　　　　　　　　　　　　　　－

重新审视管理方法　　　　　　大型后备反应选项

　　　　　　　　　　　　　　中型后备反应选项

群体忽略训练　　　　　　　　小型后备反应选
　　　　　　　　　　　　　　项后备系统

忽略训练　　　　　　　　　　复杂动机系统

　　　　　　　　　　　　　　关系（基本人类动机系统）

简单动机系统

　　　　　　　　　　　　　　设限

（责任感训练）动机
系统　　　　　　　　　　　　人际沟通技能

课堂构建

教学　　　　　　　　　　纪律
说、看、做教学法　　　　教室布置
可视化教学方案　　　　　管理全班
表扬、提示和离开法　　　良好的常规培养

要解决问题，上决策梯

更重要的是，当你由决策梯的底部向上爬时，我们的管理选项也由便宜变得昂贵。在解决问题时，我们从底部开始，顺着决策梯系统性地往上攀升。通过这种方法，我们尽量以代价低的方式解决管理问题。

决策梯被分为三个管理水平：

• **人际沟通技能**：这个管理水平描述的是天生老师的技能。这是成本最低的管理，因为人际沟通技能在计划的开发和实施方面没有天花板。老师的存在就是管理计划。

• **动机系统**：动机系统提供了动力。作为教学的一部分，它们为用功和认真学习提供了动力。作为纪律的一部分，它们为与老师和同学合作执行课堂日常提供了动力。

动力系统增加了管理的成本，因为它们要求记录保管和给予动机。但是，更成熟的动机系统减少了这些成本。例如，责任感训练几乎不花费任何额外成本就可以训练全班学生就很大范围内的管理情境进行合作。

- **后备系统：** 后备系统的目的是将"不就是不"这个信息传递给做出严重或反复扰乱课堂行为的学生。大部分后备系统包含在学校纪律规范里。这些处罚倾向于高成本，因为它们会牵涉几名工作人员的时间，以及经常要求报告、与家长会面和学校内停学之类的特殊计划。

但是，一些最重要的处罚是老师在课堂上悄无声息地给出的。这些小型后备反应可以将问题扼杀在萌芽状态以防止小事变大。但是，如果想要小型后备反应奏效，学生们必须已经将老师视作为威信的化身。

人际沟通技能

> 构建和教学

从左边的决策梯你可以看到，课堂构建是有效管理的基础。但是，课堂构建远不止教室布置、规矩和日常。

课堂构建包括教学本身的过程。它包括说、看、做教学法，这样学生可以通过实践完全参与到学习之中。它还包括可视化教学方案的使用，这样学习执行的步骤就会非常清楚。而且，它还包括表扬、提示和离开法，这是将无助举手者转变为独立学习者一个必不可少的工具。

高效老师会将课堂管理的大部分精力投放在课堂构建水平上。任何被老师忽视的课堂构建要素都会变成一个需要界限设置解决的问题。

> **关系建立**

决策梯积极区域中的第一个选项是关系建立。尽管其可以被纳入课堂构建中，但我还是将其单独作为决策梯积极栏中的一个选项，这是为了提醒我们，管理的其他所有方面都依仗于老师对学生的良好心愿。

关系建立不仅仅是善待学生，它还是一种计划。它要求投入时间和精力去计划和执行。它以学年第一阶段的破冰行为开始，然后毫不松懈。

> **界限设置**

既然界限设置是对不可接受行为说"不"，我们将其划为决策梯的消极区域。保持平静并使用有效的肢体语言可以使你以一种非对抗性的方式对不可接受行为说"不"。你必须在不产生疏离和尴尬的前提下设置界限，否则你将持续损害你与学生们的关系。

大部分历史悠久的说"不"的方式，诸如唠叨、批评、威胁和惩罚都对关系产生了非常负面消极的影响。到了学年结束时，课堂里以这种方式建立关系的老师和学生通常都乐于摆脱彼此。

动机系统

> **简单动机**

简单动机系统代表了祖母法则的一种直截了当的应用：你必须在吃完晚饭后才能吃糖（见第 9 章创造动力）。简单动机包括两部分——晚饭和糖果、任务和激励。对于糖果，我们将其划为决策梯的积极部分。

学习效率的动机是这种——一旦你正确完成了作业，你就可以做自己的项目。纪律管理的动机通常用于小学教室，比如绩点制，"小红花"也是这一类。

但是，在纪律管理中，简单动机系统倾向于要花大代价。需要复杂的记录系统和耗时的强化因素交换。这些计划通常可以改善但并不是良方。问题仍会存在，但是现在老师必须更努力。为了使纪律管理动机的使用更合算，复杂的动机系统应运而生。

> 复杂动机

复杂动机系统比简单动机系统的组成部分更多，最重要的是奖励和惩罚。责任感训练代表了纪律管理复杂动机系统的先进水平。

我们将复杂动机置于决策梯的消极一侧，是因为它包含了惩罚。但是，责任感训练会被学生视为积极做法，因为奖励常见而惩罚罕见。

> 忽略训练

如果需要更多的管理杠杆——可能是因为拉里选择毁掉兴趣活动时间，我们就要到决策梯的消极区去寻找忽略训练。忽略训练是只有奖励的管理计划。拉里再也不能把全班的兴趣活动时间毁掉了。

为了转变拉里，忽略训练传达的是同伴群体的力量。它非常合算，因为它传达这种力量只需要谈心并为兴趣活动时间增加一个奖励条款。而它能重新调整班级社会结构，使拉里成为英雄而不是一个被放逐者。

> 群体的忽略训练

从决策梯你可以看出，群体的忽略训练通常发生在你针对反复违规行为已经使用了小型后备反应之后。如果你发现自己使用小型后备反应过于频繁，可以给出群体奖励性兴趣活动时间来避免触发后备系统。

后备系统

> 小型后备反应

小型后备反应将我们带到决策梯的消极部分。小型后备反应代表的是一系列沟通信息，实际上在说"响鼓不用重捶"。如果学生领会了暗示，并在接下来的时间里老实下来，这些沟通就达到了效果。但是，这种可能性和学生认真对待老师的程度直接相关。

> **中型后备反应**

中型后备反应也在决策梯消极区域，因为它们代表的是老师在课堂应用的传统惩罚措施。在学校纪律管理的总体方案中，像让学生临时停课或课后留下来这样的处罚措施通常被视作小型后果，这是老师在首次面对问题时可能会做的事情。

但是，从决策梯中你可以看到，中型后备反应已经接近顶部了。在甚至考虑中型后备反应之前，老师有很多可以采用也应该采用的管理选项。

避免使用中型后备反应的理由很充分。首先，它的成本很高。简单安排一个家长会议就会要老师打几个电话，更不用说放学后为会议浪费的时间——还要家长能出现。甚至临时停课都很痛苦，如果停课的学生继续选择进一步捣乱的话。

> **大型后备反应**

大型后备反应一般都被包含在学校纪律规范里。到需要使用大型后备反应的时候，太阳底下无新鲜事。

> **重新审视**

在决策梯上中型和大型后备反应之间，你可以看到一个被命名为"重新审视"的选项。一个突发的危机可以将甚至是最高效的老师带到大型后备反应。但是，在正常情况下，高效的老师很少会送学生去行政办公室。频繁依赖大型后备反应应当作为老师陷入麻烦的信号。我们需要将纪律系统作为指南使用，帮助此人去重新审视他或她的选项。

使用决策梯

＞ 手腕的区域

下图显示的决策梯，将本书贡献的选项圈出来了。纪律管理独特的要素包括课堂构建和后备系统间的大部分选项。这个管理区域是以非对抗性方式手腕在问题变得麻烦和昂贵之前解决它们的区域。

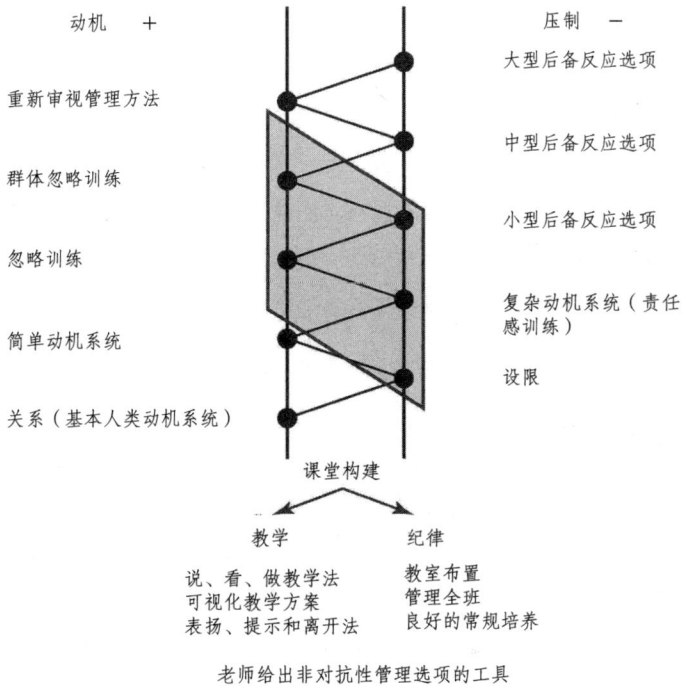

老师给出非对抗性管理选项的工具

＞ 平衡事宜

有效的纪律管理处理的通常是成对的行为。你系统性地增强想要的行为，同时削弱不想要的行为。如果你简单地压制问题行为，而又不系统性地建立适宜行为，一个问题可能会被另一个问题所替代。

所以，纪律管理应该被看作合适行为的差异性强化，而不是简单的压制。正是这种差异性训练给了学生良好的理由去停止偷懒并开始合作。

因此，当我们顺着决策梯攀登解决问题时，我们不停地在强化和压制之间拉锯。如果界限设置没效果，不要在消极区增加赌注，跨过去试试动机。如果简单动机还不够，跨过去试试责任感训练。如果责任感训练中的惩罚部分没作用，跨过去试试忽略训练。

以这种方式看这个决策梯，你可以将本书描述为"所有可以使你避免使用后备系统的事情"。当使用后备系统时，负面处罚变得越大，成本、失败可能、诸如憎恨这种消极副反应的可能性就会越大。不足为奇的是，我们将拉里们一次又一次送到行政办公室，只要他们在学校里。传统上对这个难题的"解决方案"就是使这些孩子辍学。

理解后备系统的本质告诉我们对它的使用要非常小心。你可能被迫进入后备系统来处理危机，但是你肯定不想频繁使用。在培训时我们经常说："你可能不得不短暂停留，但是你不会想要长期住在那里。"

原始纪律管理

> 三振

下图代表了被频繁使用的纪律管理。它直接从课堂构建进入到后备系统，中间夹杂少量训斥。有时候，它不过是黑板上一个名字和行政办公室之旅后的标记符号。将其称为"三振出局"吧。

我们对蛙跳至决策梯消极区感到不安是很自然的。当我们生气时，倾向于寻找最大的消极处罚措施。

我将这种简单化的纪律管理方法称作"原始纪律"。原始纪律缺乏手腕将纪律管理变为非对抗性或使之随着时间自己消失。如果你反复跳至后备系统去解决你的纪律问题，你会发现自己陷入了与拉里的战争。

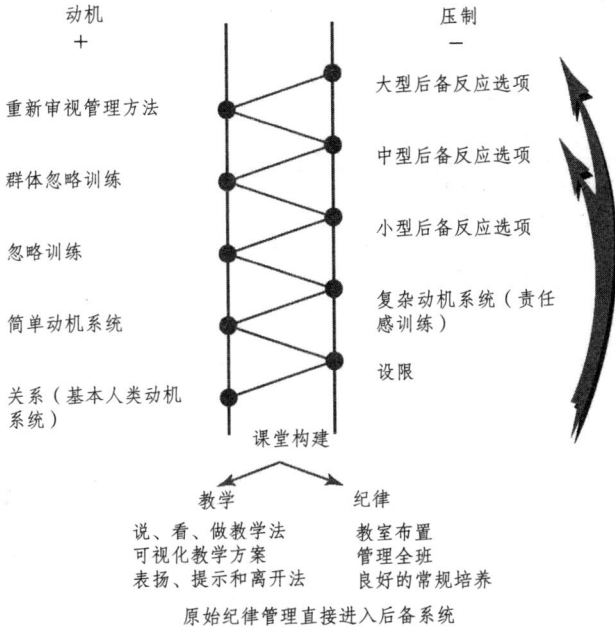

原始纪律管理直接进入后备系统

> **顺着决策梯往下**

为了解决一个问题，你顺着决策梯往上。但是，当你的纪律系统建成之后，你要顺着决策梯往下进行。

例如，在开学第一天，拉里会在纪律管理扑克牌局里"豁出去"，来看看他是否掌控一切。但是，在面对高效老师时，拉里很快会学到"不要赔了夫人又折兵"。拉里学到了与其加大赌注，还不如早早弃牌止损。

当你观察高效老师的时候，很显然他们的大部分纪律管理都位于人际沟通技能水平。严重后果被树立威信所代替。

颠倒常识

> **采用积极处罚来处理消极行为**

下图呈现的是以激励／强化和压制方面来衡量的主要纪律管理程序。

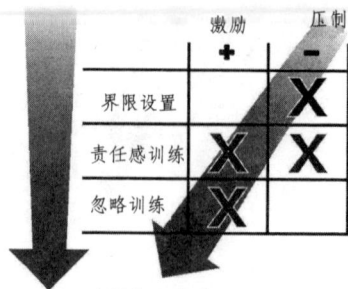

不断增加的对抗学生

不断增加的基于激励的管理

学生越挑衅，反应越积极

这些程序是界限设置、责任感训练和忽略训练。

界限设置与管理全班是对付诸如和邻座讲话之类的典型、高频扰乱行为最合算的方法。然而，我们之前就提到过，界限设置是压制。它是一种温柔和非对抗性的压制形式，它没有以有力的方式说"不"。

下面是责任感训练，它是奖励和惩罚的混合。它被用于困难的管理情景——拖延、不带书本上课、利用削铅笔浪费时间和楼道通行证，以及坐姿的管理。

在责任感训练之下是忽略训练，它是一种仅有激励的管理计划。忽略训练被用于最困难的管理情景——愤怒、疏离的学生对老师说，"你不能强迫我。"

> **重温常识**

纪律管理的常识是惩罚必须与罪过相适应。罪过越大，惩罚越大。

从上图你可以看出，我们的管理系统颠倒了常识。扰乱行为越小，我们的反应就越消极或压制性更强。但是，学生越挑衅，我们的反应越积极。因此，对于最愤怒和对抗性最强的学生比如拉里，管理计划干脆就没有惩罚措施。为什么我们的系统要以这样颠倒的方式构建？

> **唯一的选择**

我很想说我以这种方式设计这个管理系统一开始是为了帮助愤怒和疏离的年轻人。但是，我并非出于这个原因。

相反，我只是和高效老师合作并进行研究后，才为所有的日常头痛问题开发出了解决方法。多年的工作之后，越来越清楚的是，积极管理比消极管理更加强大。

为了理解为什么，考虑下拉里所来自的家庭。全世界的拉里们愤怒和疏离是有原因的。他们在"大喊、打、骂"的养育环境下长大。

当拉里和父母来到家庭诊所时，我私下问了家长一个关于他们应对拉里的问题：

"你怎么样让拉里做你想要他做的事情？"

"我希望自己知道。"

"我的意思是，它非做不可——没有如果、而且和但是。为了让拉里动一下你最终做了什么？"

"好吧，我跟你说实话。我会解下皮带，那个时候这孩子才会行动。"

多年来拉里学到了玩权力与控制的高赌注"游戏"。他会试探你——他的老师，因为他必须估量下你的权力——你的压制力量。压制是拉里所能理解的唯一一种来自权威人物的权力形式。

而当这种逼迫出现在课堂时，你会怎么做？你会不得不用什么威胁他？你会搬出学校纪律规范说，"如果我再看到一次这种行为，我会……"吗？

你会干什么？把他扔出课堂？送他回家？或像拉里的父亲那样抽出皮带教训他？你采用哪种形式的权力才会得到拉里的"尊敬"？

本书描述的管理系统使用积极后果处理高度对抗性行为是因为，归根结底，这是唯一的选择。拉里在与成人权威斗争。如果我们没有足够高水平的计划来训练拉里合作——来代替强迫其对成人权威的公开屈服，我们会面临无尽的意志之战。

> 当后果奏效

如果我们的后果层级对拉里无效，什么会有效？答案是——好孩子们。他们也许有时候会做"开小差"，但他们没有和成人权威进行对抗。恰恰相反，他们不想使自己的父母失望。他们会好好表现。对于拉里，你将需要一种办法来引导他课堂生活的每一个方面，这个方法必须从本质上是积极的。

关系建立

> 超越行为管理

在描述管理计划时，注释者会倾向于拿"行为性"方法与关注"关系建立"的计划进行对比。行为计划处理的是后果和管理技能，而关注关系建立的计划着重在联结和交流的技能以及解决问题的技能。

大部分纪律管理的教科书都会包括了我自己工作的概要，通常标以"琼斯模型"或"积极课堂纪律"——我第一本书的名字。我被牢牢地划到了行为主义阵营，这让我不太满意。包含许多"怎么做"的计划总是被描述为行为主义。

当然本书也充满了"怎么做"。但是，我想要关注细节的愿望可能很好地掩盖了本计划的关系建立方面内容。

好的行为管理总是将关系建立作为主要目标。你想要老师积极地与学生联系，你想要孩子们在学校成功，这样他们会变得自信。行为管理就是达到这个目的的办法。

> 临床观点

应对全人儿童是我作为临床心理学家时接受的基本训练。在职业生涯的早期，我在诊所帮助那些有精神分裂症家长的家庭。这是家庭疗法的大联盟，因为，对于这么严重的精神疾病，牌局的赌注很高，层次很多。分析一个课堂社会系统的舍与得，需要对比。

后来我接受了行为疗法的训练。我学到了一种全新语言——后果和刺激控制的语言。家庭疗法开始是作为应急管理，但很快就变成了家长培训。除了管理难以控制的行为，家长迫切需要交流技巧。他们不知道如何在不批评和唠叨的前提下和自己的孩子交谈。

首先，我们必须要将孩子的讨厌行为扭转过来，然后我们必须培训家长建立和孩子的联系，以支持这种新行为。所以，我受训中的两个部分——行为管理和关系建立，很快重合在一起。

行为管理和关系建立在本书中被揉捏在一起。本书没有关系建立的单独章节。但是，和你的学生建立关系与保护这种关系结合在了每个程序里。

初级中学给了我们特别好的观察行为管理和关系建立的场所，因为它们是并排进行的。在初中课堂，任何师生关系的积极和消极方面都被放大了。

> 初级中学实验

大部分老师都说他们不会教初中。这些孩子太怪异了——汹涌的荷尔蒙以及所有一切。但是一些老师选择初中而且不愿教其他年级。为什么一些老师能与一个以折磨老师而臭名昭著的年龄段群体和平相处？

答案在这个年龄的年轻人极端的脆弱性当中。他们在变化和成长，当然，他们与异性的关系从"呸"变成了"哇"。但是单单这个并非是青春期早期孩子如此脆弱的原因。

使其如此脆弱的是他们想要受欢迎的迫切愿望所附带的不适感。他们害怕——害怕青春痘最多、害怕鼻子最大、害怕个子太大或太小、害怕丑陋、害怕被排斥。

> 我聪明还是愚蠢？

但是，孩子的自我认知中有一个方面主要从老师那里习得。他们会学到自己是聪明还是愚蠢。如果你让他们感觉愚蠢，他们就会报复。但是，如果你使他们在班上感到聪明和舒服，他们也会很感激。

使孩子感觉聪明必须在每一堂课都要发生，必须发生在所有学生身上，不仅仅是那些"聪明娃"。我们要怎么做？

> ## 成功教学

你和学生之间很多一对一的教学互动是帮助式互动。这种帮助式互动要采取什么形式？

如果未经培训，你的眼睛会下意识找寻错误，然后谈论错误。而在谈论错误时，你会传达错误的信息，即使你试图积极和鼓励。你会无意识并带着良好心愿——或许是装饰着"是的……但是……"赞赏的糖果，去传达这样的信息。但是这个学生最后的情感体验是负面的。

每次使用帮助式互动，你要么增强要么减弱学生的脆弱感。表扬、提示和离开法能保护学生。它将帮助式互动从消极变为积极。它不是通过糖衣反馈，而是通过正确地给予一次简单的提示进行反馈。

可视教学方案也能减少学生的脆弱感。它们提供了一张通向成功的路径图，任何学生都可以随时参考。所以，可视化教学方案提供了一种对抗遗忘、混乱和不知所措的保险政策。

但是，孩子们最大的保护者是说、看、做教学法。没有什么脆弱感比走进课堂想着你是否能在这节课存活下去更大了。说、看、做教学法以一种学生慢慢消化的方式包装了学习活动。它用自信代替了认知超载。

> ## 自我概念

在近几十年里，"自我概念"已经说得太多，我们赞赏每一件能构建它的事情。但是学生是现实主义者，他们很难糊弄。你没法用假赞赏去糊弄他们。

感觉聪明——作为学习者的积极自我概念——只能通过一种方式获得。它基于真正掌握知识带来的真正成功。学生体验成功主要是你熟练的上课技能的结果。

> ## 动力定下基调

如果你很擅长激发动力，你就践行了"没有快乐就没有工作"这句格言。不管是激发动力去用功学习还是遵守课堂规则，你的重点要在兴趣活动上面。为了激发动力，你必须具有娱乐精神，而乐趣是关系建立的基础。

> 你支持我还是反对我?

在纪律领域，没有什么比麻烦更能增加学生的脆弱感了。在纪律管理中，树立威信使得老师以非对抗性方式设置界限，不用制造尴尬。当其伴随着管理全班时，它完全是隐形的。

> 为什么一些老师很酷?

为什么孩子们喜欢一些老师甚于其他老师? 他们没法告诉你。他们使用一些无趣的句子，就像"她人真的很好"或者"他很酷"。

但是孩子们知道他们在哪里感觉安全。他们在和同伴群体休息时，以及感觉聪明而不用担心被羞辱，或表现很糟糕时会感觉很安全。

对于知道如何使青少年感觉舒适和安全的老师，初中学生就像小狗一样可爱。这个老师的玩笑很搞笑。这个老师的课很有意思。甚至他们的衣服都很酷。

> 主动建立关系

我们还充分谈论过主动建立关系的重要性。学年的第一节课要用于破冰活动，以帮助学生在新环境里感觉亲切。

在第一周，你要私下和每一个孩子面谈，以使你们的关系更亲密和私人化。在第二周，你要开始用友好的电话和家长建立沟通桥梁。这些具体的措施可以让学生和老师感觉到你在乎他们。

沟通技巧

> 一个治疗方法

一些理论关注关系建立，其他的则将有效沟通作为课堂管理的核心。

这些理论家一般都是将治疗技巧应用到课堂上的临床心理学家。这些改良的治疗技巧一般被称作"沟通技巧"或"解决问题技巧"。

作为临床心理医生，我对给新教师进行这方面的培训很感兴趣。我的第一直觉是和另一个人交谈。如果你想要了解深层次原因，这样做似乎很自然。

> 实际的目标

但是，在为老师设计一个培训计划之前，必须要进行可行性检验。在教师培训中，我们很少将课堂管理的课加入到课程表中。很难想象这能有效地培训老师使用治疗的技巧。

使这个问题更复杂的是，治疗孩子是非常专业的领域。你甚至很难让孩子承认这是一个问题，更别说谈论它了。就算他们谈论了，你能得到什么？他们的主要策略是否认，他们最喜欢的回答是我不知道。

增添麻烦的还有时间。通过谈论来解决问题非常耗费时间。运气好的话，在你的第一个疗程里，你可以获得学生防御心理的一点放松和一点坦白。在你的下一个疗程里，你可以前进到问题的确定。

哦，对了！也许你把"疗程"硬塞进第三或第四节课。或者也许你可以把时间安排在放学后和家长的会面中。

在目标中等时，我们会做得很好。我们最大的希望是教会新老师一些基本的沟通技巧，使其能与学生和家长舒服以及建设性地交谈。我们应该关注基础——一些关键的策略和帮助，避免最显眼的新手错误。

> 使用你已有的东西

为了简化问题解决技能的获得过程，运用你已知的知识。在第 6 章中，有一部分讲的是讨论实施。

讨论实施运用了治疗技巧的一种简化版本。你会将这些技巧用在和学生的谈心或者和家长的会面中。

你的"拿手"技巧是开放性的提示、等待、选择性的激励。这些技巧可以使你实施谈话并在不用主导对话的情况下理清思路。在第 18 章中，我们给出了一个类似对话的例子。保持简单。但是，保持简单会将我们带向新手错误这个话题。

> **新手错误**

年轻的心理医生主要的新手错误有：

•说得太多，

•给出建议。

新手心理医生就是摆脱不了专家角色。他们感觉解决问题是他们的责任。只有时间和训练才能让他们学到放松并让病人干活。所有年轻的心理医生都会学到"建议起不了作用"。相反，他们的工作是帮助病人自己解决自己的问题。

> **解决问题**

和学生的谈话通常会夹杂某些个人问题。所以，新教师需要一些问题解决的技巧。下面的问题解决过程相当典型：

•定义该问题，

•生成解决方案，

•评估方案，

•选择最佳方案，

•实施该方案，

•评估结果。

作为实施者，你的任务是指导其他人经历这个问题解决的过程，并确定让他们自己做这个工作。你可以通过记录谁说得最多来判断你是否指派了专家角色。

课堂管理的最后一点

任何将课堂管理进行定义的企图都会让人失望。你在课堂所做的所有事情都是相互联系的。你的技能哪里有弱点，哪里就会出现问题。

通过整合纪律、教学和动力，本书为你提供了成为课堂老师的基本技能。当你应用本书时，关系的建立将是自然而然的。